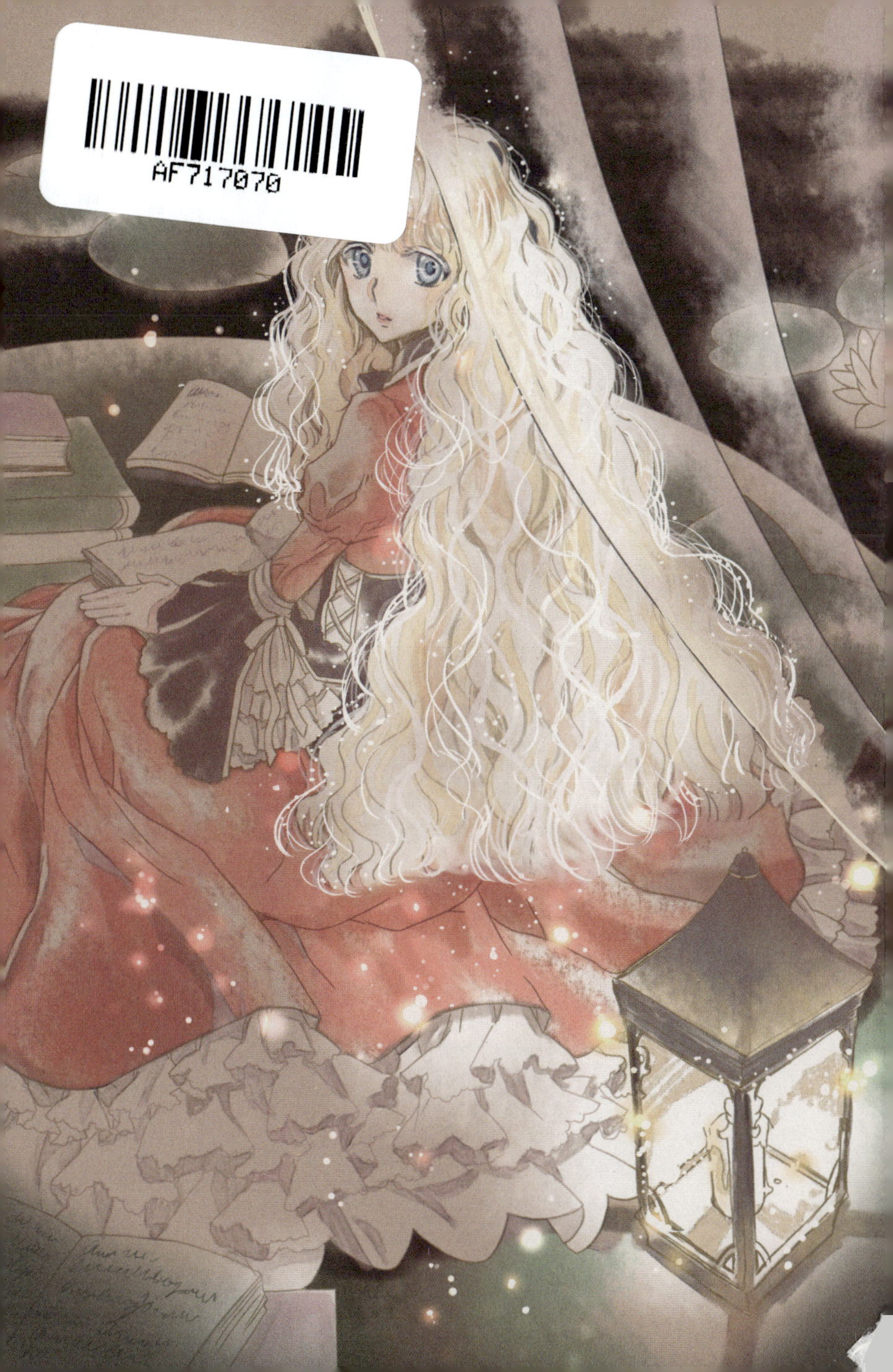

Inhalt

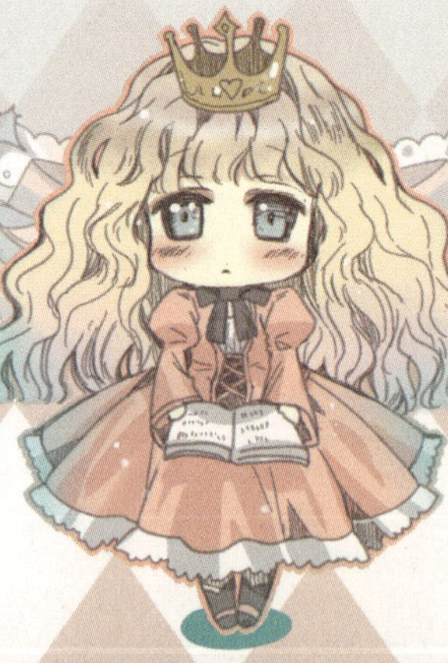

Eliana

Prinzessin der Bücher

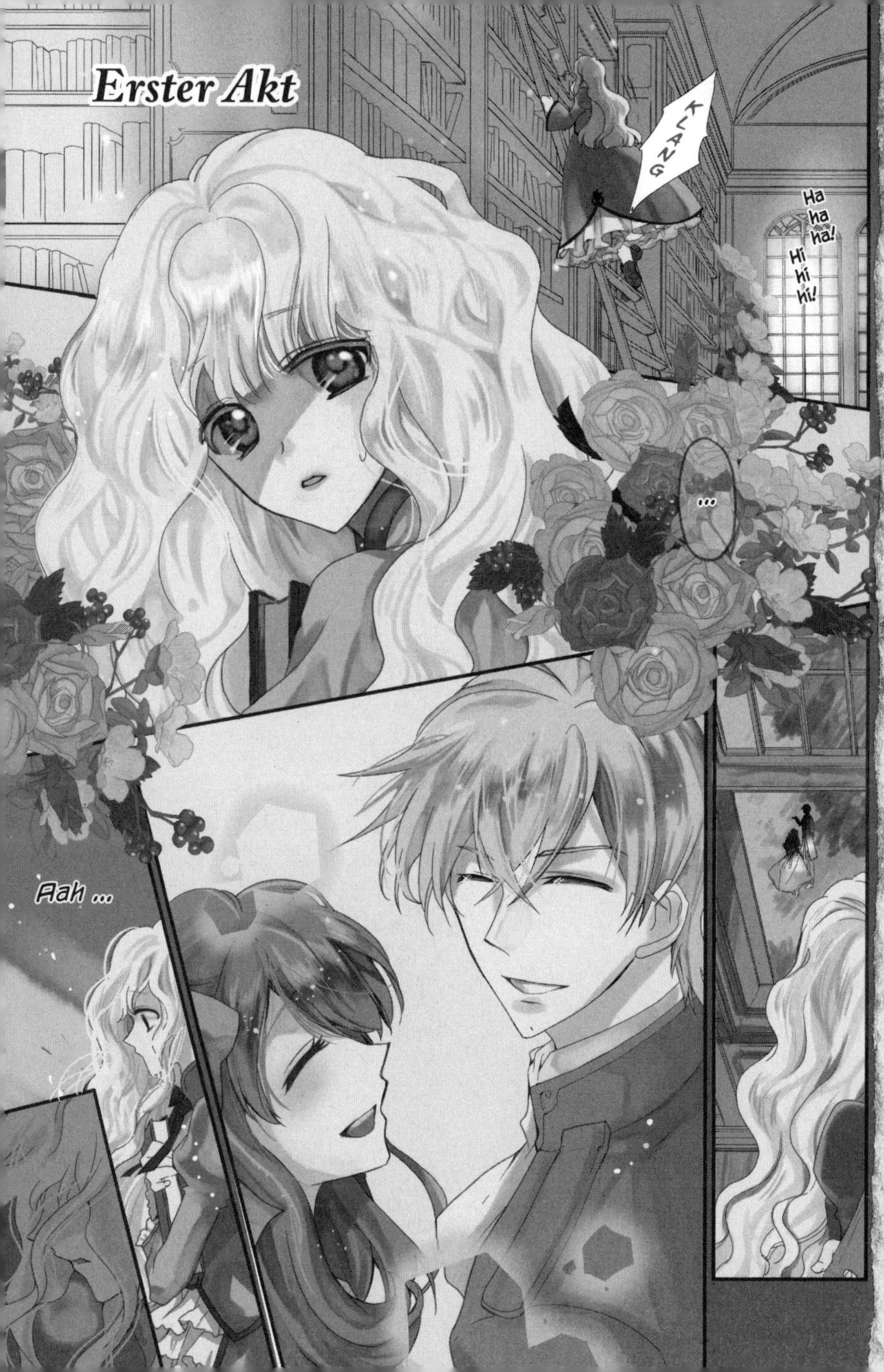
Erster Akt
KLANG
Ha ha ha!
Hi hi hi!
...
Aah ...

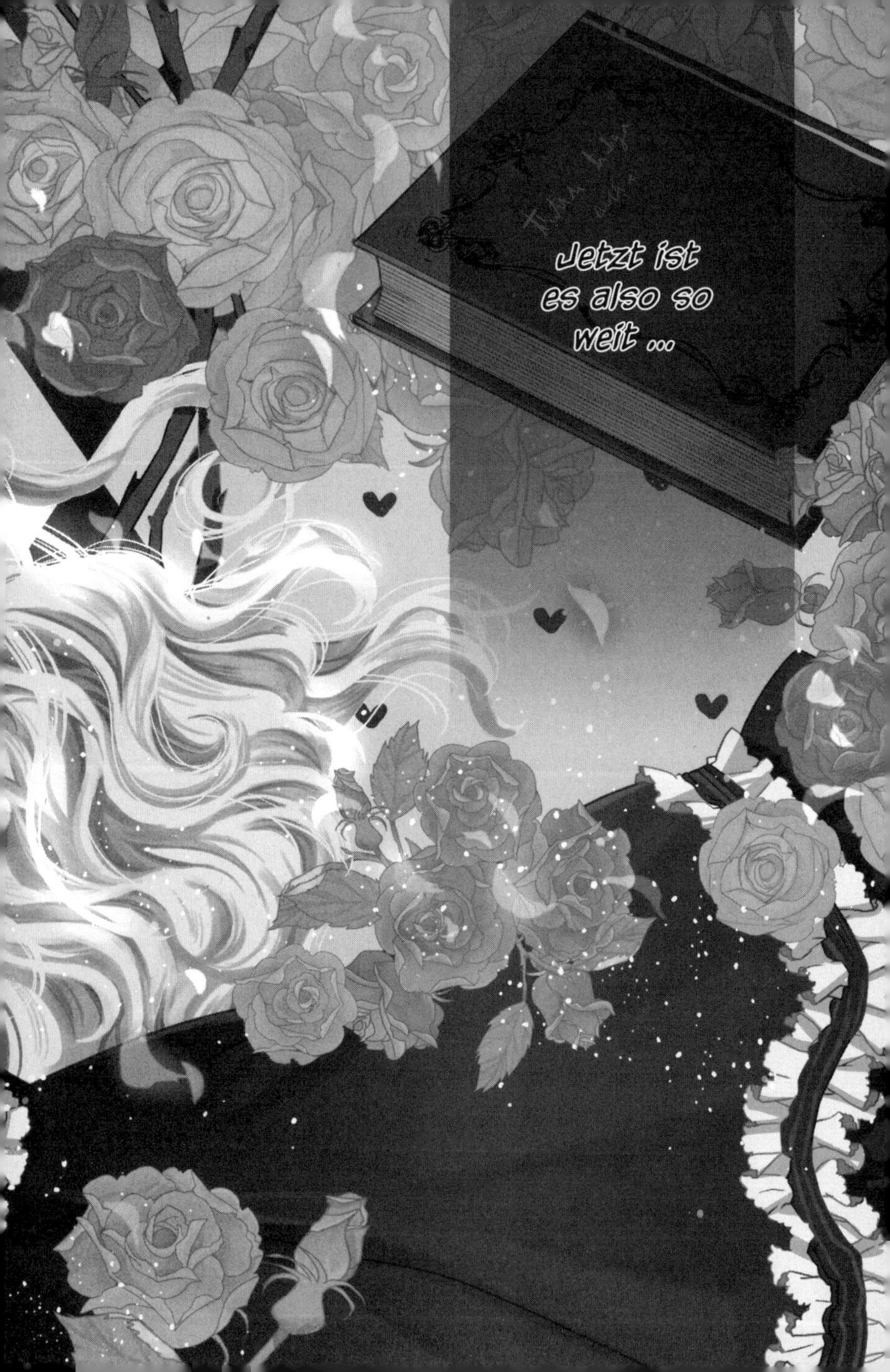
Jetzt ist es also so weit ...

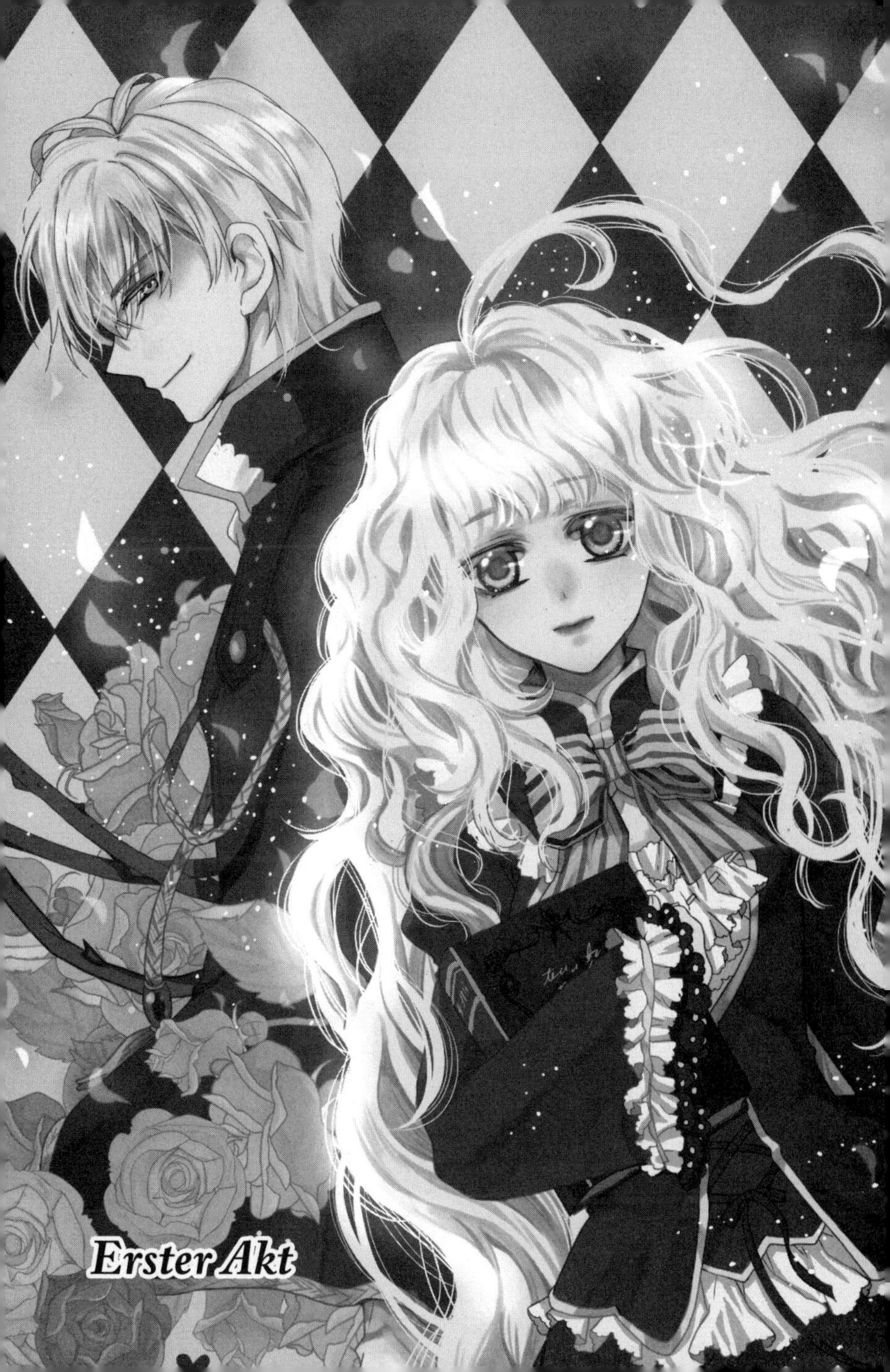
Erster Akt

Eliana

Prinzessin der Bücher

Zeichnungen:
Yui Kikuta

Text:
Yui

Character Design:
Satsuki Sheena

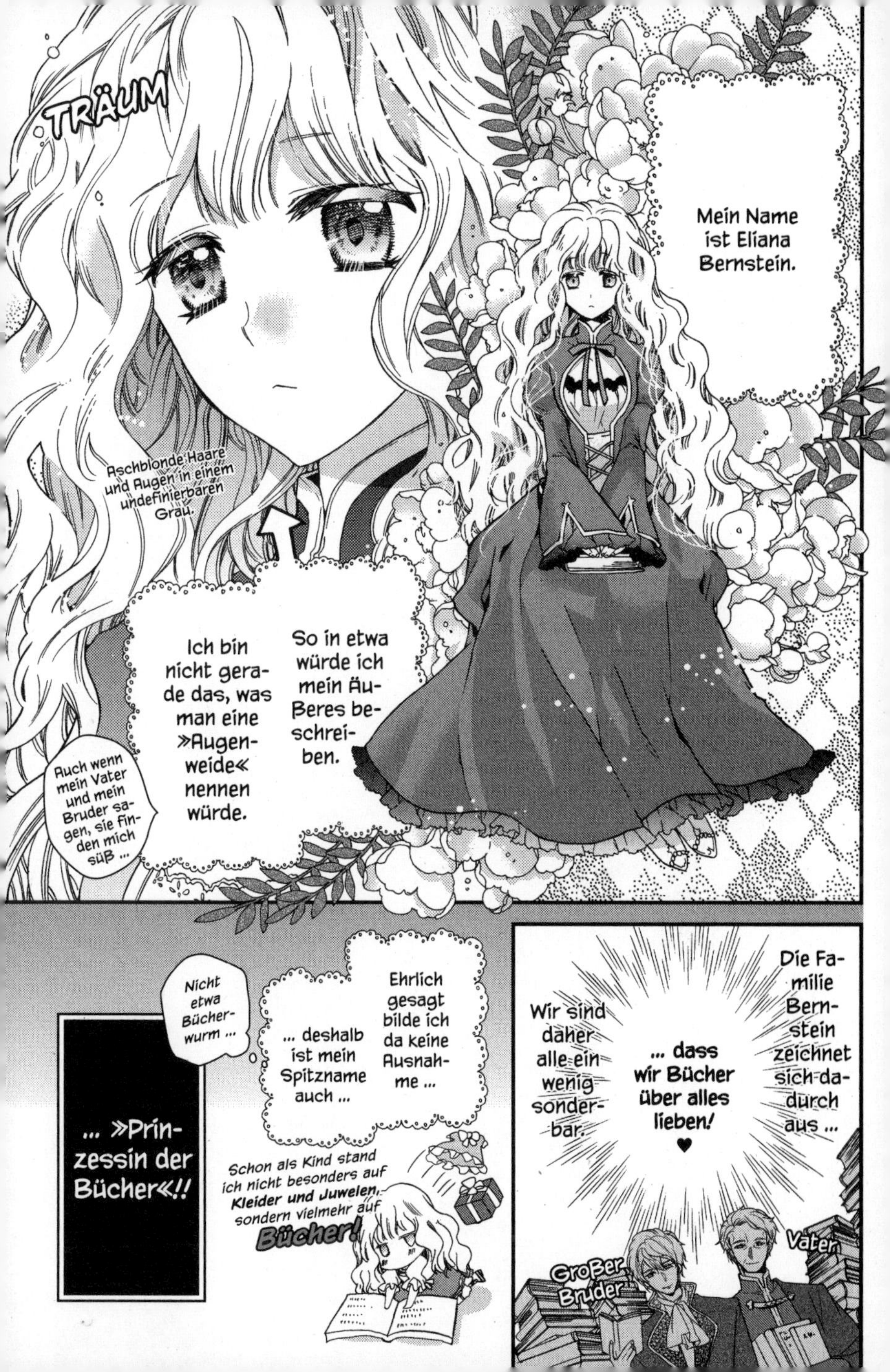
TRÄUM
Mein Name ist Eliana Bernstein.
Aschblonde Haare und Augen in einem undefinierbaren Grau.
So in etwa würde ich mein Äußeres beschreiben.
Ich bin nicht gerade das, was man eine »Augenweide« nennen würde.
Auch wenn mein Vater und mein Bruder sagen, sie finden mich süß ...
Die Familie Bernstein zeichnet sich dadurch aus ...
... dass wir Bücher über alles lieben!
Wir sind daher alle ein wenig sonderbar.
Vater
Großer Bruder
Ehrlich gesagt bilde ich da keine Ausnahme ...
... deshalb ist mein Spitzname auch ...
Nicht etwa Bücherwurm ...
... »Prinzessin der Bücher«!!
Schon als Kind stand ich nicht besonders auf Kleider und Juwelen, sondern vielmehr auf Bücher!

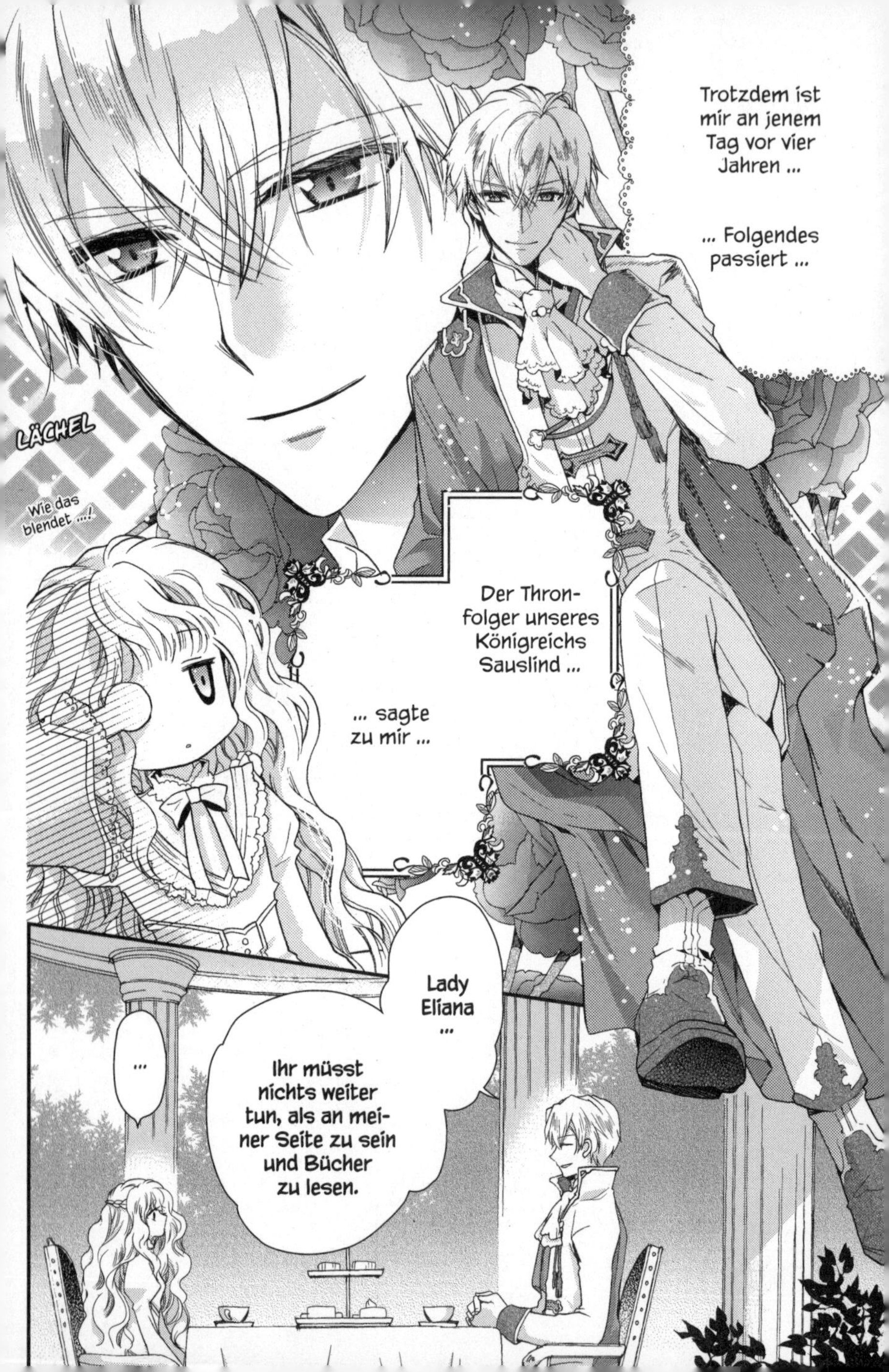

Trotzdem ist mir an jenem Tag vor vier Jahren ...
... Folgendes passiert ...
LÄCHEL
Wie das blendet ...!
Der Thronfolger unseres Königreichs Sauslind ...
... sagte zu mir ...
Lady Eliana ...
Ihr müsst nichts weiter tun, als an meiner Seite zu sein und Bücher zu lesen.
...

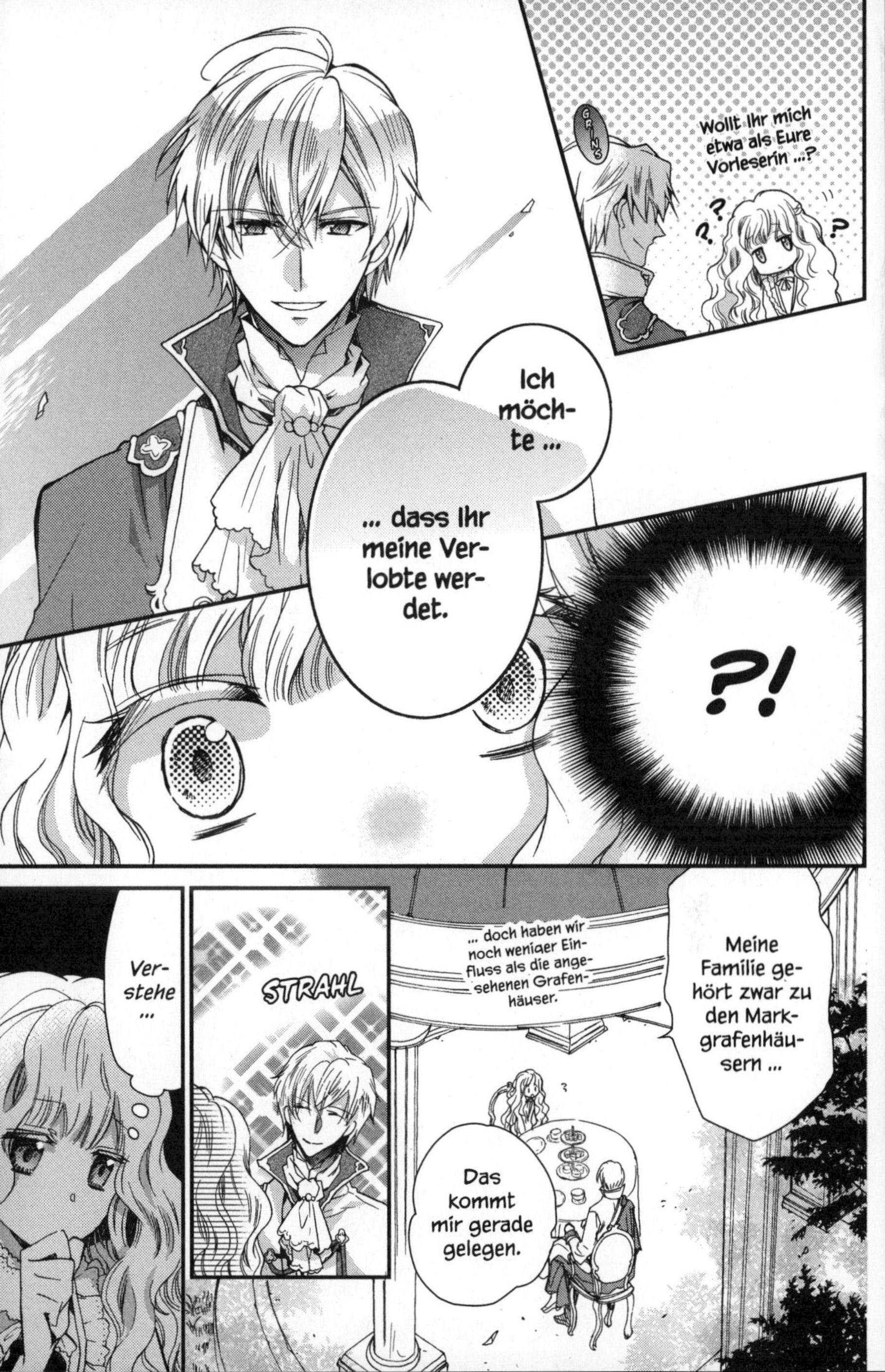
GRINS
Wollt Ihr mich etwa als Eure Vorleserin ...?
Ich möchte ...
... dass Ihr meine Verlobte werdet.
?!
Meine Familie gehört zwar zu den Markgrafenhäusern ...
... doch haben wir noch weniger Einfluss als die angesehenen Grafenhäuser.
Das kommt mir gerade gelegen.
STRAHL
Verstehe ...

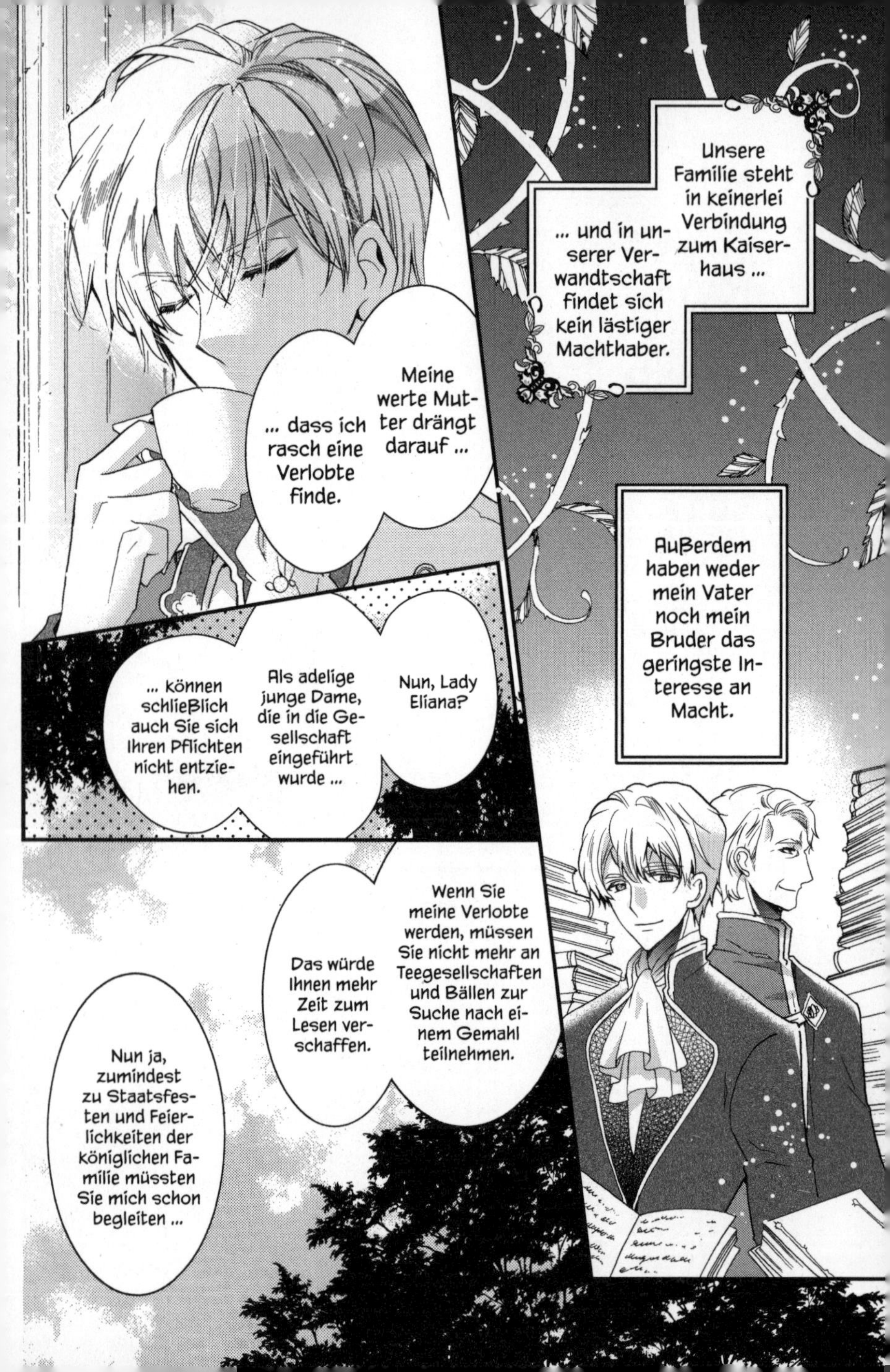

Unsere Familie steht in keinerlei Verbindung zum Kaiserhaus ...
... und in unserer Verwandtschaft findet sich kein lästiger Machthaber.
Außerdem haben weder mein Vater noch mein Bruder das geringste Interesse an Macht.
Meine werte Mutter drängt darauf ...
... dass ich rasch eine Verlobte finde.
Nun, Lady Eliana?
Als adelige junge Dame, die in die Gesellschaft eingeführt wurde ...
... können schließlich auch Sie sich Ihren Pflichten nicht entziehen.
Wenn Sie meine Verlobte werden, müssen Sie nicht mehr an Teegesellschaften und Bällen zur Suche nach einem Gemahl teilnehmen.
Das würde Ihnen mehr Zeit zum Lesen verschaffen.
Nun ja, zumindest zu Staatsfesten und Feierlichkeiten der königlichen Familie müssten Sie mich schon begleiten ...

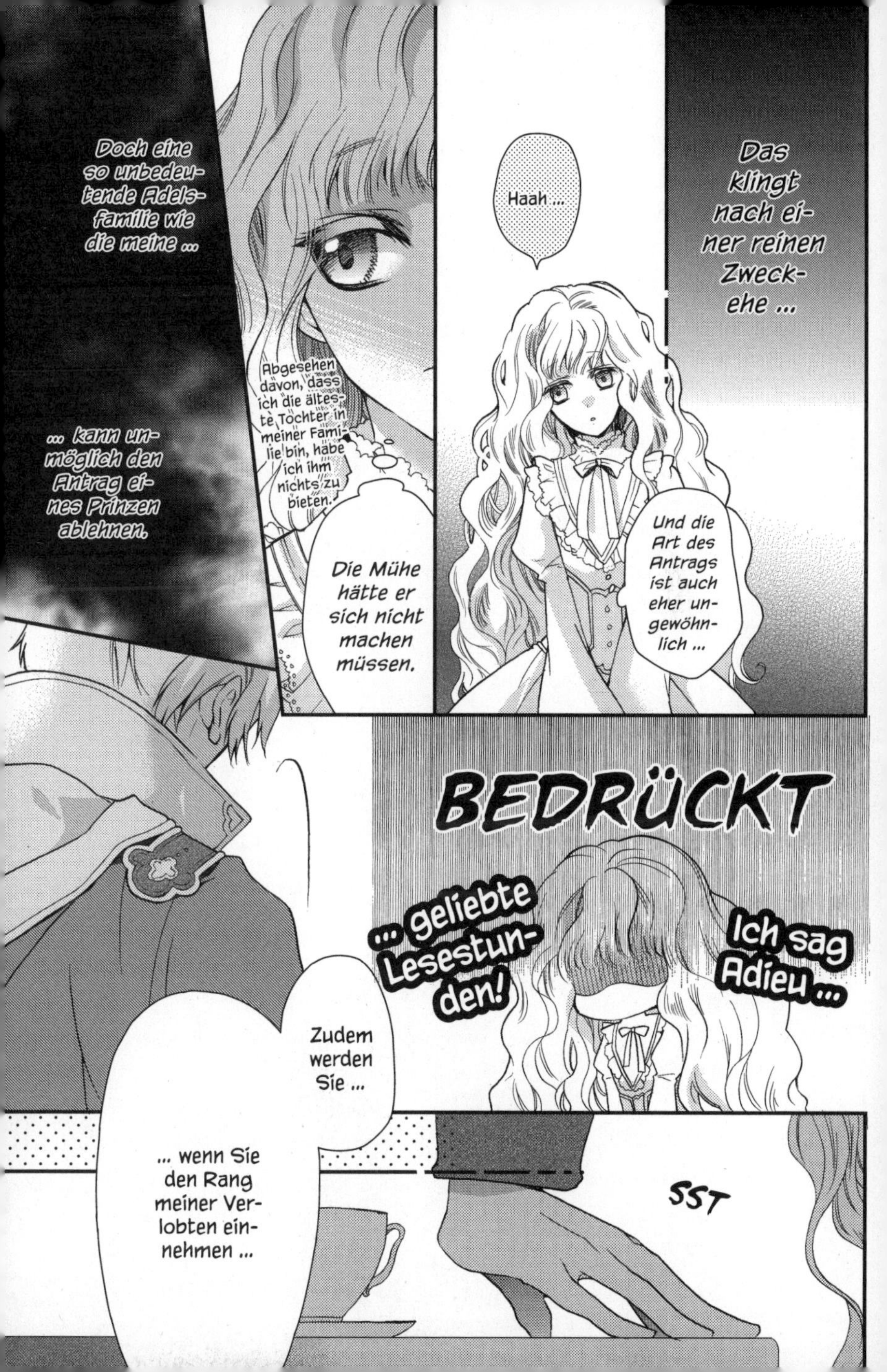
Das klingt nach einer reinen Zweckehe ...
Haah ...
Und die Art des Antrags ist auch eher ungewöhnlich ...
Doch eine so unbedeutende Adelsfamilie wie die meine ...
Abgesehen davon, dass ich die älteste Tochter in meiner Familie bin, habe ich ihm nichts zu bieten.
... kann unmöglich den Antrag eines Prinzen ablehnen.
Die Mühe hätte er sich nicht machen müssen.
BEDRÜCKT
Ich sag Adieu ...
... geliebte Lesestunden!
Zudem werden Sie ...
SST
... wenn Sie den Rang meiner Verlobten einnehmen ...

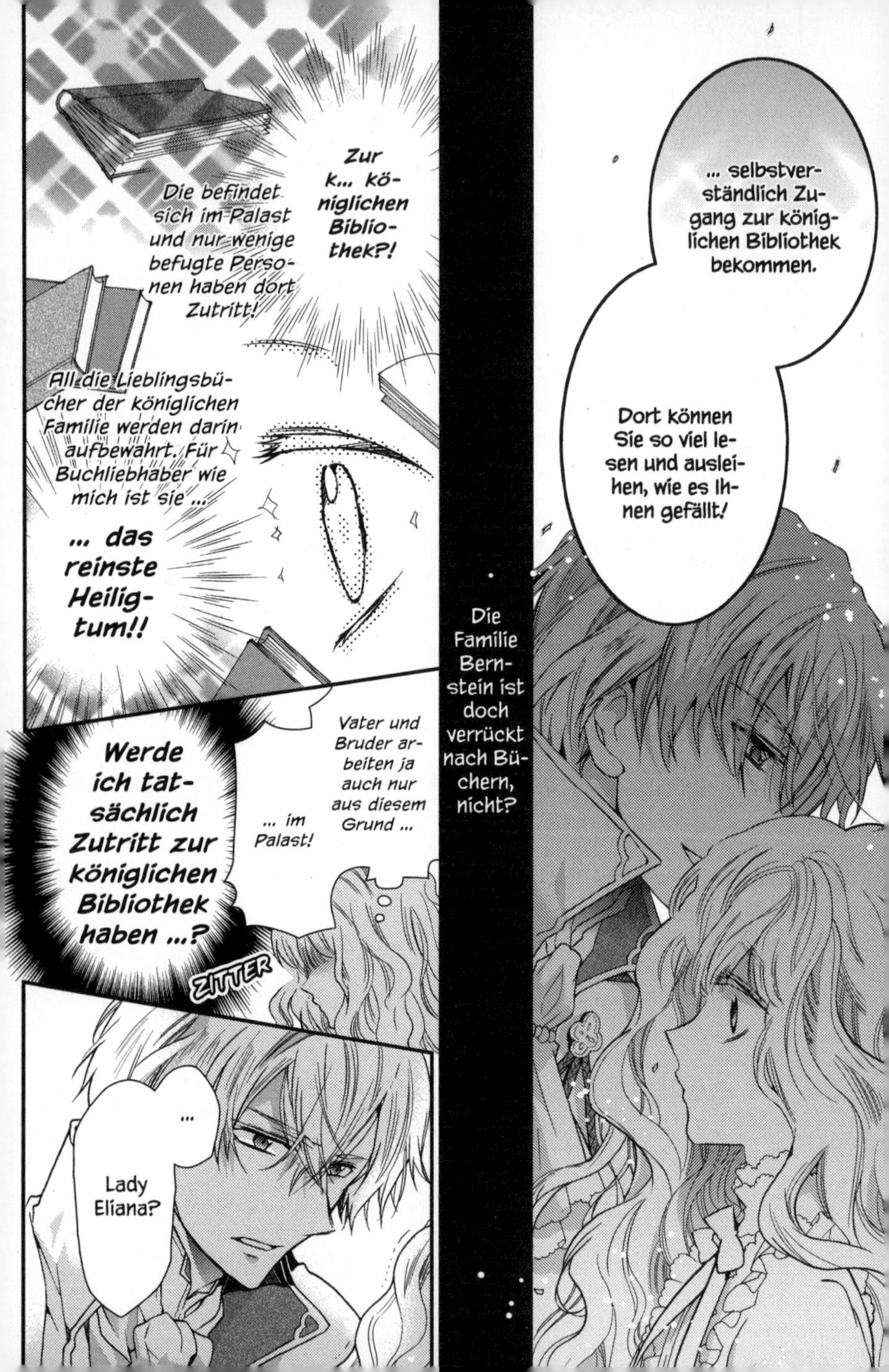

... selbstverständlich Zugang zur königlichen Bibliothek bekommen.
Dort können Sie so viel lesen und ausleihen, wie es Ihnen gefällt!
Die Familie Bernstein ist doch verrückt nach Büchern, nicht?
Zur k... königlichen Bibliothek?!
Die befindet sich im Palast und nur wenige befugte Personen haben dort Zutritt!
All die Lieblingsbücher der königlichen Familie werden darin aufbewahrt. Für Buchliebhaber wie mich ist sie ...
... das reinste Heiligtum!!
Vater und Bruder arbeiten ja auch nur aus diesem Grund ...
... im Palast!
Werde ich tatsächlich Zutritt zur königlichen Bibliothek haben ...?
ZITTER
...
Lady Eliana?

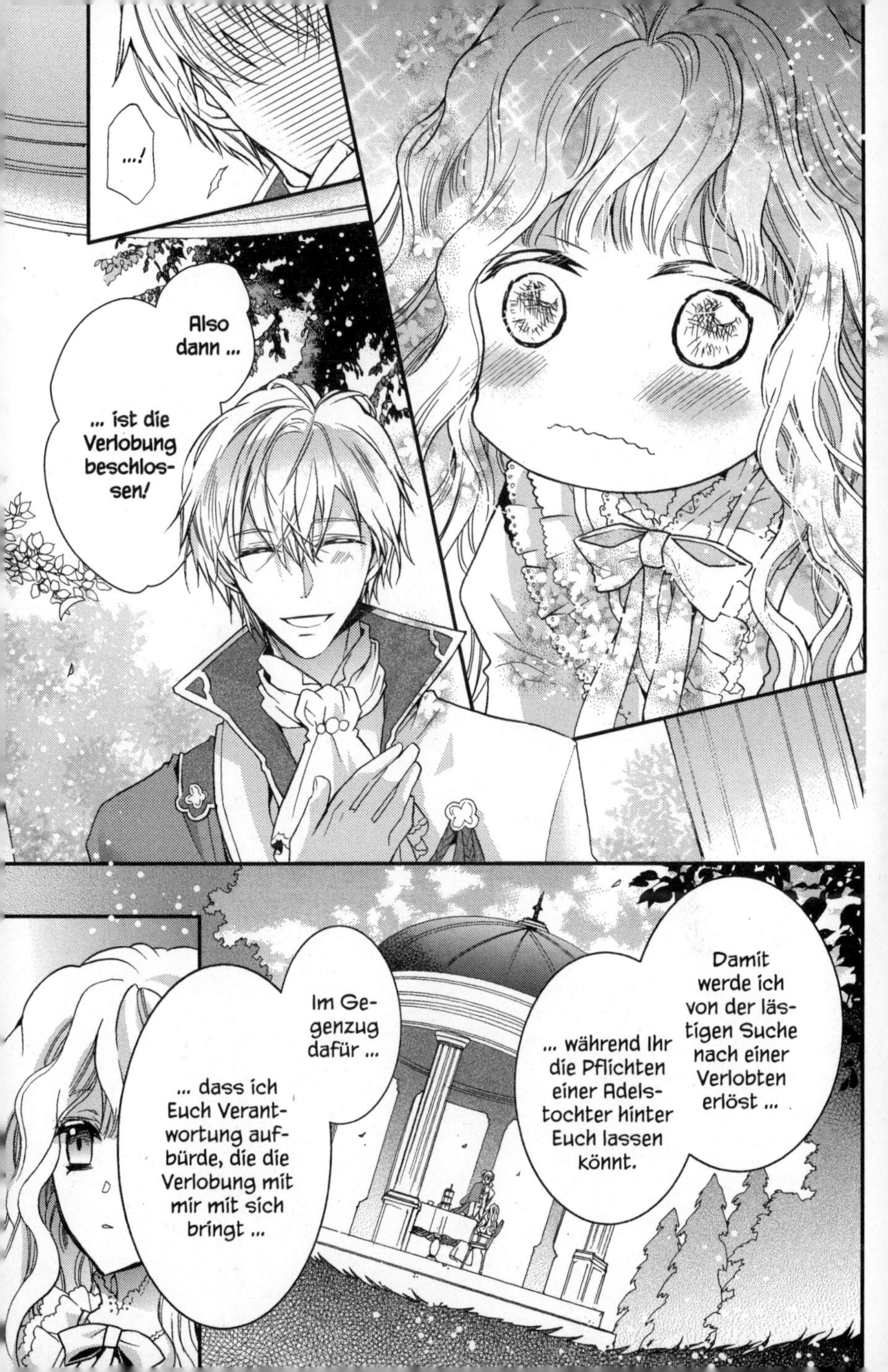

...!
Also dann ...
... ist die Verlobung beschlossen!
Damit werde ich von der lästigen Suche nach einer Verlobten erlöst ...
... während Ihr die Pflichten einer Adelstochter hinter Euch lassen könnt.
Im Gegenzug dafür ...
... dass ich Euch Verantwortung aufbürde, die die Verlobung mit mir mit sich bringt ...

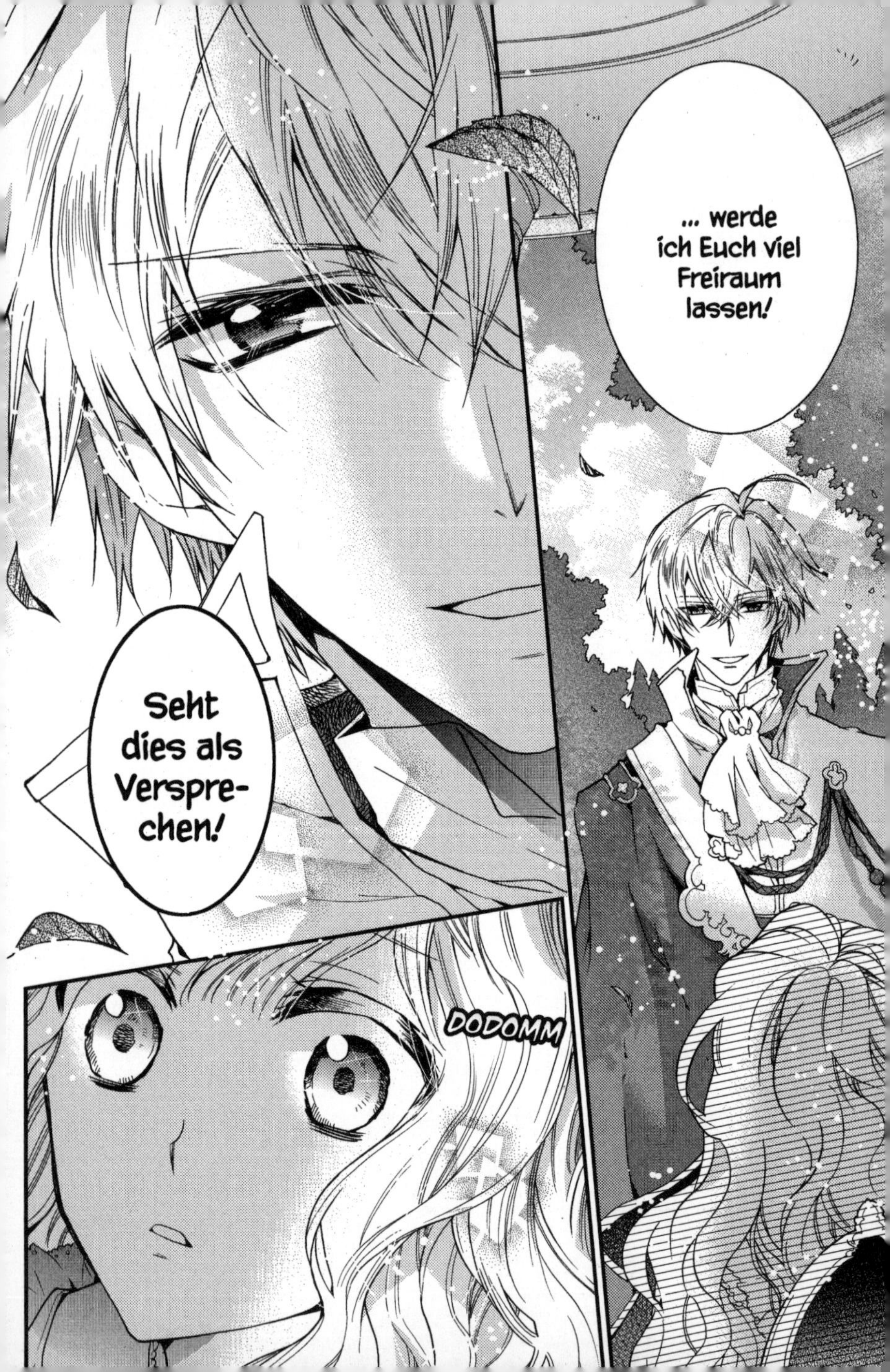
... werde ich Euch viel Freiraum lassen!
Seht dies als Verspre-chen!
DODOMM

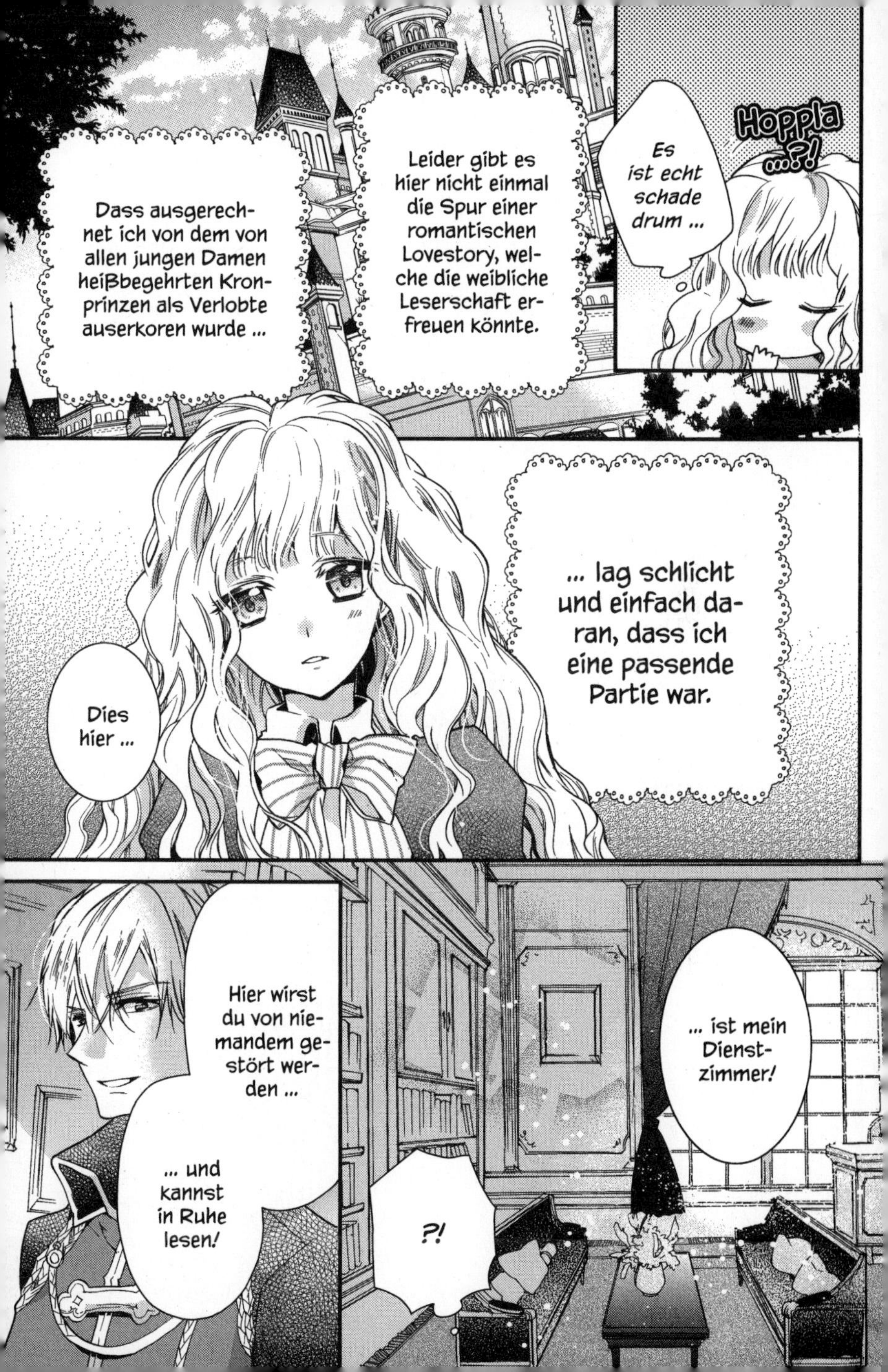
Leider gibt es hier nicht einmal die Spur einer romantischen Lovestory, welche die weibliche Leserschaft erfreuen könnte.
Es ist echt schade drum ...
Hoppla ...?!
Dass ausgerechnet ich von dem von allen jungen Damen heißbegehrten Kronprinzen als Verlobte auserkoren wurde ...
... lag schlicht und einfach daran, dass ich eine passende Partie war.
Dies hier ...
... ist mein Dienstzimmer!
?!
Hier wirst du von niemandem gestört werden ...
... und kannst in Ruhe lesen!

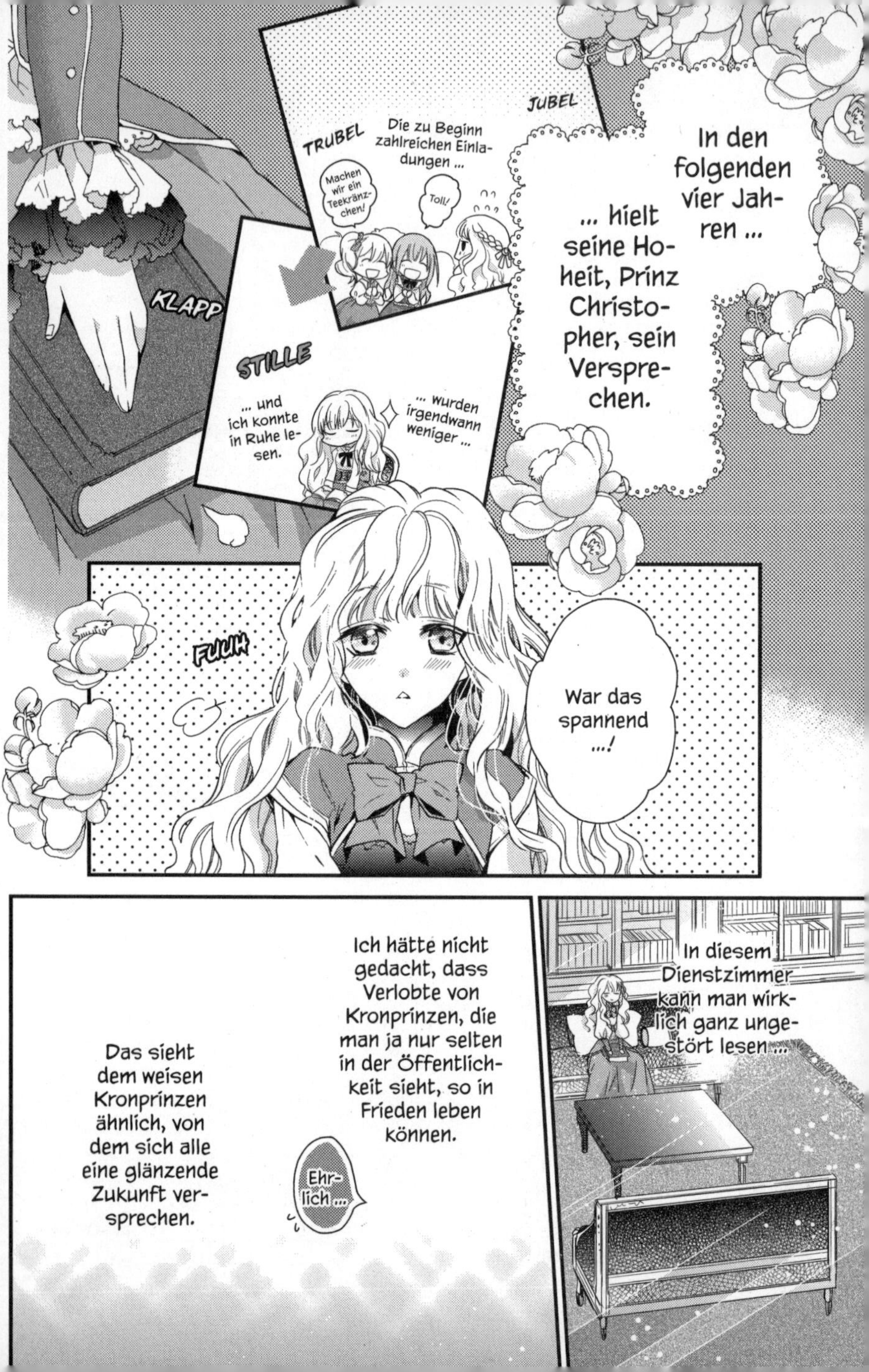

KLAPP
TRUBEL
Die zu Beginn zahlreichen Einladungen ...
Machen wir ein Teekränzchen!
Toll!
JUBEL
STILLE
... wurden irgendwann weniger ...
... und ich konnte in Ruhe lesen.
In den folgenden vier Jahren ...
... hielt seine Hoheit, Prinz Christopher, sein Versprechen.
FUUH
War das spannend ...!
In diesem Dienstzimmer kann man wirklich ganz ungestört lesen ...
Ich hätte nicht gedacht, dass Verlobte von Kronprinzen, die man ja nur selten in der Öffentlichkeit sieht, so in Frieden leben können.
Ehrlich ...
Das sieht dem weisen Kronprinzen ähnlich, von dem sich alle eine glänzende Zukunft versprechen.

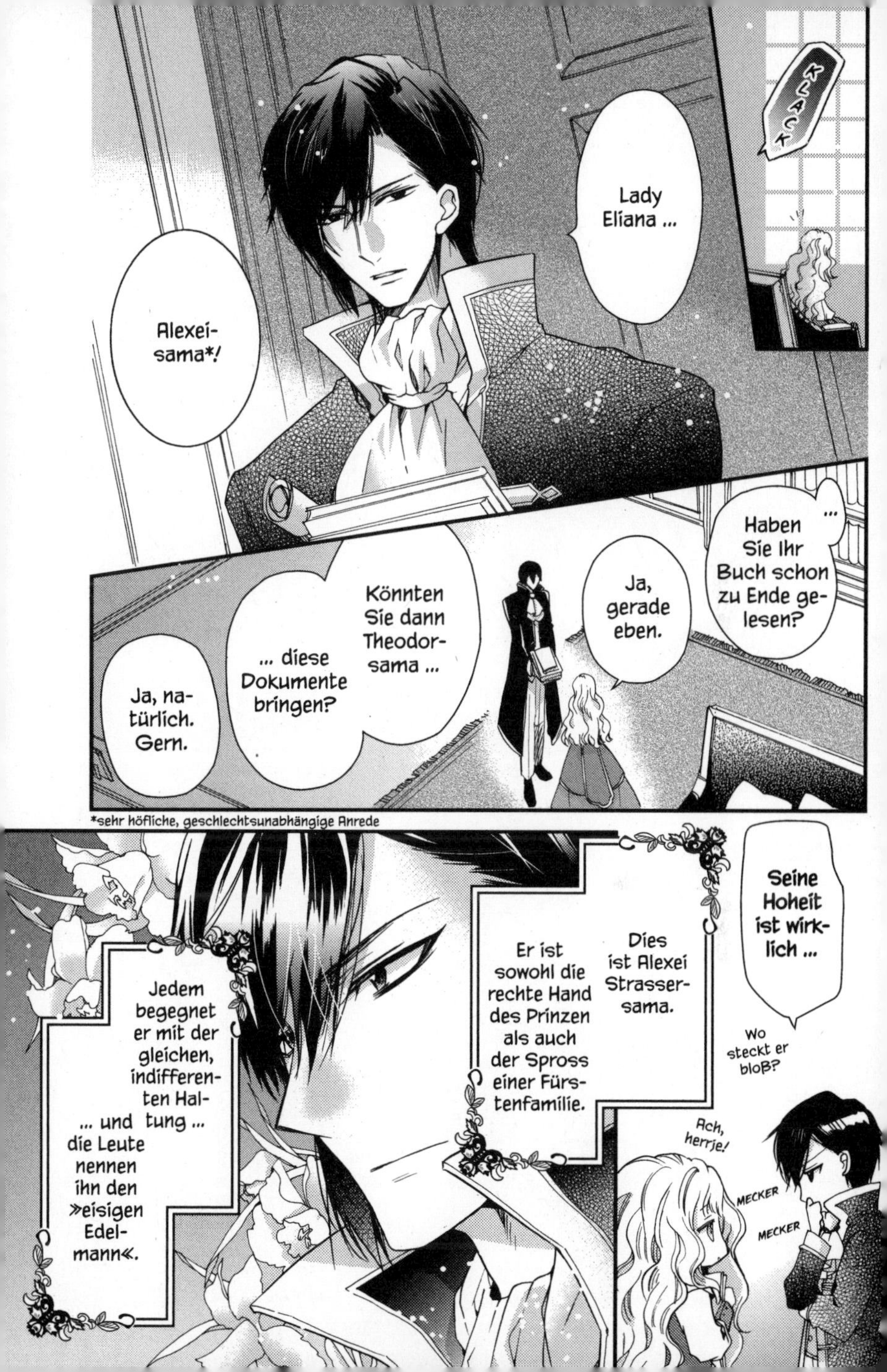

*sehr höfliche, geschlechtsunabhängige Anrede

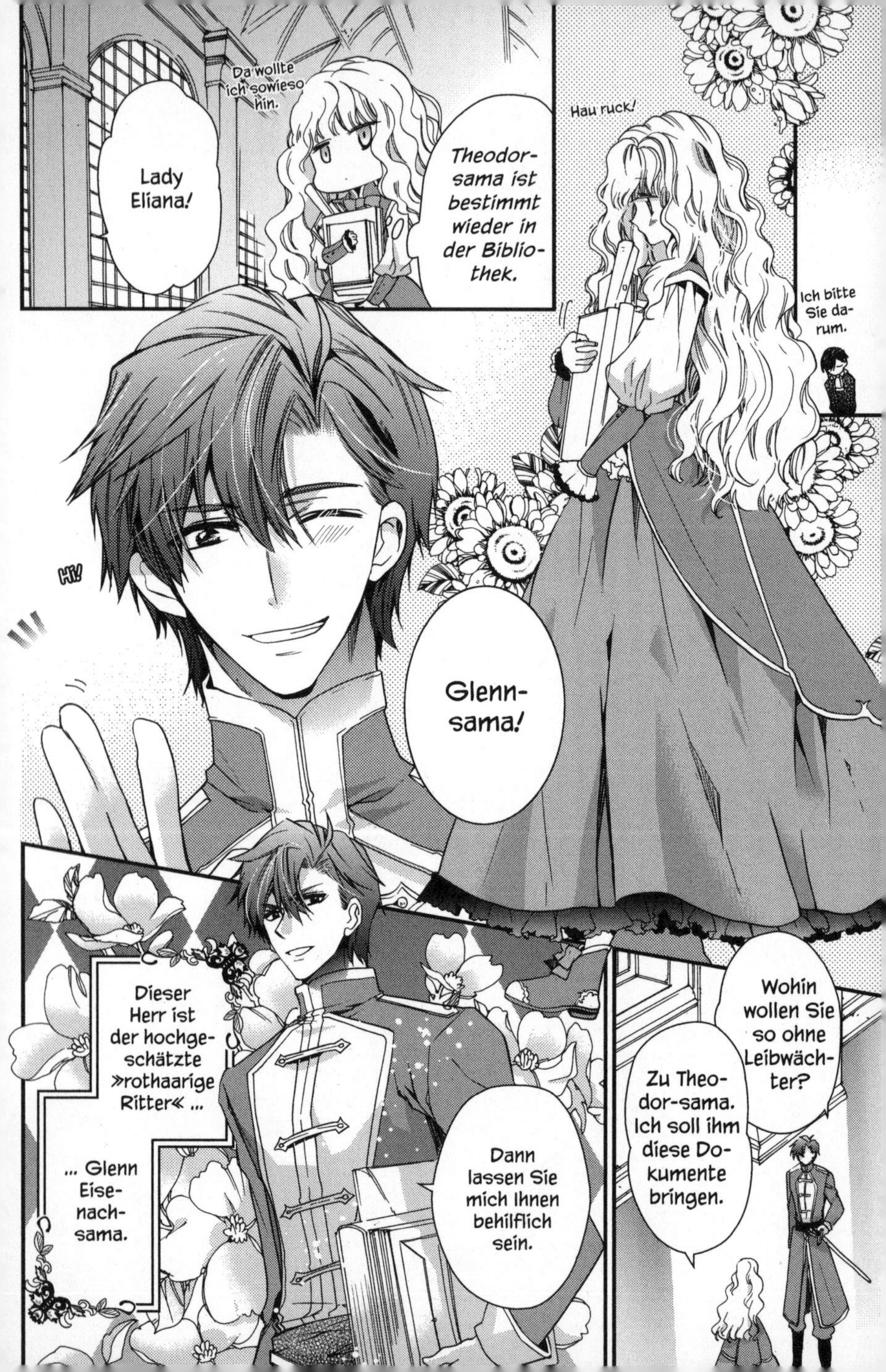
Theodor-sama ist bestimmt wieder in der Bibliothek.
Da wollte ich sowieso hin.
Lady Eliana!
Hau ruck!
Ich bitte Sie darum.
Glenn-sama!
HI!
Wohin wollen Sie so ohne Leibwächter?
Zu Theodor-sama. Ich soll ihm diese Dokumente bringen.
Dann lassen Sie mich Ihnen behilflich sein.
Dieser Herr ist der hochgeschätzte »rothaarige Ritter« ...
... Glenn Eisenach-sama.

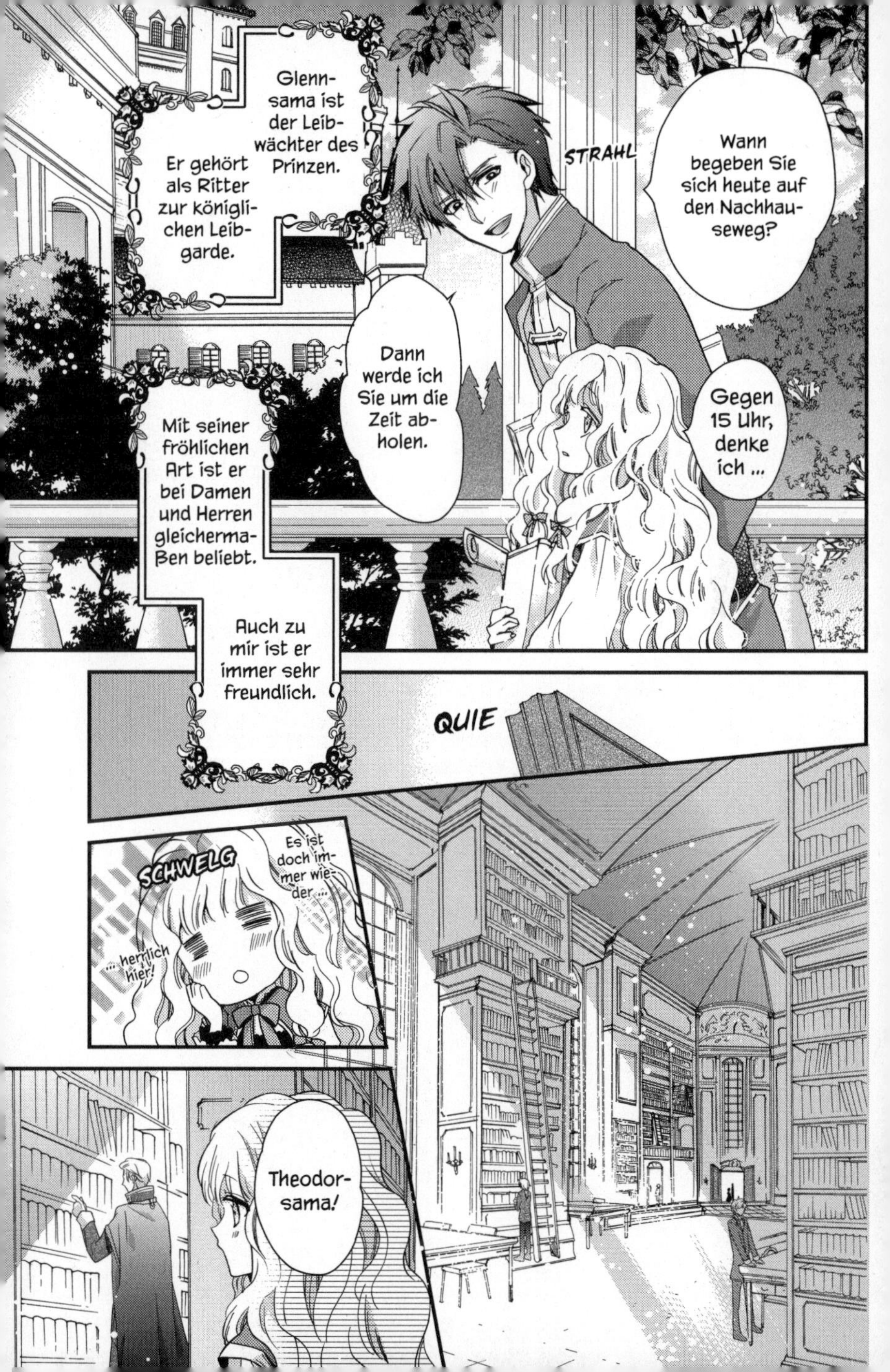
Wann begeben Sie sich heute auf den Nachhauseweg?
STRAHL
Glenn-sama ist der Leibwächter des Prinzen.
Er gehört als Ritter zur königlichen Leibgarde.
Gegen 15 Uhr, denke ich ...
Dann werde ich Sie um die Zeit abholen.
Mit seiner fröhlichen Art ist er bei Damen und Herren gleichermaßen beliebt.
Auch zu mir ist er immer sehr freundlich.
QUIE
Es ist doch immer wieder ...
... herrlich hier!
SCHWELG
Theodor-sama!

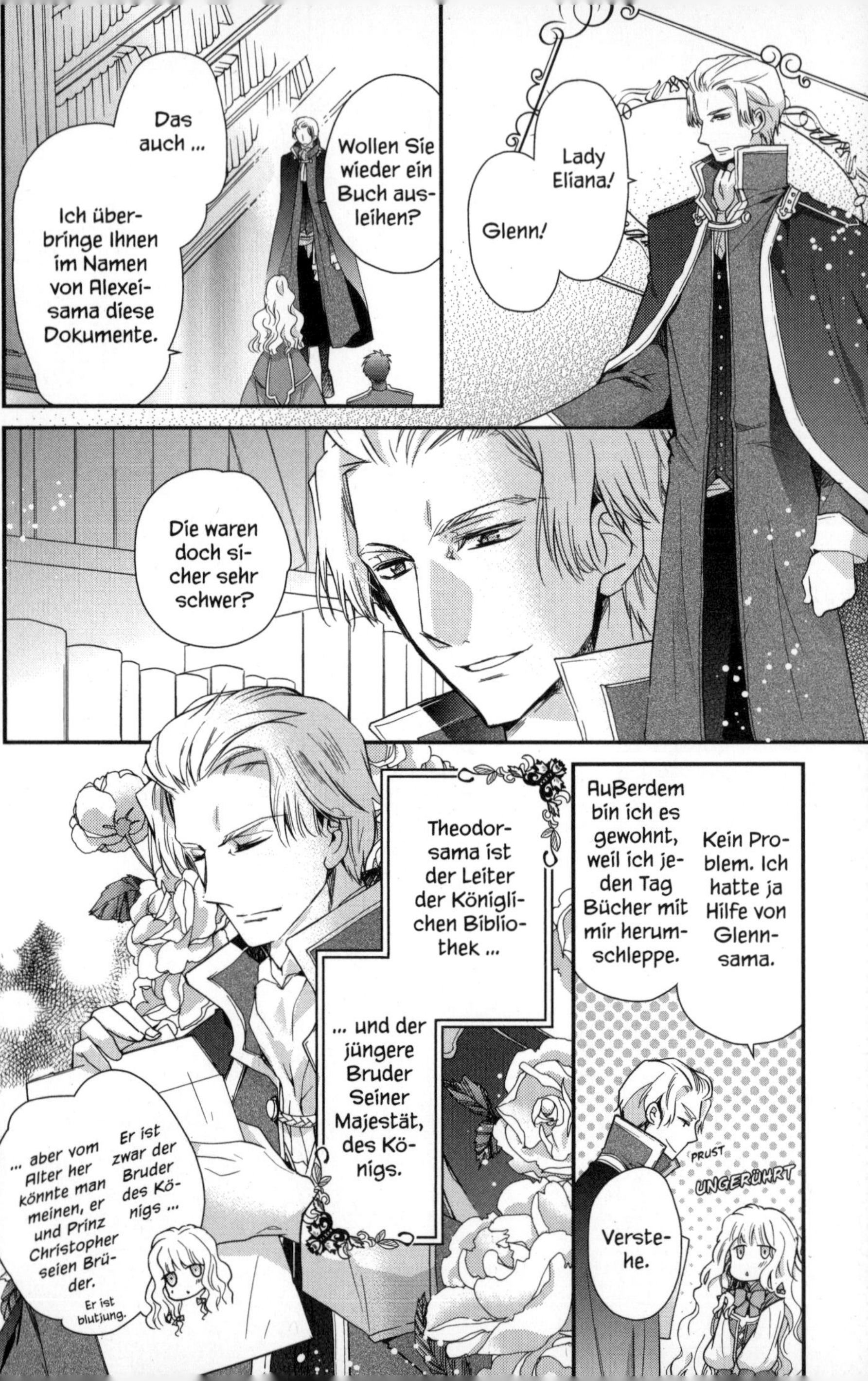

Lady Eliana!
Glenn!
Wollen Sie wieder ein Buch ausleihen?
Das auch ...
Ich überbringe Ihnen im Namen von Alexei-sama diese Dokumente.
Die waren doch sicher sehr schwer?
Kein Problem. Ich hatte ja Hilfe von Glenn-sama.
Außerdem bin ich es gewohnt, weil ich jeden Tag Bücher mit mir herumschleppe.
PRUST
UNGERÜHRT
Verstehe.
Theodor-sama ist der Leiter der Königlichen Bibliothek ...
... und der jüngere Bruder Seiner Majestät, des Königs.
Er ist zwar der Bruder des Königs ...
... aber vom Alter her könnte man meinen, er und Prinz Christopher seien Brüder.
Er ist blutjung.

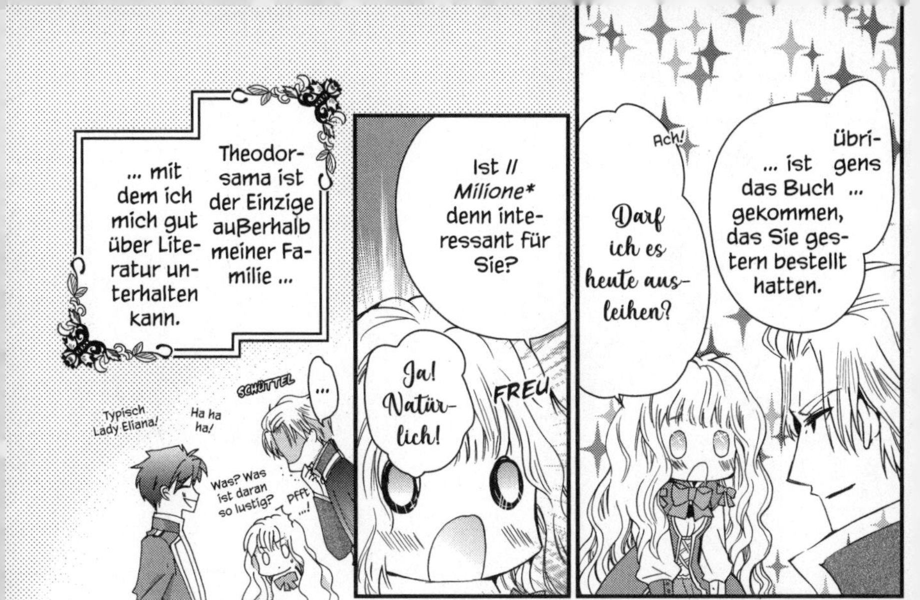

*Il Milione – Die Wunder der Welt (13. Jh.) ist ein Bericht Marco Polos über dessen Asienreise.

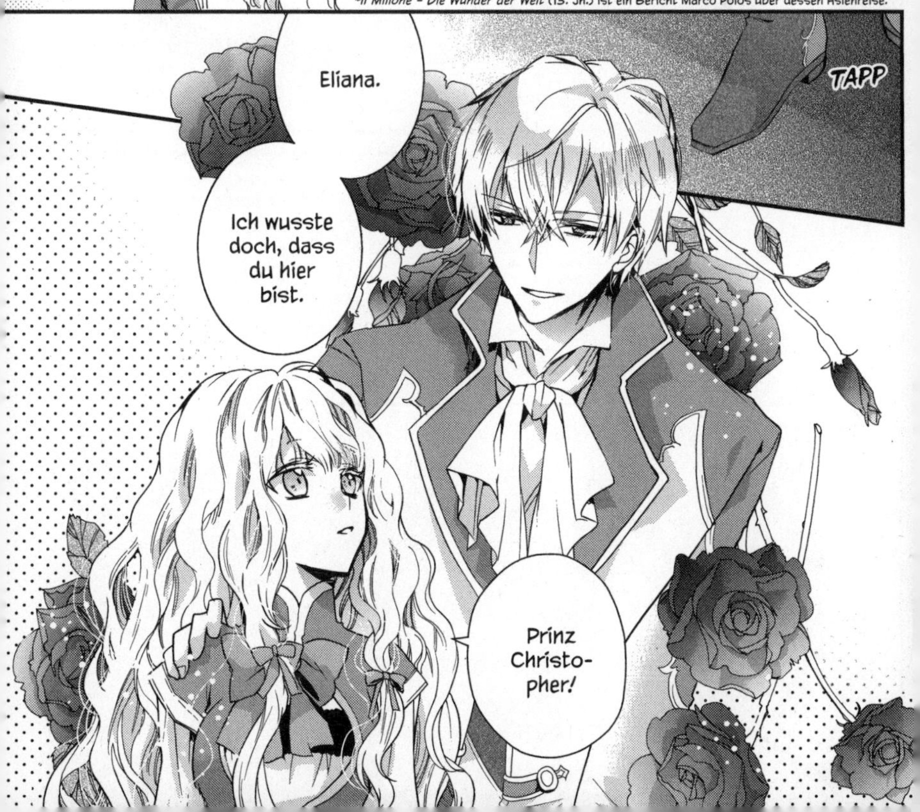

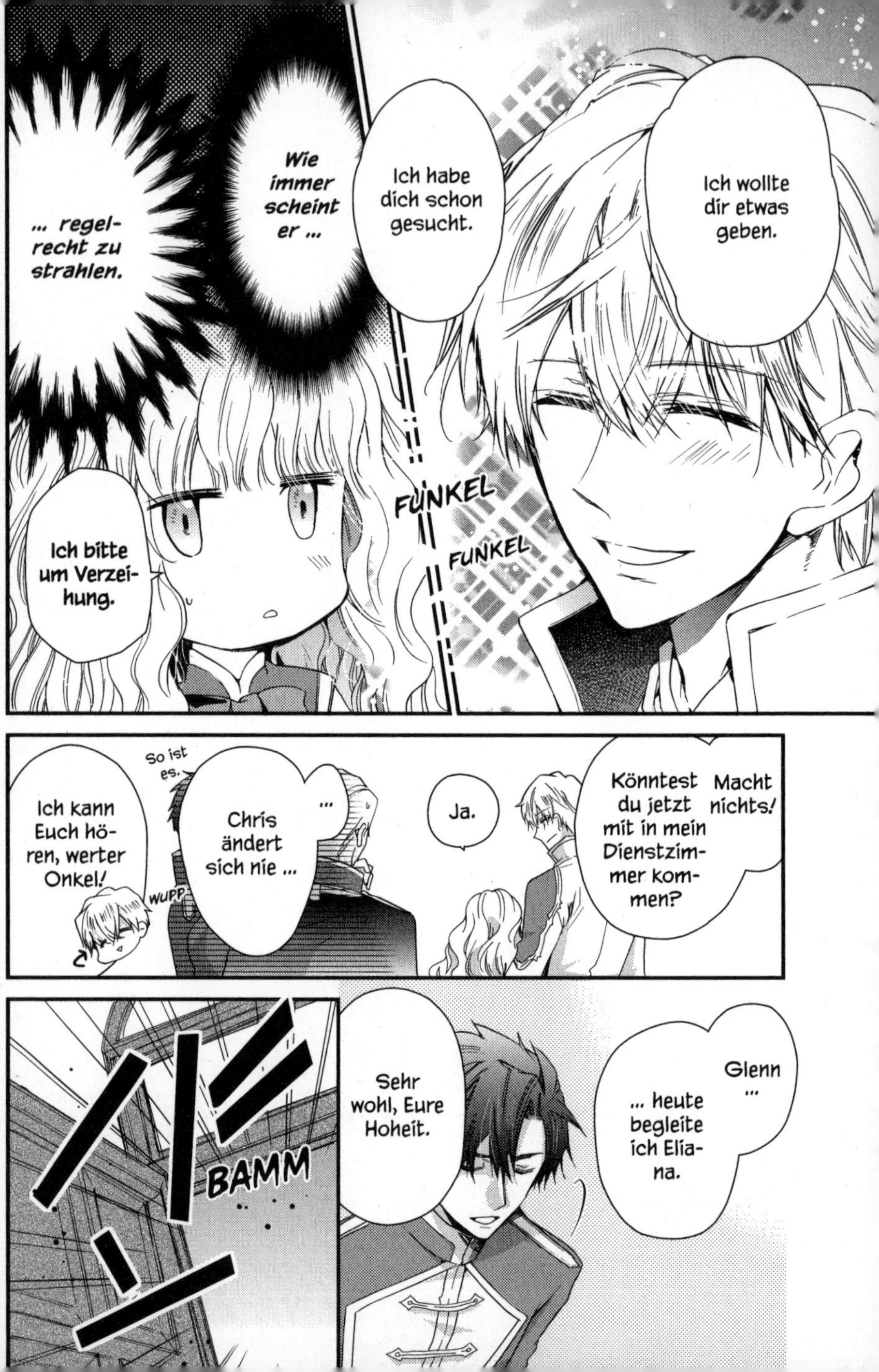
Ich wollte dir etwas geben.
Ich habe dich schon gesucht.
Wie immer scheint er ...
... regelrecht zu strahlen.
FUNKEL
FUNKEL
Ich bitte um Verzeihung.
Macht nichts!
Könntest du jetzt mit in mein Dienstzimmer kommen?
Ja.
...
Chris ändert sich nie ...
So ist es.
Ich kann Euch hören, werter Onkel!
WUPP
Glenn ...
... heute begleite ich Eliana.
Sehr wohl, Eure Hoheit.
BAMM

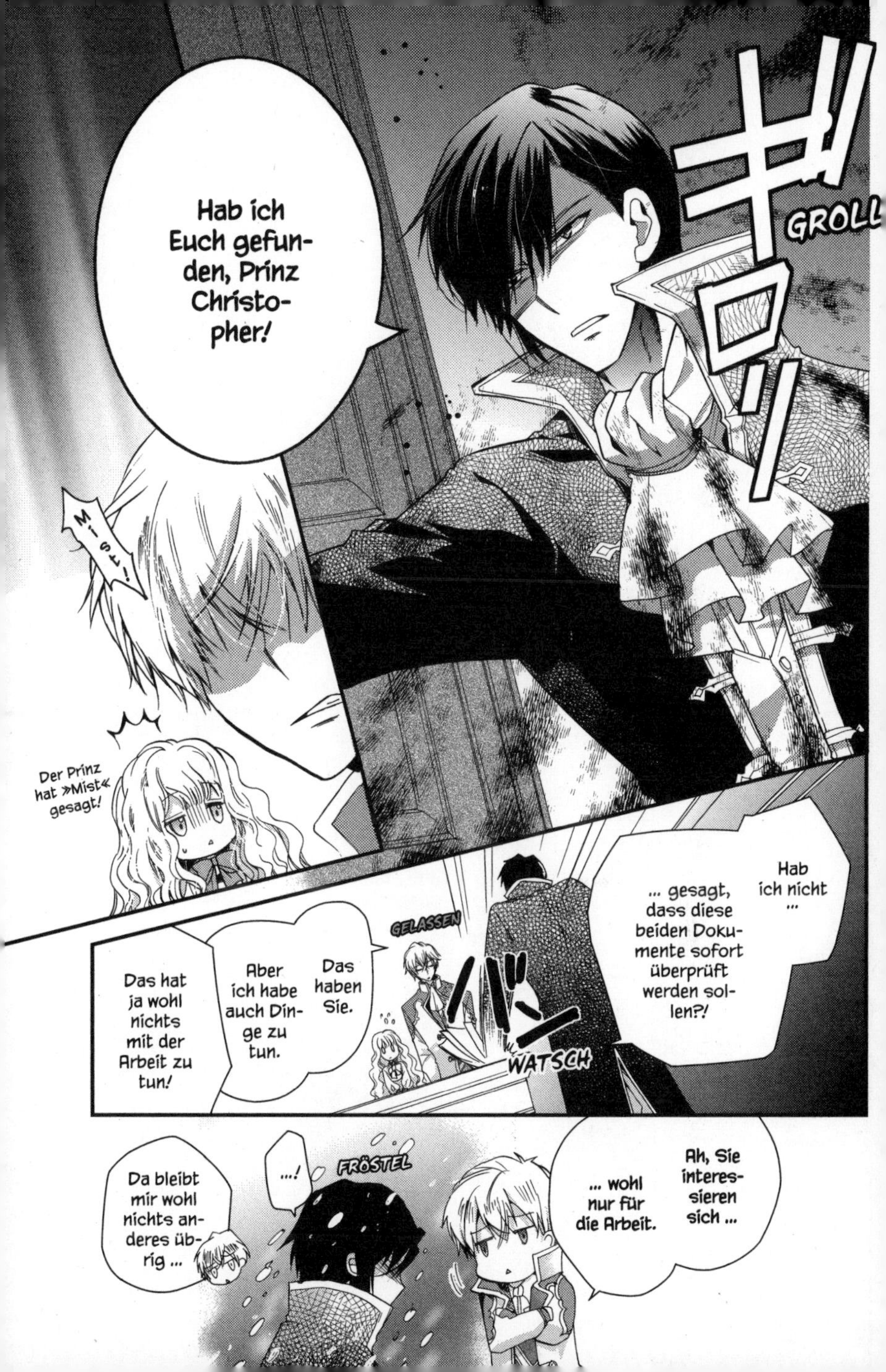
GROLL
Hab ich Euch gefunden, Prinz Christopher!
Mist!
Der Prinz hat »Mist« gesagt!
Hab ich nicht ...
... gesagt, dass diese beiden Dokumente sofort überprüft werden sollen?!
WATSCH
GELASSEN
Das haben Sie.
Aber ich habe auch Dinge zu tun.
Das hat ja wohl nichts mit der Arbeit zu tun!
Ah, Sie interessieren sich ...
... wohl nur für die Arbeit.
FRÖSTEL
...!
Da bleibt mir wohl nichts anderes übrig ...

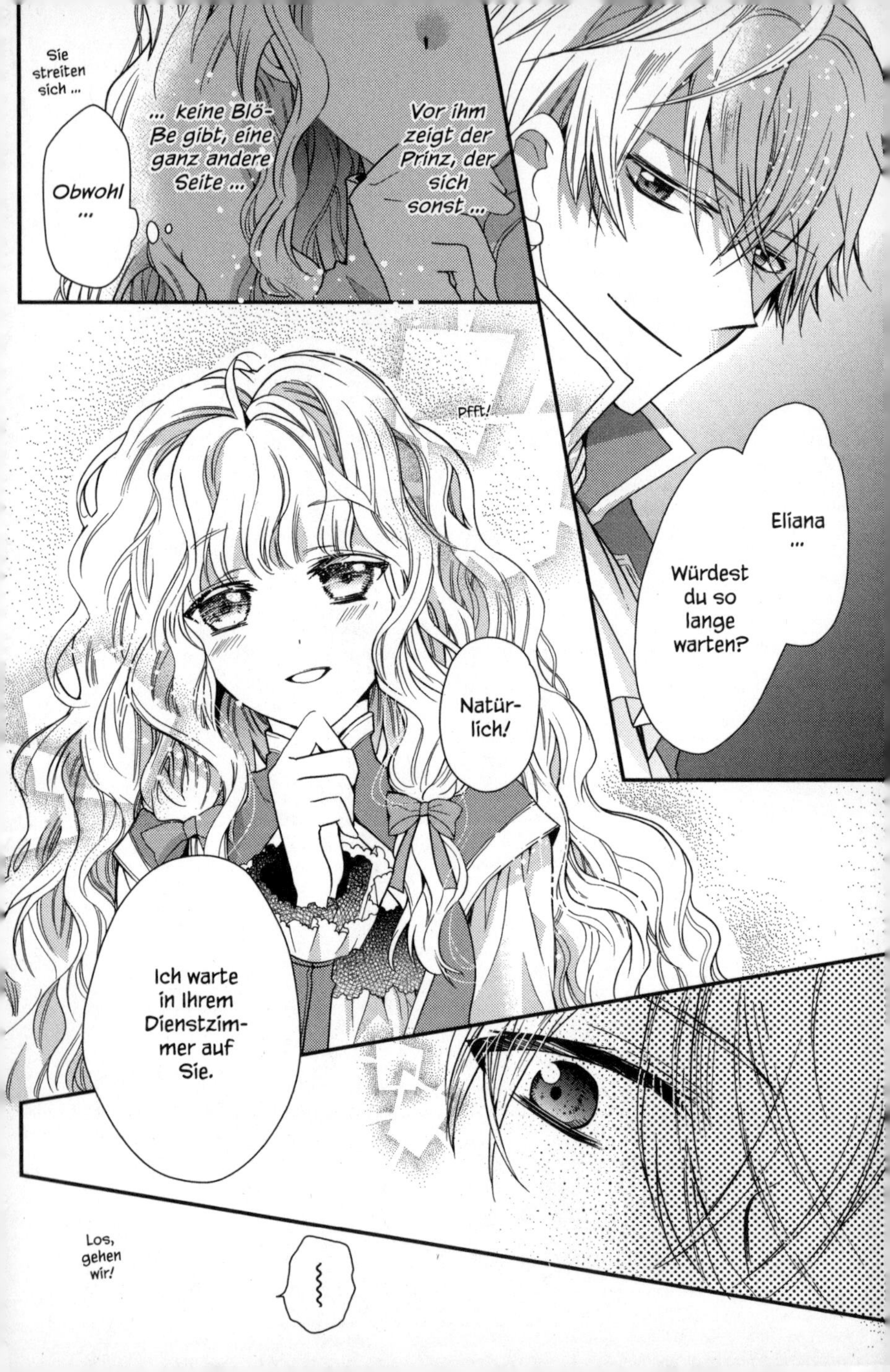
Vor ihm zeigt der Prinz, der sich sonst ...
... keine Blö-ße gibt, eine ganz andere Seite ...
Sie streiten sich ...
Obwohl ...
Eliana ...
Würdest du so lange warten?
Pfft!
Natür-lich!
Ich warte in Ihrem Dienstzim-mer auf Sie.
Los, gehen wir!

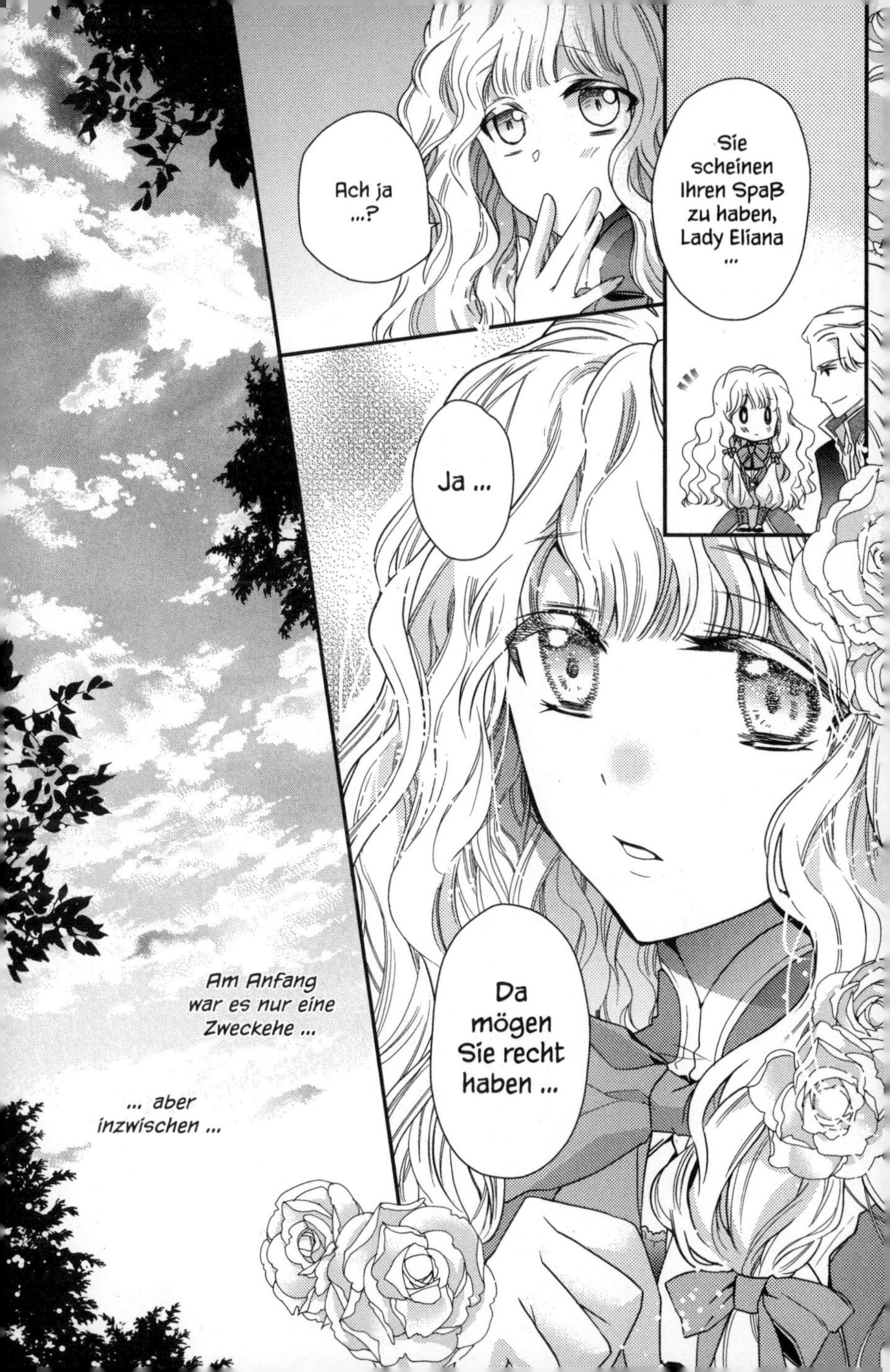
Sie scheinen Ihren Spaß zu haben, Lady Eliana …
Ach ja …?
Ja …
Da mögen Sie recht haben …
Am Anfang war es nur eine Zweckehe …
… aber inzwischen …

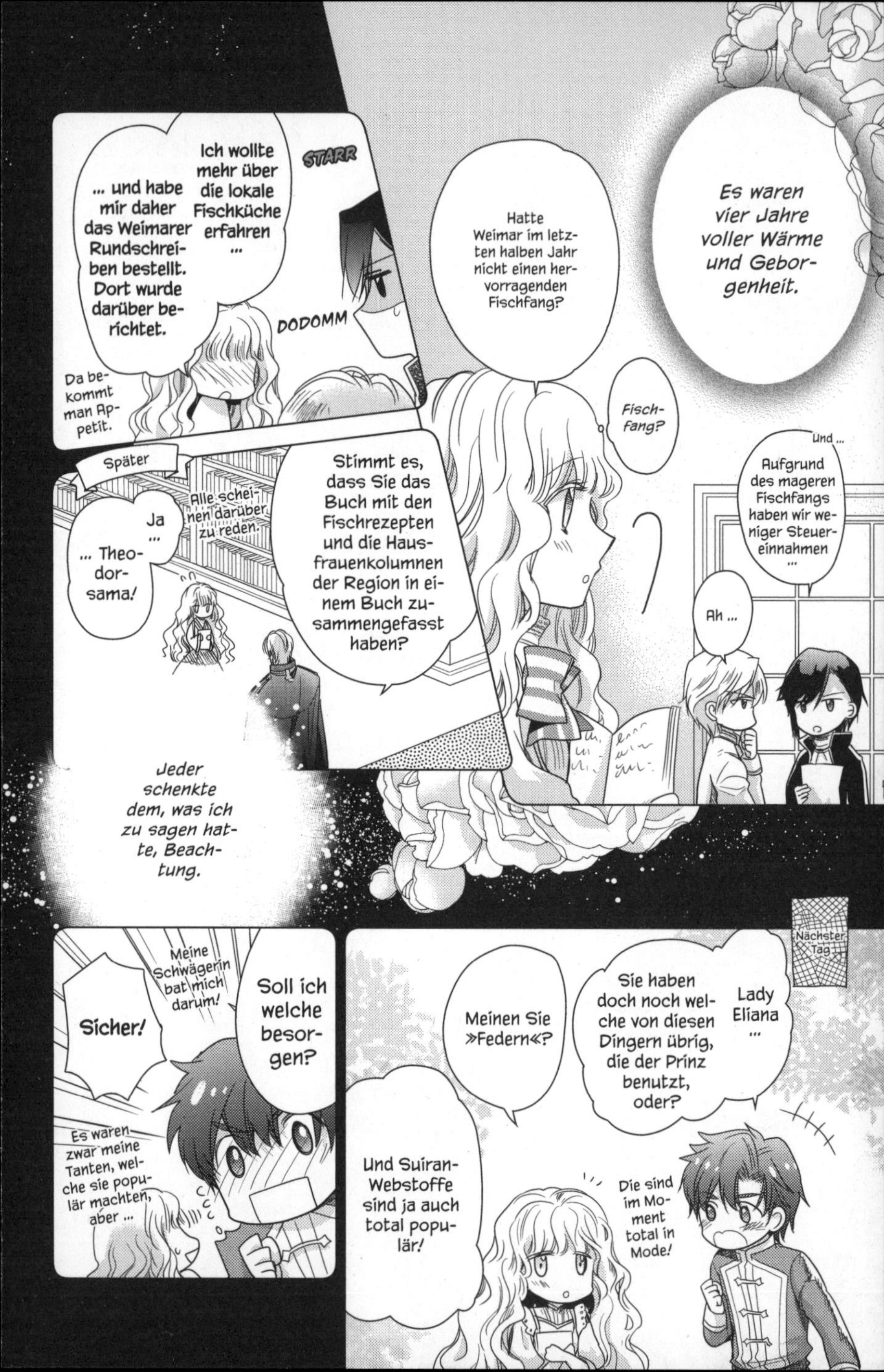

Es waren vier Jahre voller Wärme und Geborgenheit.
Hatte Weimar im letzten halben Jahr nicht einen hervorragenden Fischfang?
Fischfang?
Und ...
Aufgrund des mageren Fischfangs haben wir weniger Steuereinnahmen ...
Ah ...
STARR
Ich wollte mehr über die lokale Fischküche erfahren ...
... und habe mir daher das Weimarer Rundschreiben bestellt. Dort wurde darüber berichtet.
DODOMM
Da bekommt man Appetit.
Später
Stimmt es, dass Sie das Buch mit den Fischrezepten und die Hausfrauenkolumnen der Region in einem Buch zusammengefasst haben?
Alle scheinen darüber zu reden.
Ja ...
... Theodor-sama!
Jeder schenkte dem, was ich zu sagen hatte, Beachtung.
Nächster Tag
Lady Eliana ...
Sie haben doch noch welche von diesen Dingern übrig, die der Prinz benutzt, oder?
Meinen Sie »Federn«?
Die sind im Moment total in Mode!
Und Suiran-Webstoffe sind ja auch total populär!
Soll ich welche besorgen?
Meine Schwägerin bat mich darum!
Sicher!
Es waren zwar meine Tanten, welche sie populär machten, aber ...

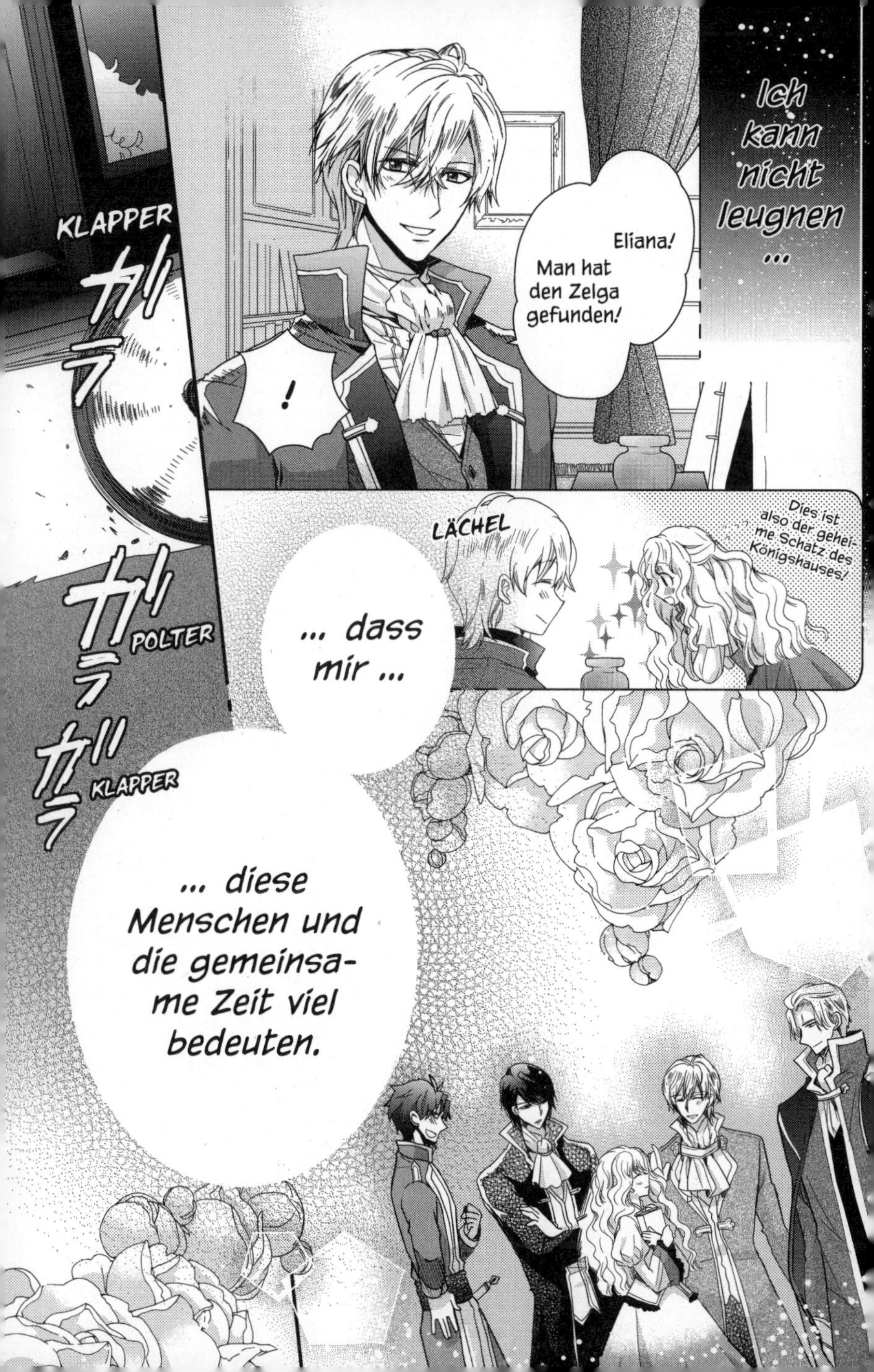

Ich kann nicht leugnen …
Eliana! Man hat den Zelga gefunden!
!
KLAPPER
カラ
Dies ist also der geheime Schatz des Königshauses!
LÄCHEL
… dass mir …
ガラ
POLTER
カラ
KLAPPER
… diese Menschen und die gemeinsame Zeit viel bedeuten.

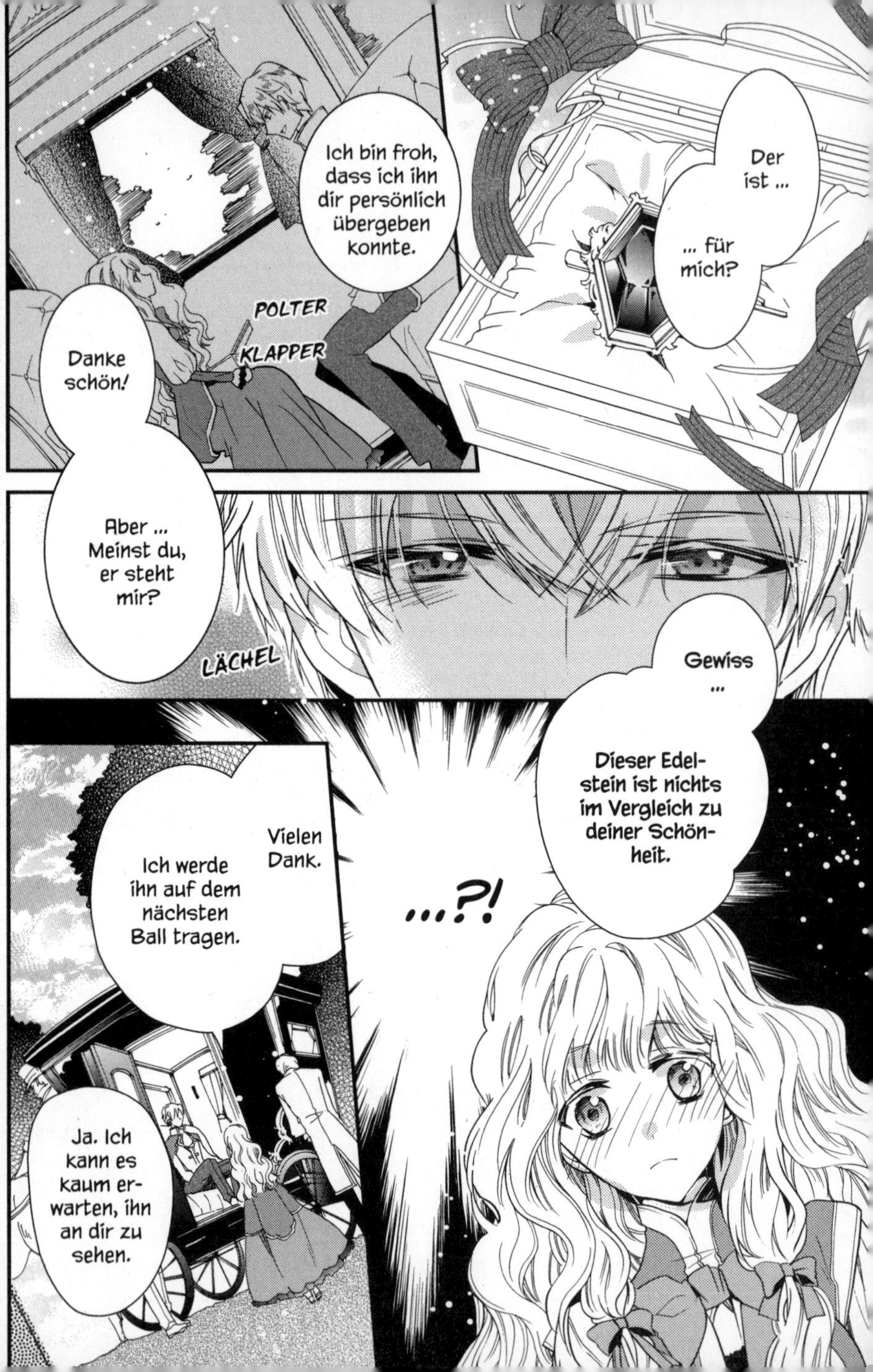
Der ist ...
... für mich?
Ich bin froh, dass ich ihn dir persönlich übergeben konnte.
POLTER
KLAPPER
Danke schön!
Aber ... Meinst du, er steht mir?
LÄCHEL
Gewiss ...
Dieser Edelstein ist nichts im Vergleich zu deiner Schönheit.
...?!
Vielen Dank.
Ich werde ihn auf dem nächsten Ball tragen.
Ja. Ich kann es kaum erwarten, ihn an dir zu sehen.

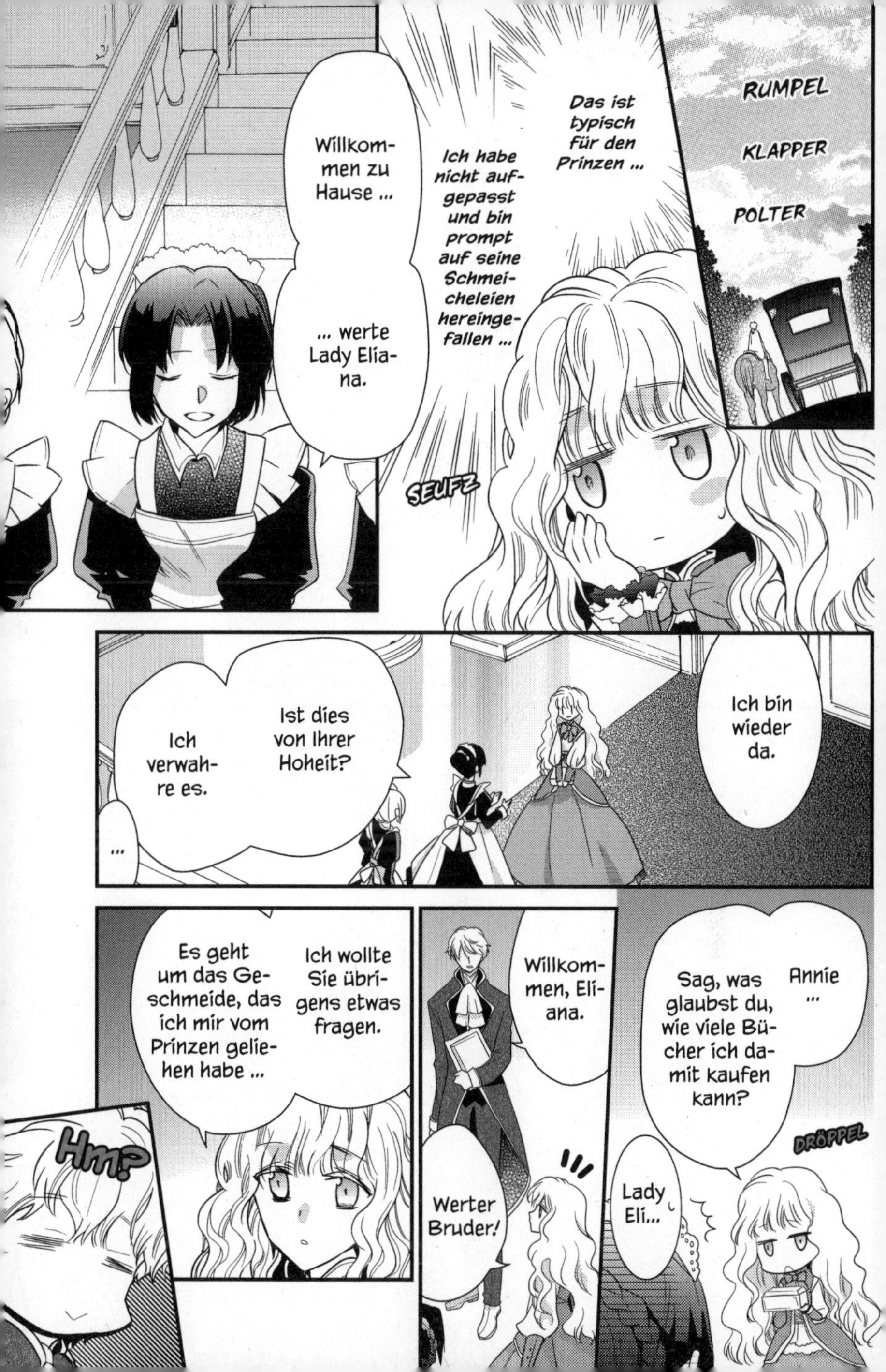
RUMPEL
KLAPPER
POLTER
Das ist typisch für den Prinzen ...
Ich habe nicht aufgepasst und bin prompt auf seine Schmeicheleien hereingefallen ...
SEUFZ
Willkommen zu Hause ...
... werte Lady Eliana.
Ich bin wieder da.
Ist dies von Ihrer Hoheit?
Ich verwahre es.
...
Annie ...
Sag, was glaubst du, wie viele Bücher ich damit kaufen kann?
DRÖPPEL
Lady Eli...
Willkommen, Eliana.
Werter Bruder!
Ich wollte Sie übrigens etwas fragen.
Es geht um das Geschmeide, das ich mir vom Prinzen geliehen habe ...
Hm?

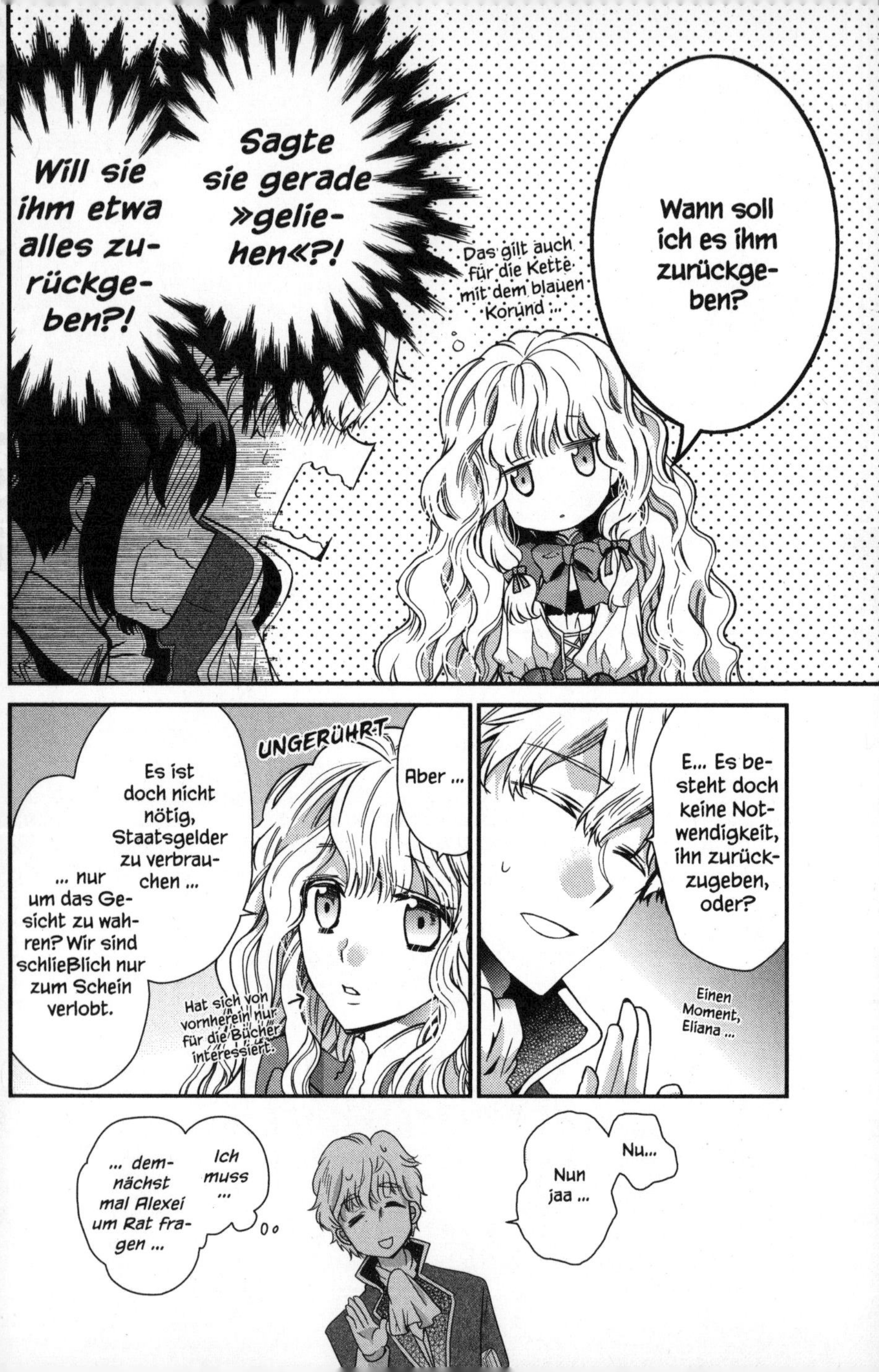

Wann soll ich es ihm zurückge-ben?
Das gilt auch für die Kette mit dem blauen Korund ...
Sagte sie gerade »gelie-hen«?!
Will sie ihm etwa alles zu-rückge-ben?!
E... Es be-steht doch keine Not-wendigkeit, ihn zurück-zugeben, oder?
Einen Moment, Eliana ...
Aber ...
UNGERÜHRT
Es ist doch nicht nötig, Staatsgelder zu verbrau-chen ...
... nur um das Ge-sicht zu wah-ren? Wir sind schließlich nur zum Schein verlobt.
Hat sich von vornherein nur für die Bücher interessiert.
Nu...
Nun jaa ...
Ich muss ...
... dem-nächst mal Alexei um Rat fra-gen ...

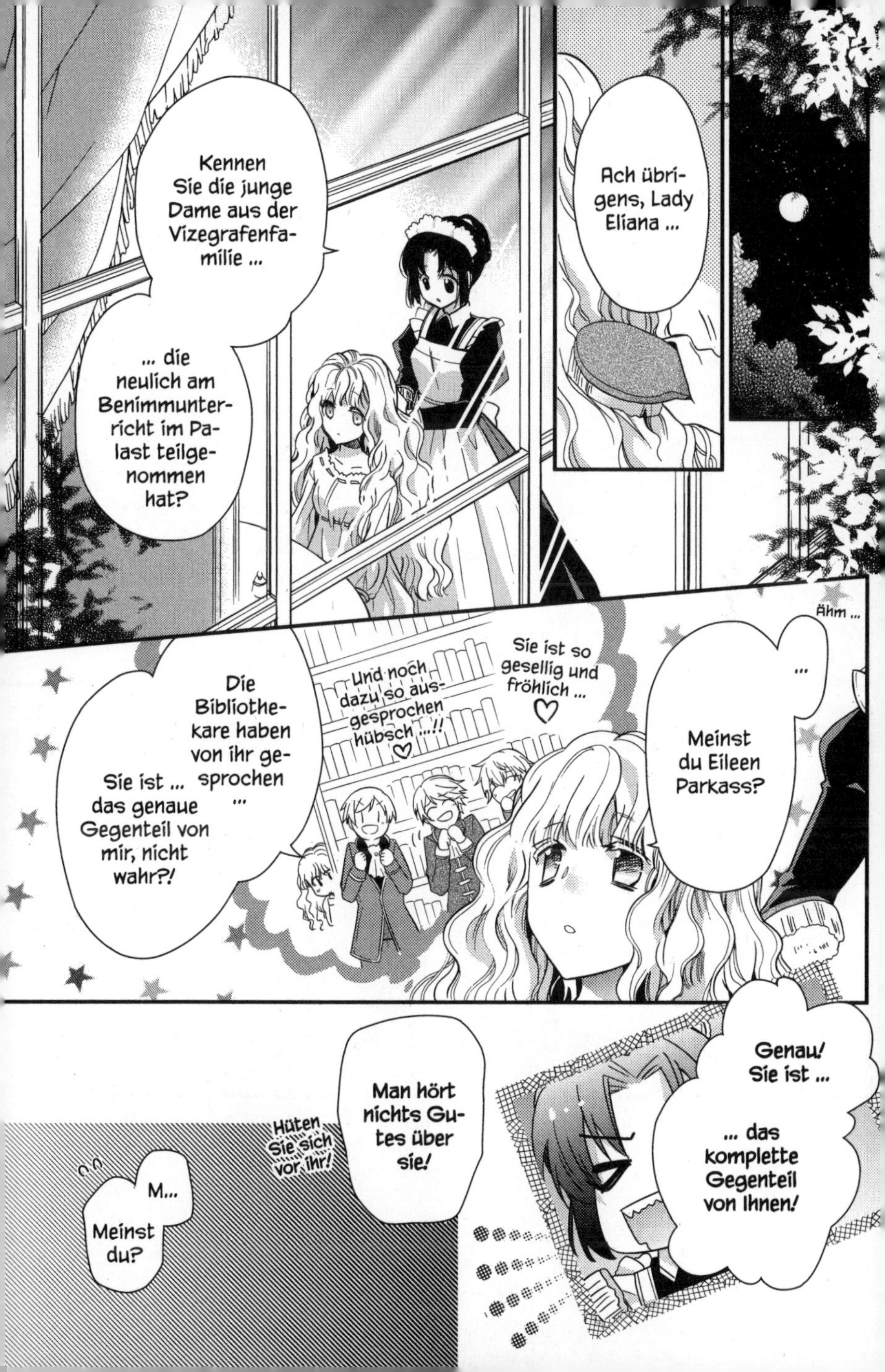
Ach übri-gens, Lady Eliana ...
Kennen Sie die junge Dame aus der Vizegrafenfa-milie ...
... die neulich am Benimmunter-richt im Pa-last teilge-nommen hat?
Ähm ...
...
Meinst du Eileen Parkass?
Sie ist so gesellig und fröhlich ...
Und noch dazu so aus-gesprochen hübsch ...!!
Die Bibliothe-kare haben von ihr ge-sprochen ...
Sie ist ... das genaue Gegenteil von mir, nicht wahr?!
Genau! Sie ist ...
... das komplette Gegenteil von Ihnen!
Man hört nichts Gu-tes über sie!
Hüten Sie sich vor ihr!
M... Meinst du?

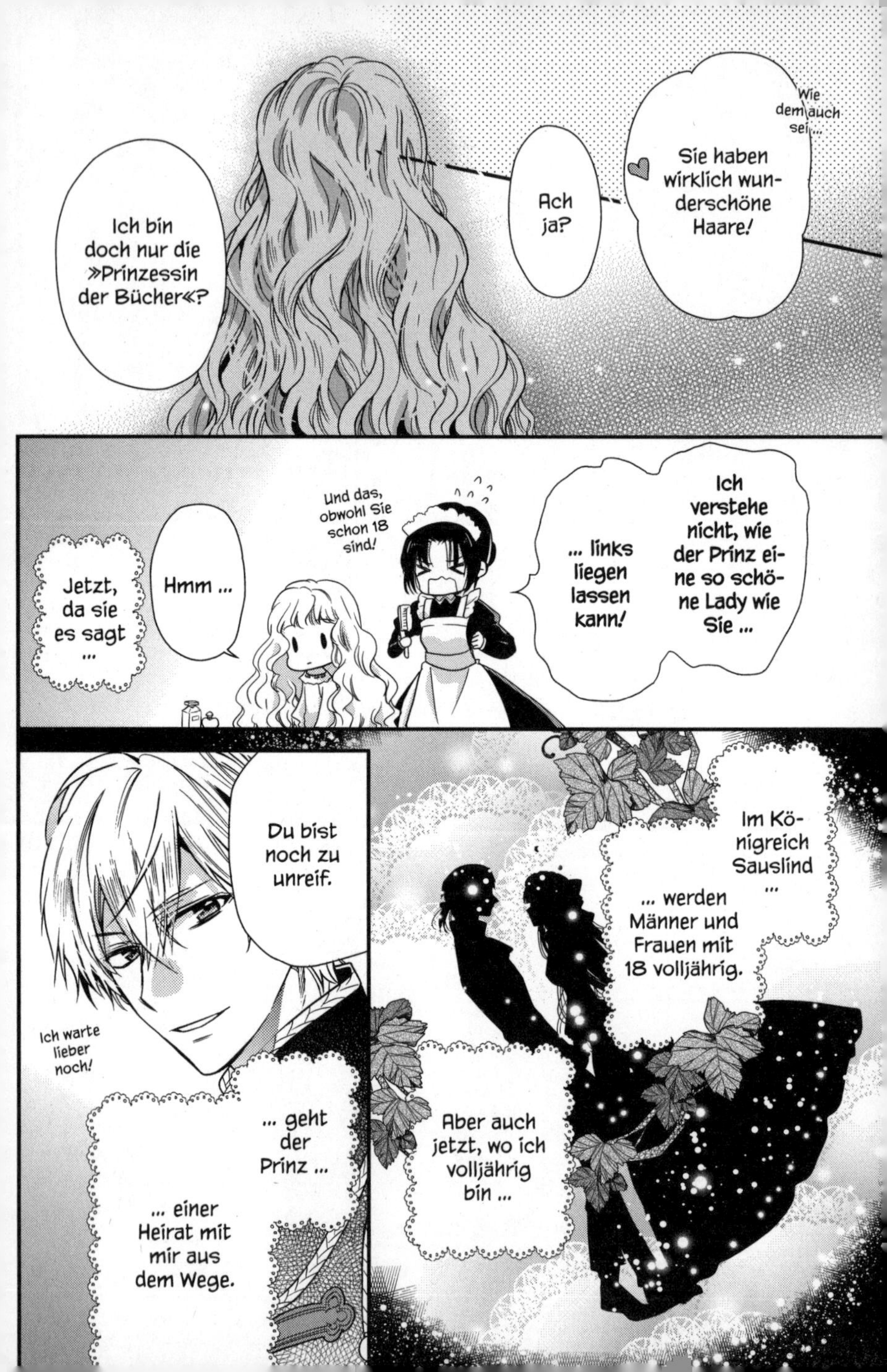
Wie dem auch sei ...
Sie haben wirklich wunderschöne Haare!
Ach ja?
Ich bin doch nur die »Prinzessin der Bücher«?
Ich verstehe nicht, wie der Prinz eine so schöne Lady wie Sie ...
... links liegen lassen kann!
Und das, obwohl Sie schon 18 sind!
Hmm ...
Jetzt, da sie es sagt ...
Im Königreich Sauslind ...
... werden Männer und Frauen mit 18 volljährig.
Aber auch jetzt, wo ich volljährig bin ...
Du bist noch zu unreif.
Ich warte lieber noch!
... geht der Prinz ...
... einer Heirat mit mir aus dem Wege.

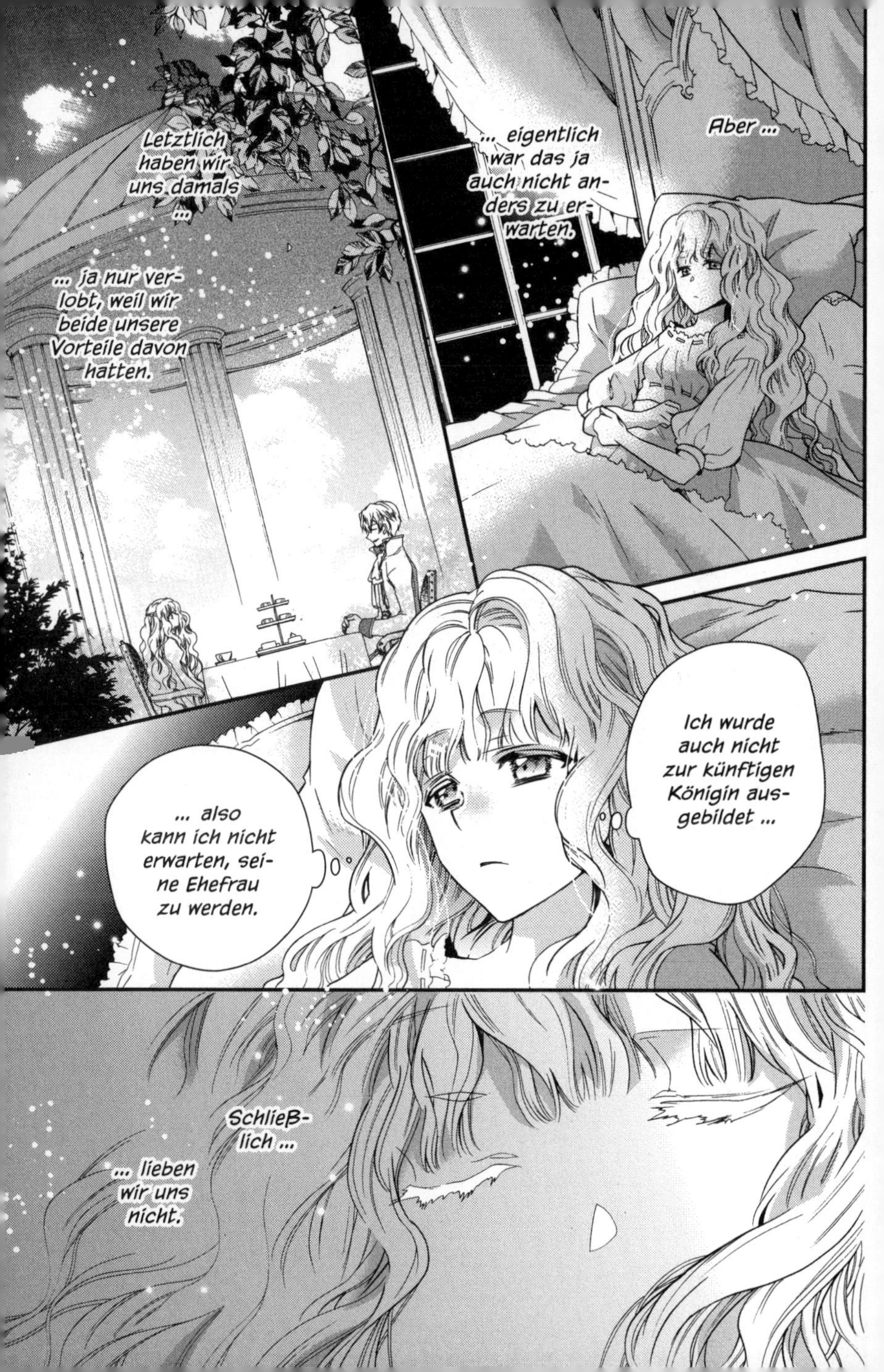
Aber ...
... eigentlich war das ja auch nicht anders zu erwarten.
Letztlich haben wir uns damals ...
... ja nur verlobt, weil wir beide unsere Vorteile davon hatten.
Ich wurde auch nicht zur künftigen Königin ausgebildet ...
... also kann ich nicht erwarten, seine Ehefrau zu werden.
Schließlich ...
... lieben wir uns nicht.

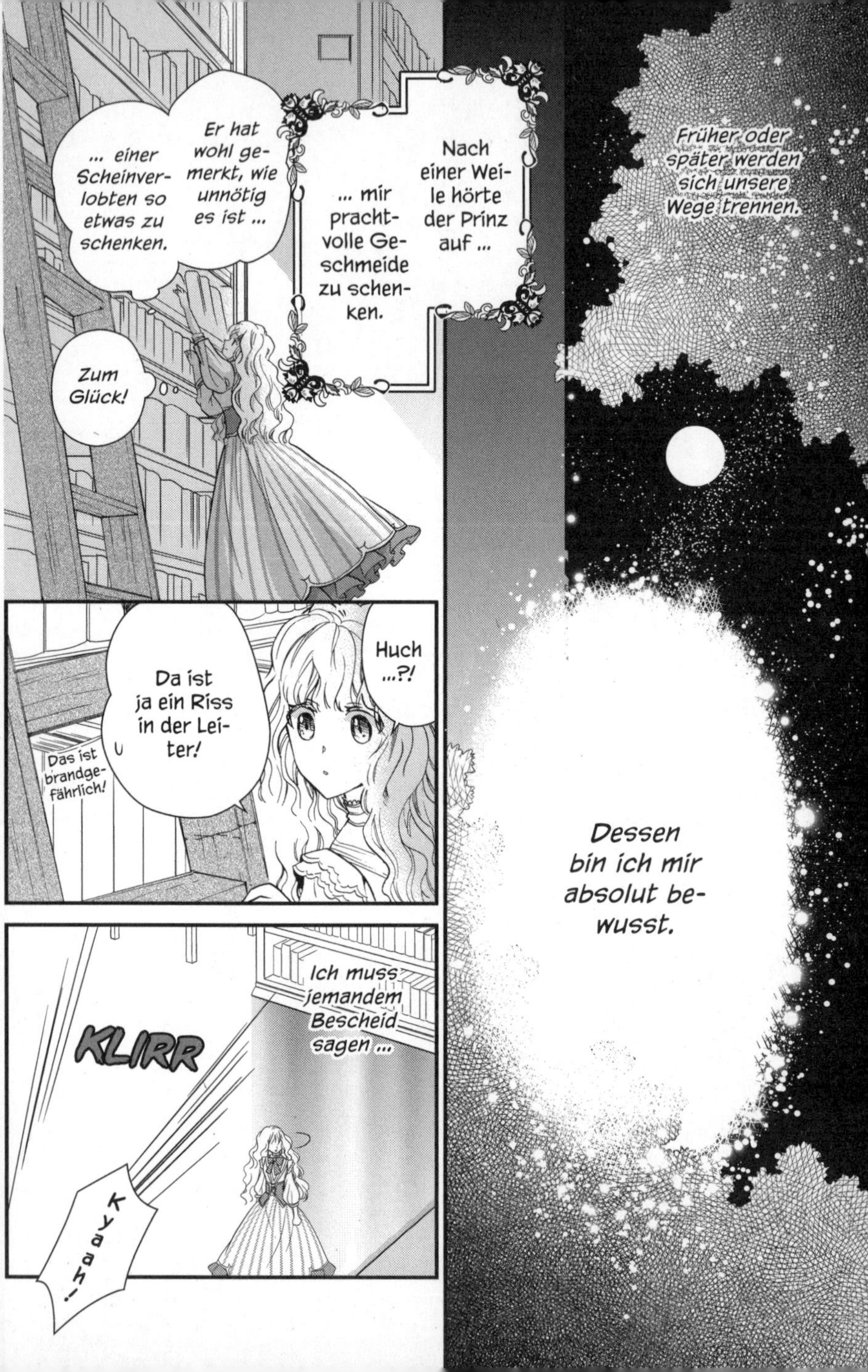

Früher oder später werden sich unsere Wege trennen.
Dessen bin ich mir absolut bewusst.
Nach einer Weile hörte der Prinz auf ...
... mir prachtvolle Geschmeide zu schenken.
Er hat wohl gemerkt, wie unnötig es ist ...
... einer Scheinverlobten so etwas zu schenken.
Zum Glück!
Huch ...?!
Da ist ja ein Riss in der Leiter!
Das ist brandgefährlich!
Ich muss jemandem Bescheid sagen ...
KLIRR
Kyaah!

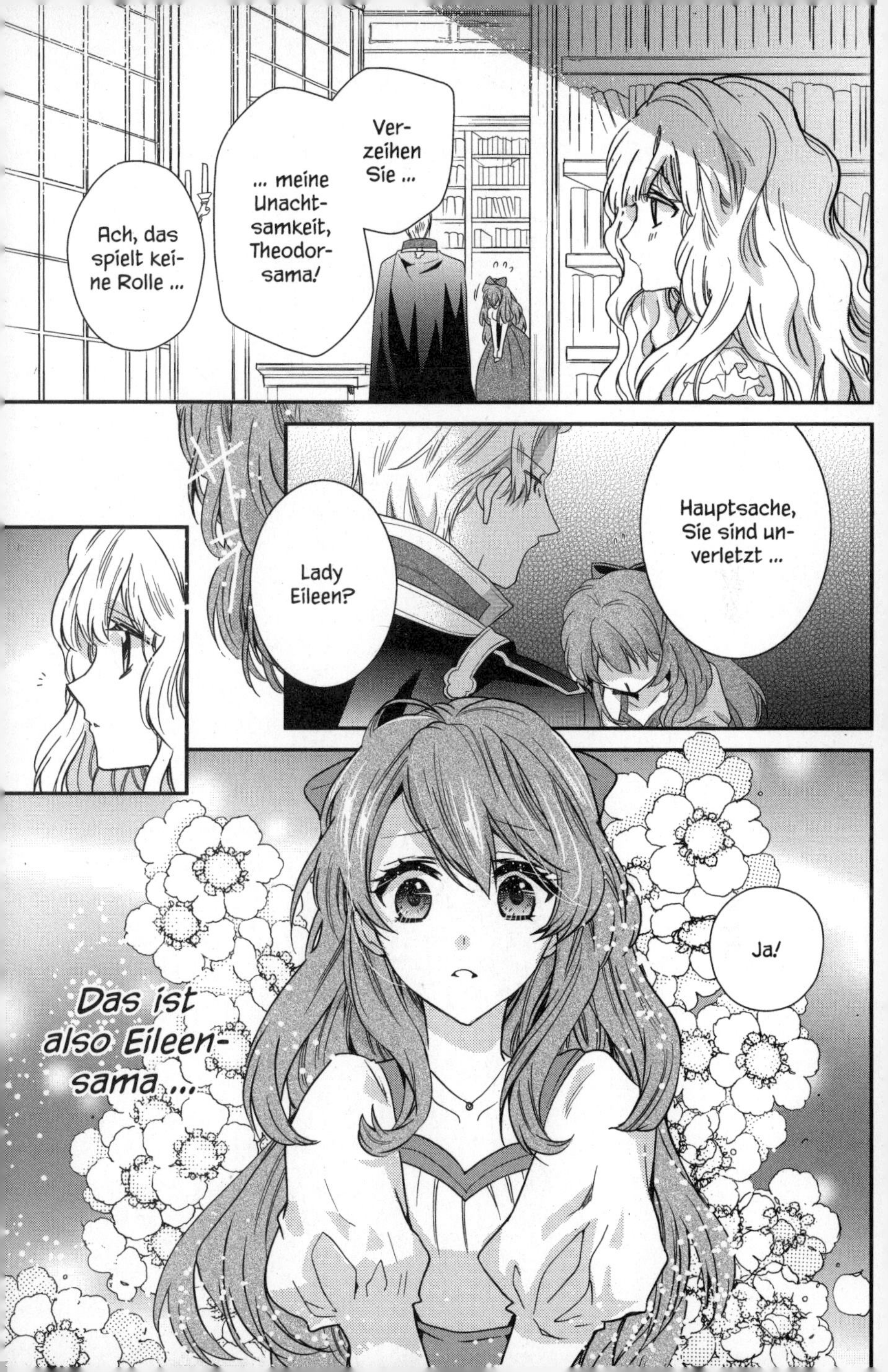
Verzeihen Sie ...
... meine Unachtsamkeit, Theodor-sama!
Ach, das spielt keine Rolle ...
Hauptsache, Sie sind unverletzt ...
Lady Eileen?
Ja!
Das ist also Eileen-sama ...

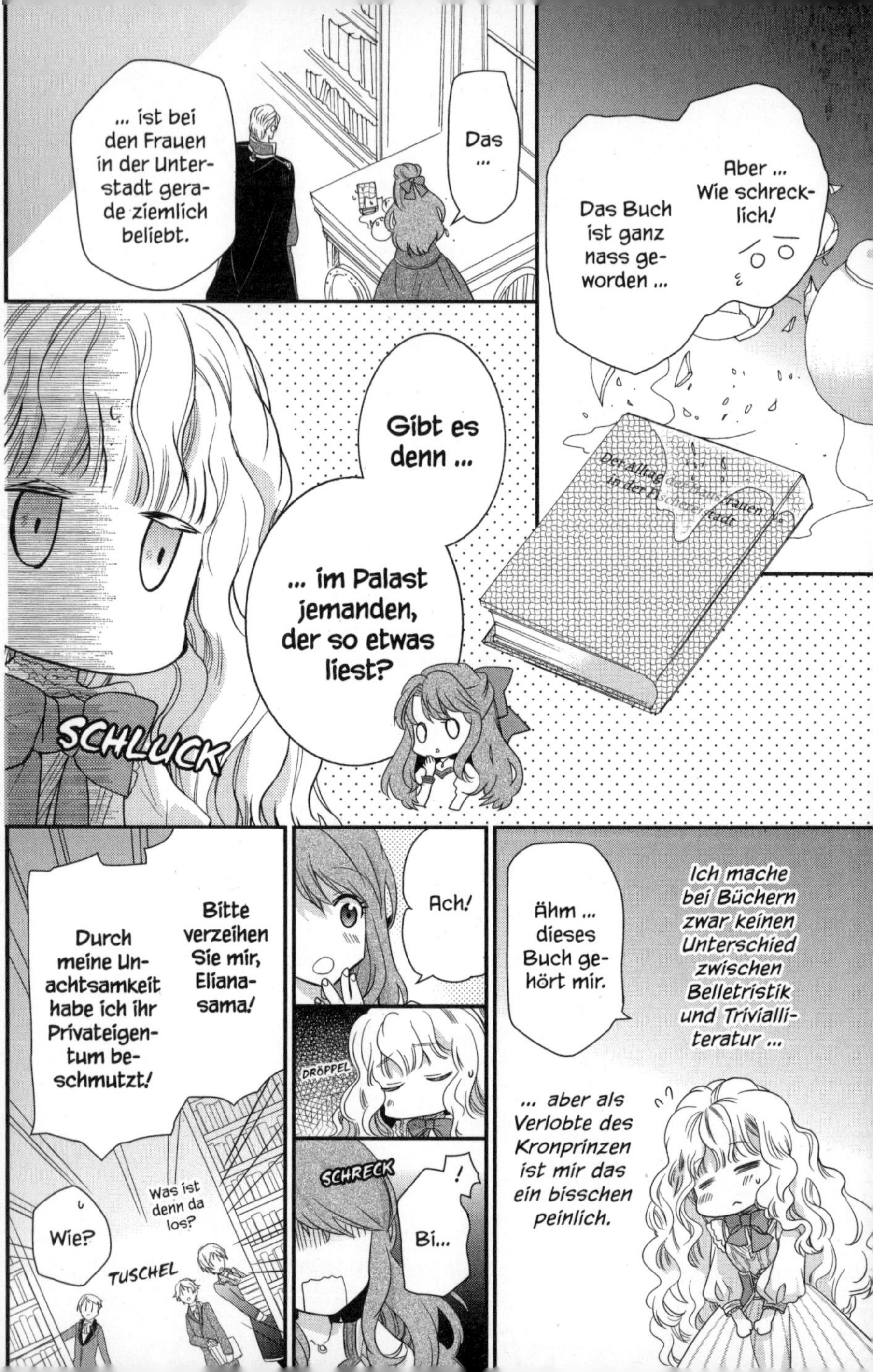

Aber ... Wie schreck-lich!
Das Buch ist ganz nass ge-worden ...
Das ...
... ist bei den Frauen in der Unter-stadt gera-de ziemlich beliebt.
Der Alltag der Hausfrauen in der Fischerstadt
Gibt es denn ...
... im Palast jemanden, der so etwas liest?
SCHLUCK
Ich mache bei Büchern zwar keinen Unterschied zwischen Belletristik und Trivialli-teratur ...
Ähm ... dieses Buch ge-hört mir.
... aber als Verlobte des Kronprinzen ist mir das ein bisschen peinlich.
Ach!
DRÖPPEL
SCHRECK
!
Bi...
Bitte verzeihen Sie mir, Eliana-sama!
Durch meine Un-achtsamkeit habe ich ihr Privateigen-tum be-schmutzt!
Was ist denn da los?
Wie?
TUSCHEL

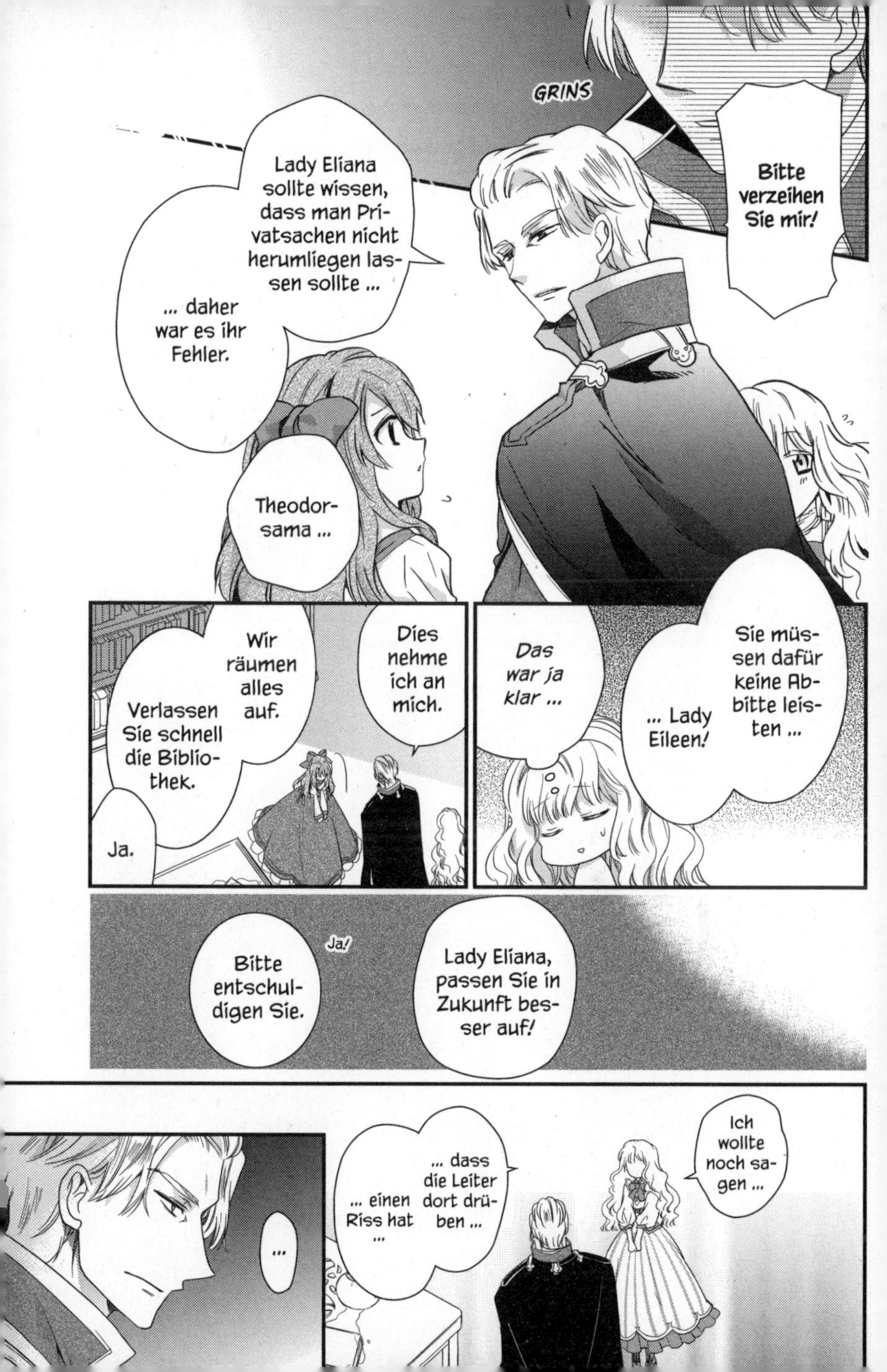
GRINS
Bitte verzeihen Sie mir!
Lady Eliana sollte wissen, dass man Privatsachen nicht herumliegen lassen sollte ...
... daher war es ihr Fehler.
Theodor-sama ...
Sie müssen dafür keine Abbitte leisten ...
... Lady Eileen!
Das war ja klar ...
Dies nehme ich an mich.
Wir räumen alles auf.
Verlassen Sie schnell die Bibliothek.
Ja.
Lady Eliana, passen Sie in Zukunft besser auf!
Ja!
Bitte entschuldigen Sie.
Ich wollte noch sagen ...
... dass die Leiter dort drüben ...
... einen Riss hat ...
...

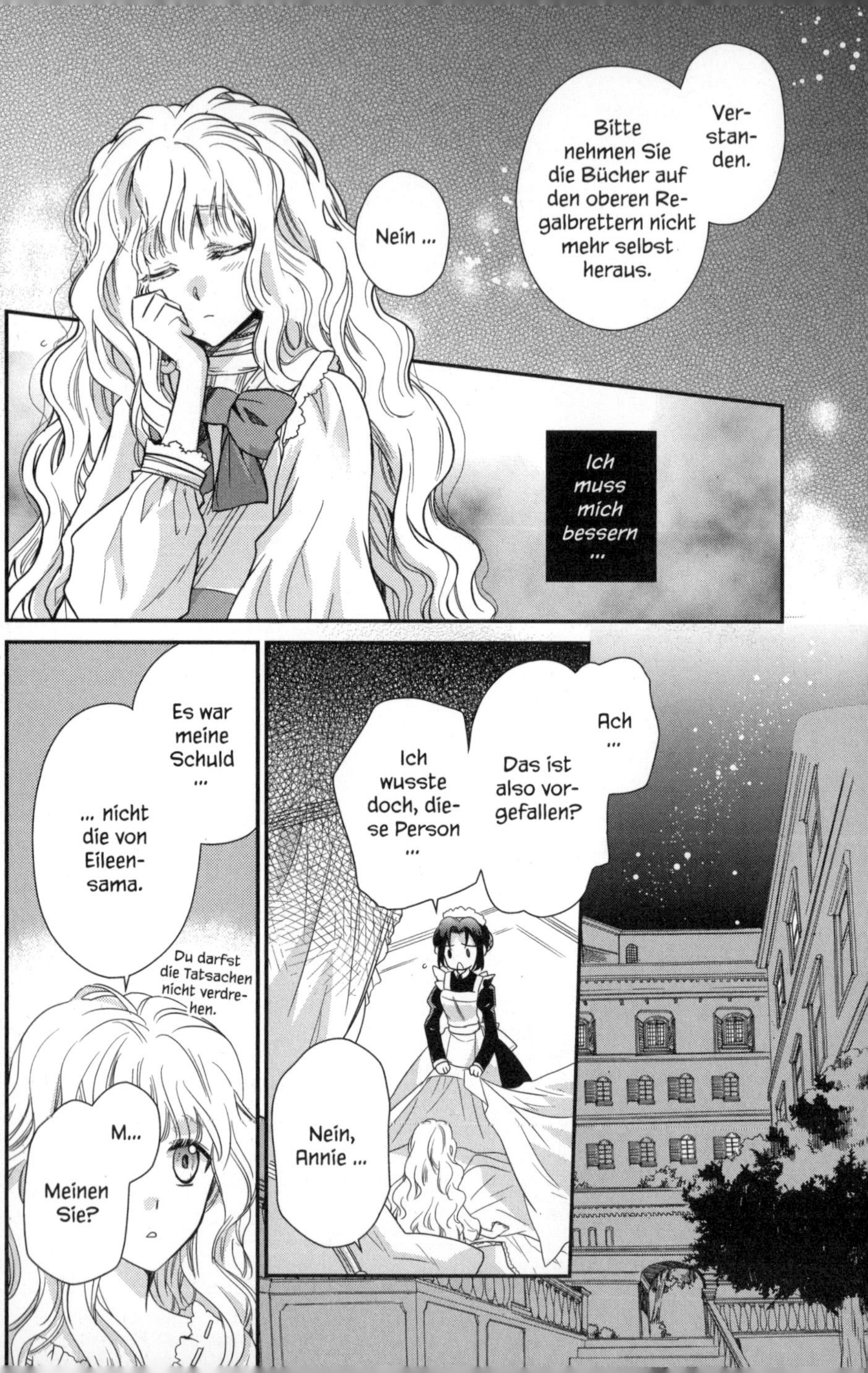
Verstanden.
Bitte nehmen Sie die Bücher auf den oberen Regalbrettern nicht mehr selbst heraus.
Nein ...
Ich muss mich bessern ...
Ach ...
Das ist also vorgefallen?
Ich wusste doch, diese Person ...
Nein, Annie ...
Es war meine Schuld ...
... nicht die von Eileen-sama.
Du darfst die Tatsachen nicht verdrehen.
M...
Meinen Sie?

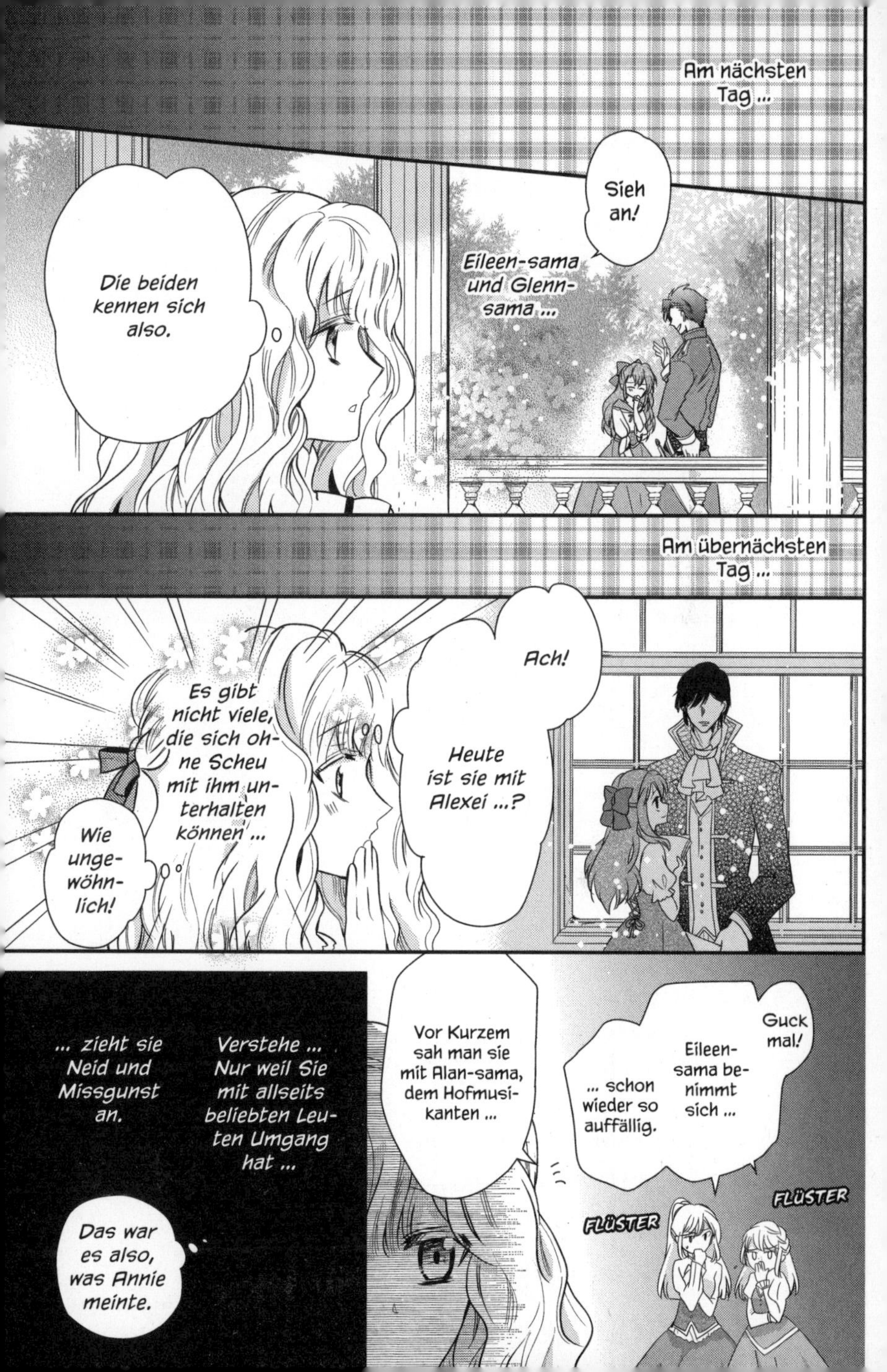
Am nächsten Tag ...
Sieh an!
Eileen-sama und Glenn-sama ...
Die beiden kennen sich also.
Am übernächsten Tag ...
Ach!
Heute ist sie mit Alexei ...?
Es gibt nicht viele, die sich ohne Scheu mit ihm unterhalten können ...
Wie ungewöhnlich!
Guck mal!
Eileen-sama benimmt sich ...
... schon wieder so auffällig.
FLÜSTER
FLÜSTER
Vor Kurzem sah man sie mit Alan-sama, dem Hofmusikanten ...
Verstehe ... Nur weil Sie mit allseits beliebten Leuten Umgang hat ...
... zieht sie Neid und Missgunst an.
Das war es also, was Annie meinte.

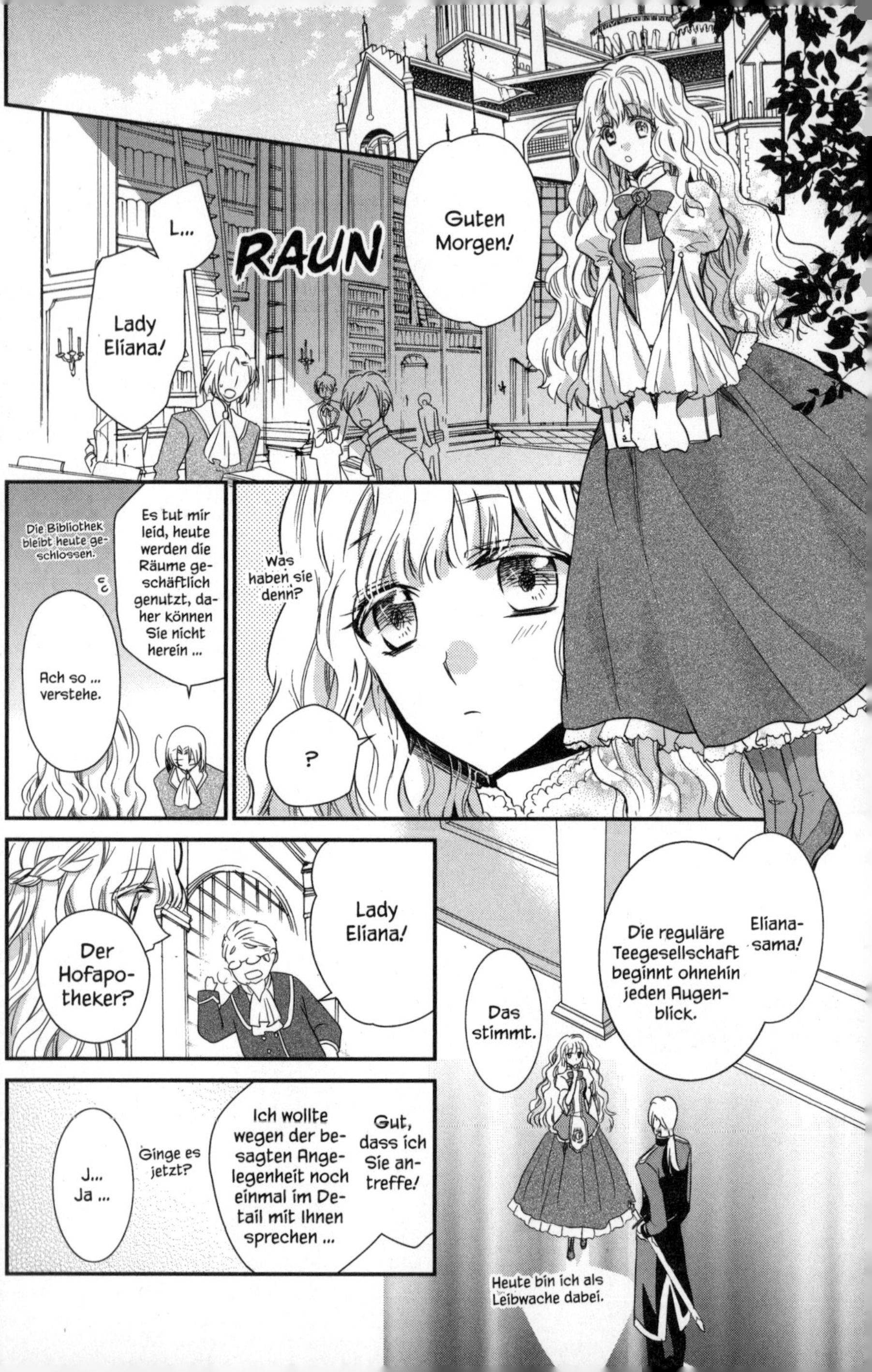
Guten Morgen!
RAUN
L...
Lady Eliana!
Was haben sie denn?
?
Es tut mir leid, heute werden die Räume geschäftlich genutzt, daher können Sie nicht herein ...
Die Bibliothek bleibt heute geschlossen.
Ach so ... verstehe.
Eliana-sama!
Die reguläre Teegesellschaft beginnt ohnehin jeden Augenblick.
Das stimmt.
Heute bin ich als Leibwache dabei.
Lady Eliana!
Der Hofapotheker?
Gut, dass ich Sie antreffe!
Ich wollte wegen der besagten Angelegenheit noch einmal im Detail mit Ihnen sprechen ...
Ginge es jetzt?
J... Ja ...

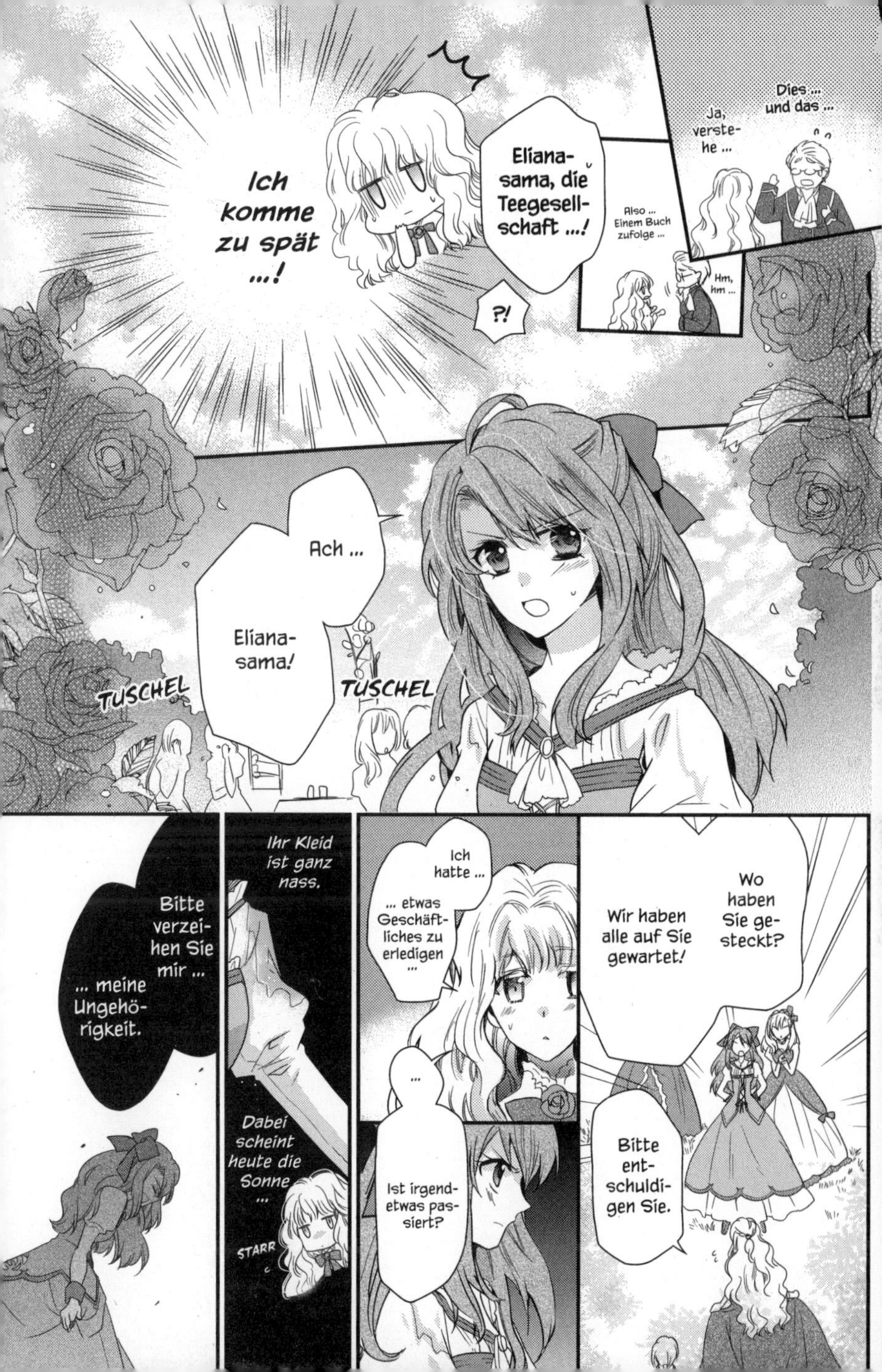
Dies ... und das ...
Ja, verste-he ...
Hm, hm ...
Also ... Einem Buch zufolge ...
Eliana-sama, die Teegesell-schaft ...!
Ich komme zu spät ...!
?!
Ach ...
Eliana-sama!
TUSCHEL
TUSCHEL
Wo haben Sie ge-steckt?
Wir haben alle auf Sie gewartet!
Bitte ent-schuldi-gen Sie.
Ich hatte ...
... etwas Geschäft-liches zu erledigen ...
...
Ist irgend-etwas pas-siert?
Ihr Kleid ist ganz nass.
Dabei scheint heute die Sonne ...
STARR
Bitte verzei-hen Sie mir ...
... meine Ungehö-rigkeit.

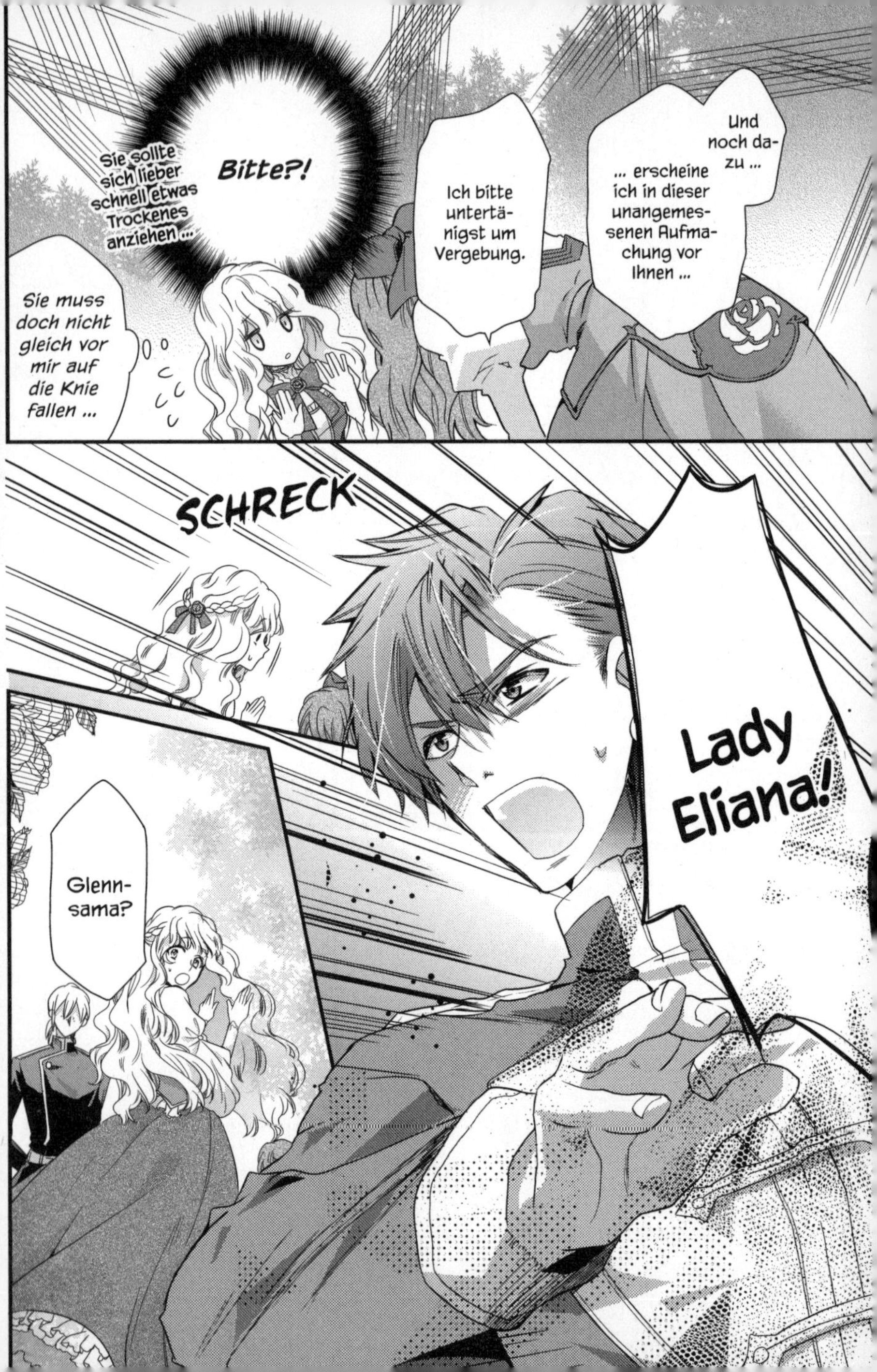
Und noch da-zu ...
... erscheine ich in dieser unangemes-senen Aufma-chung vor Ihnen ...
Ich bitte untertä-nigst um Vergebung.
Bitte?!
Sie sollte sich lieber schnell etwas Trockenes anziehen ...
Sie muss doch nicht gleich vor mir auf die Knie fallen ...
Lady Eliana!
SCHRECK
Glenn-sama?

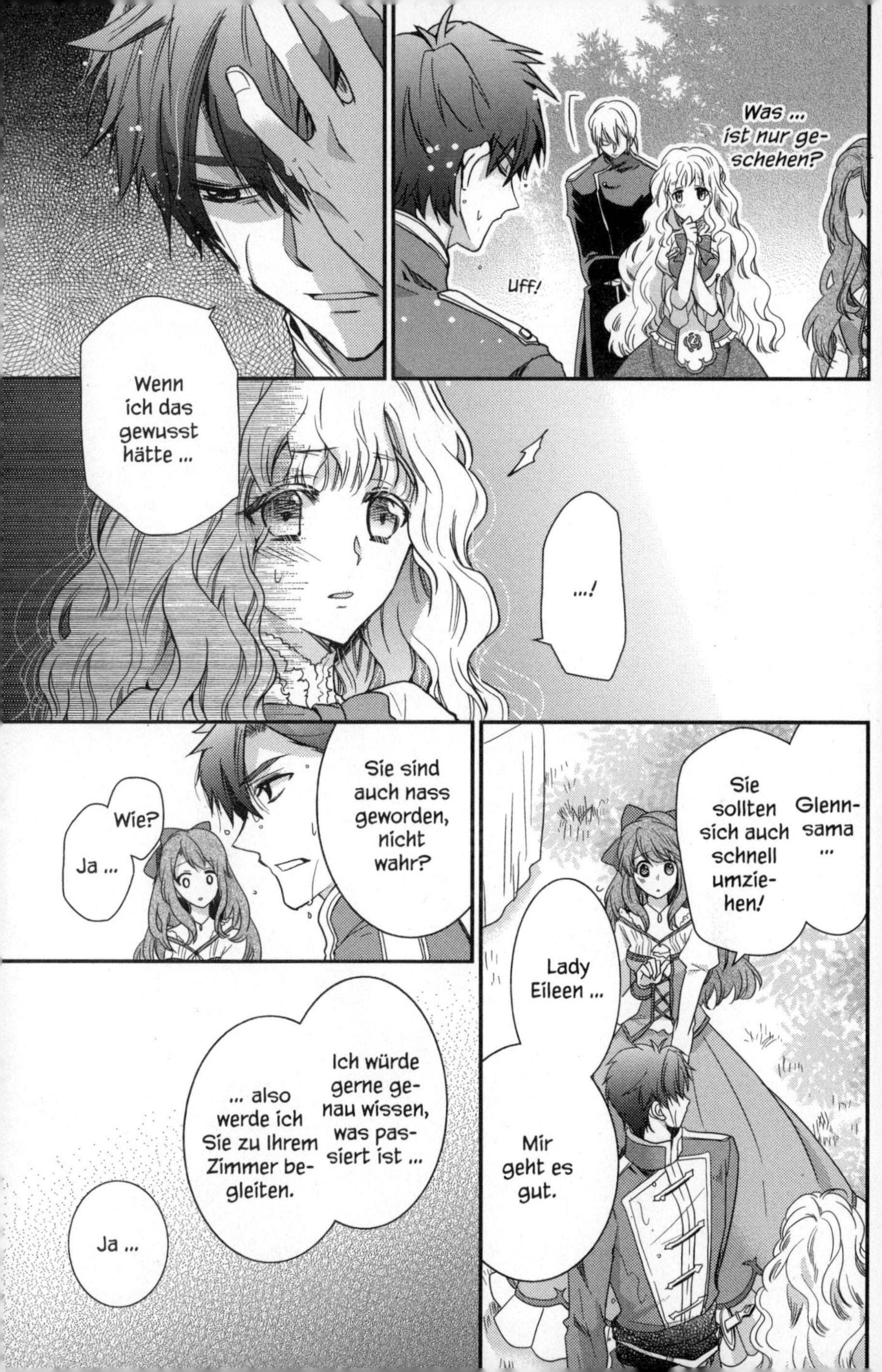
Was ... ist nur geschehen?
Uff!
Wenn ich das gewusst hätte ...
...!
Sie sind auch nass geworden, nicht wahr?
Wie? Ja ...
Glenn-sama ...
Sie sollten sich auch schnell umziehen!
Lady Eileen ...
Mir geht es gut.
Ich würde gerne genau wissen, was passiert ist ...
... also werde ich Sie zu Ihrem Zimmer begleiten.
Ja ...

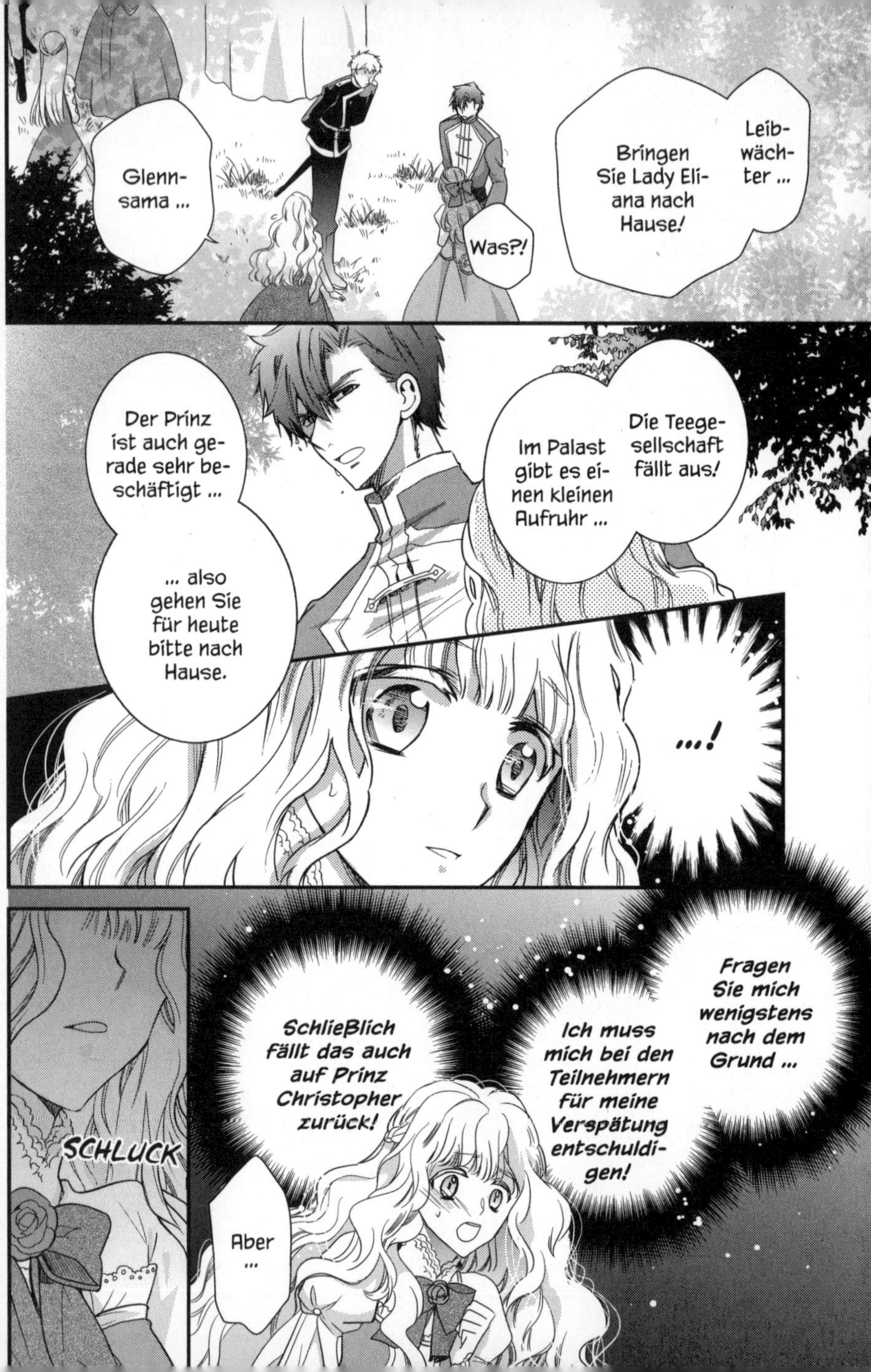
Leibwächter ...
Bringen Sie Lady Eliana nach Hause!
Was?!
Glenn-sama ...
Die Teegesellschaft fällt aus!
Im Palast gibt es einen kleinen Aufruhr ...
Der Prinz ist auch gerade sehr beschäftigt ...
... also gehen Sie für heute bitte nach Hause.
...!
Fragen Sie mich wenigstens nach dem Grund ...
Ich muss mich bei den Teilnehmern für meine Verspätung entschuldigen!
Schließlich fällt das auch auf Prinz Christopher zurück!
Aber ...
SCHLUCK

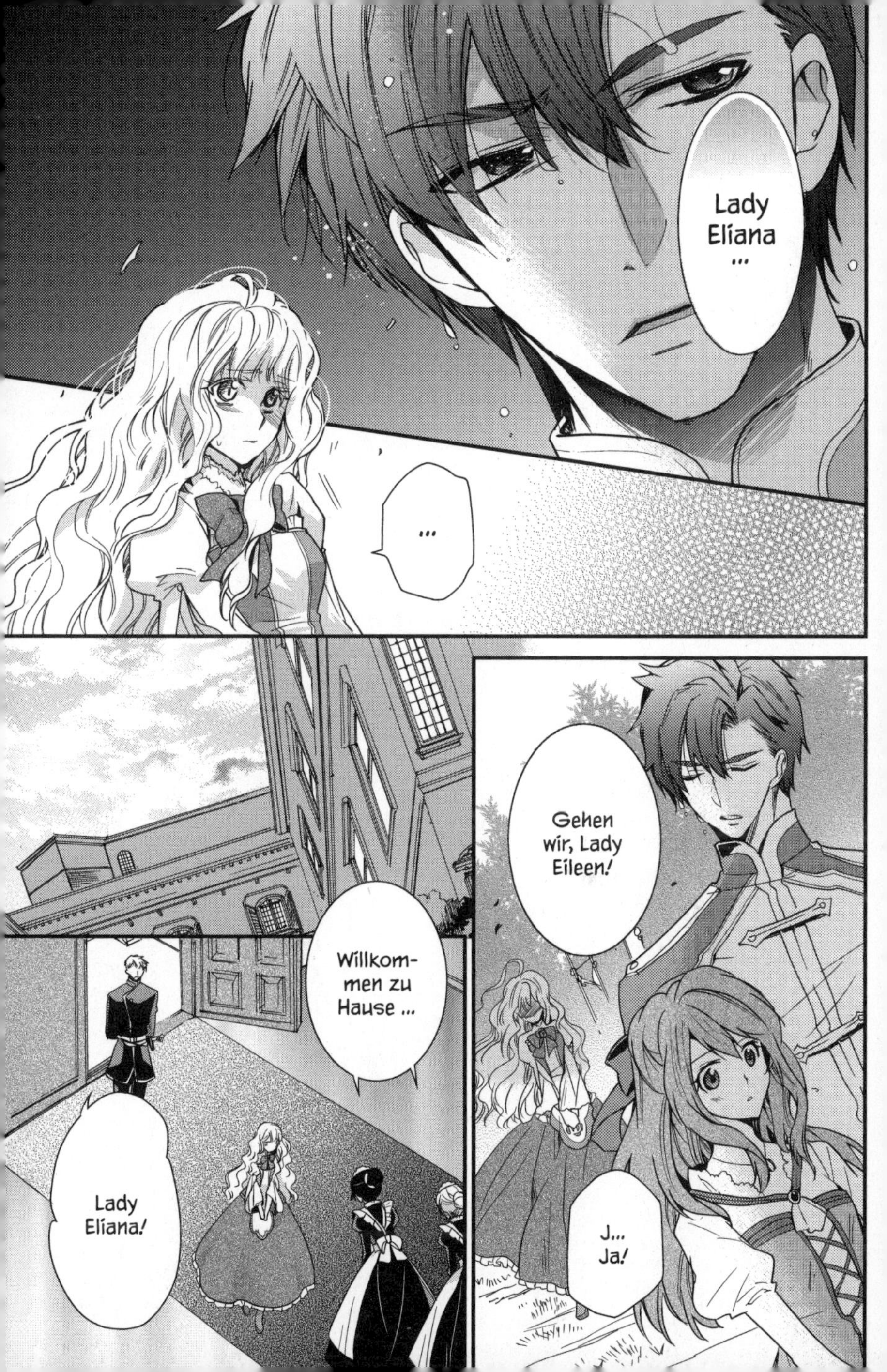
Lady Eliana ...
...
Gehen wir, Lady Eileen!
Willkommen zu Hause ...
J... Ja!
Lady Eliana!

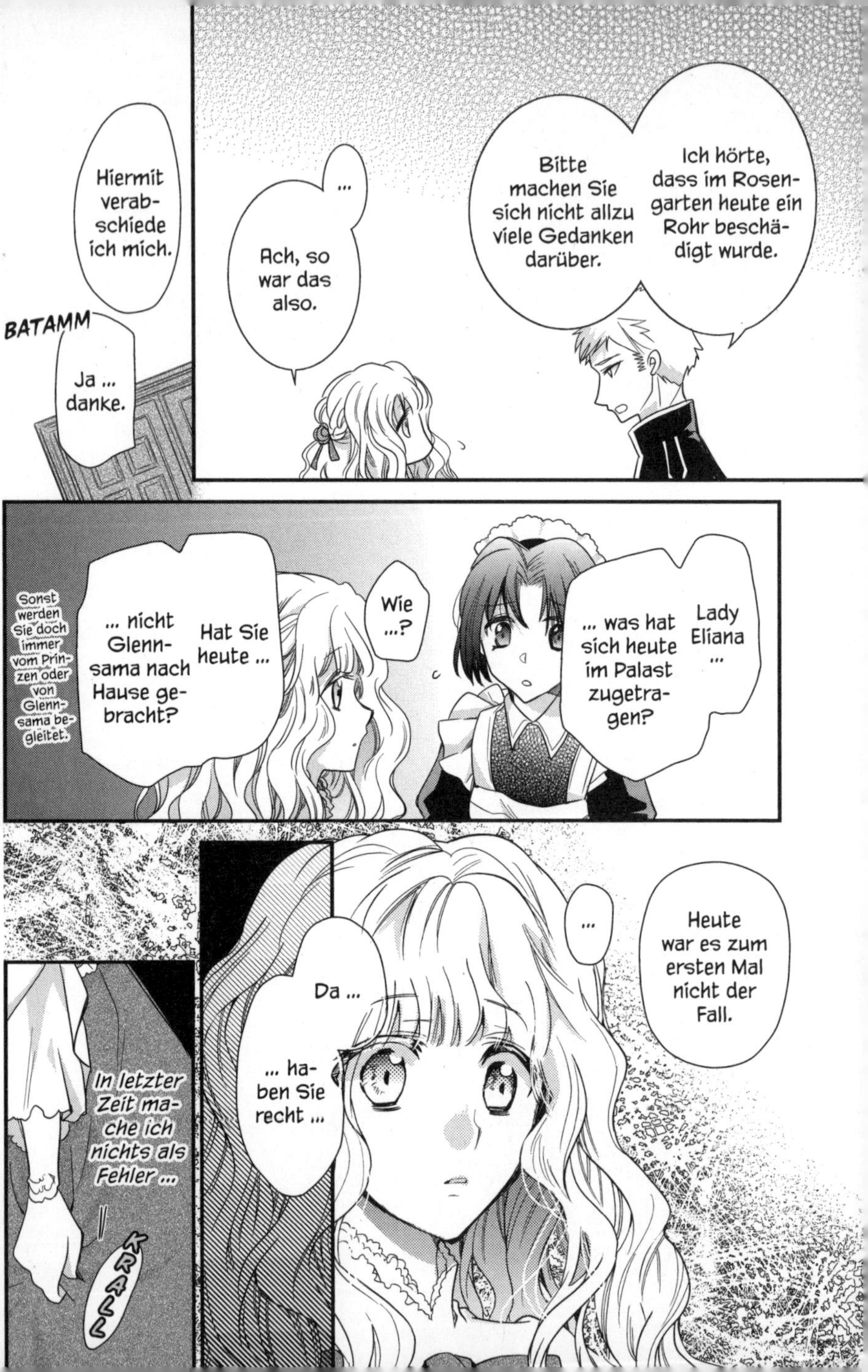
Ich hörte, dass im Rosengarten heute ein Rohr beschädigt wurde.
Bitte machen Sie sich nicht allzu viele Gedanken darüber.
…
Ach, so war das also.
Hiermit verabschiede ich mich.
Ja … danke.
BATAMM
Lady Eliana …
… was hat sich heute im Palast zugetragen?
Wie …?
Hat Sie heute …
… nicht Glenn-sama nach Hause gebracht?
Sonst werden Sie doch immer vom Prinzen oder von Glenn-sama begleitet.
Heute war es zum ersten Mal nicht der Fall.
…
Da …
… haben Sie recht …
In letzter Zeit mache ich nichts als Fehler …
KRALL

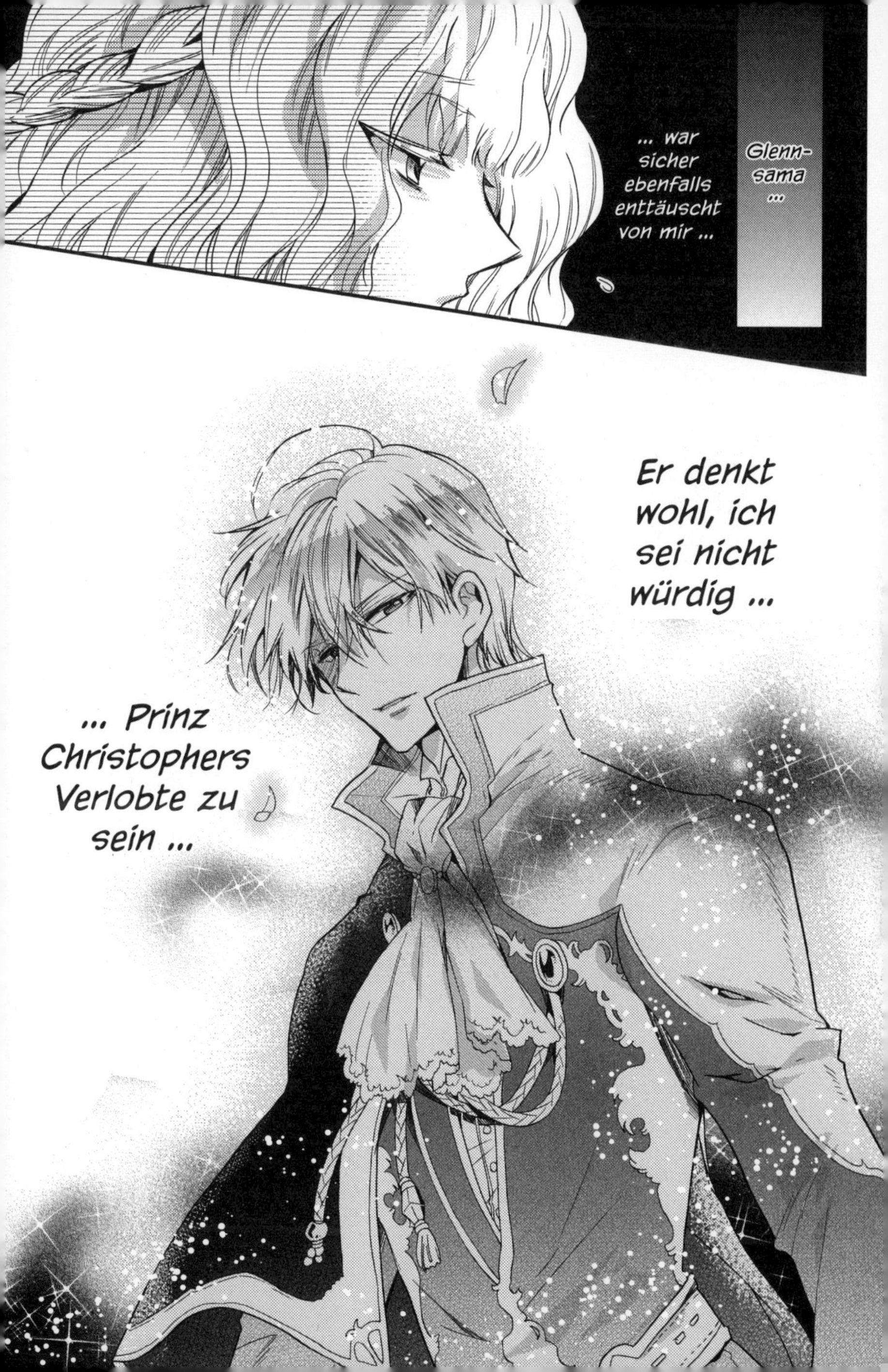
Glenn-sama ...
... war sicher ebenfalls enttäuscht von mir ...
Er denkt wohl, ich sei nicht würdig ...
... Prinz Christophers Verlobte zu sein ...

Eliana

Prinzessin der Bücher

Zeichnungen: Yui Kikuta
Text: Yui
Character Design: Satsuki Sheena

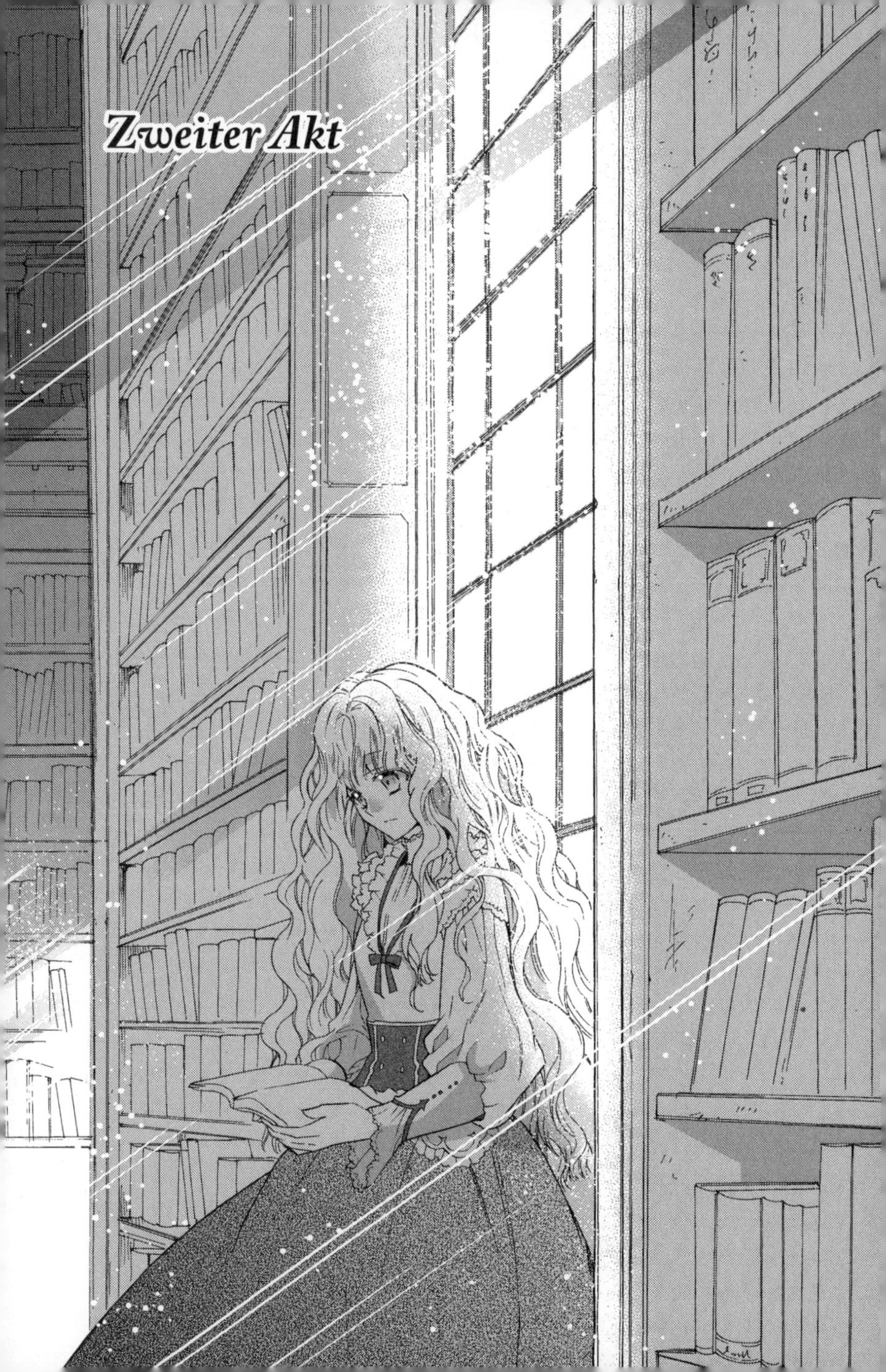
Zweiter Akt

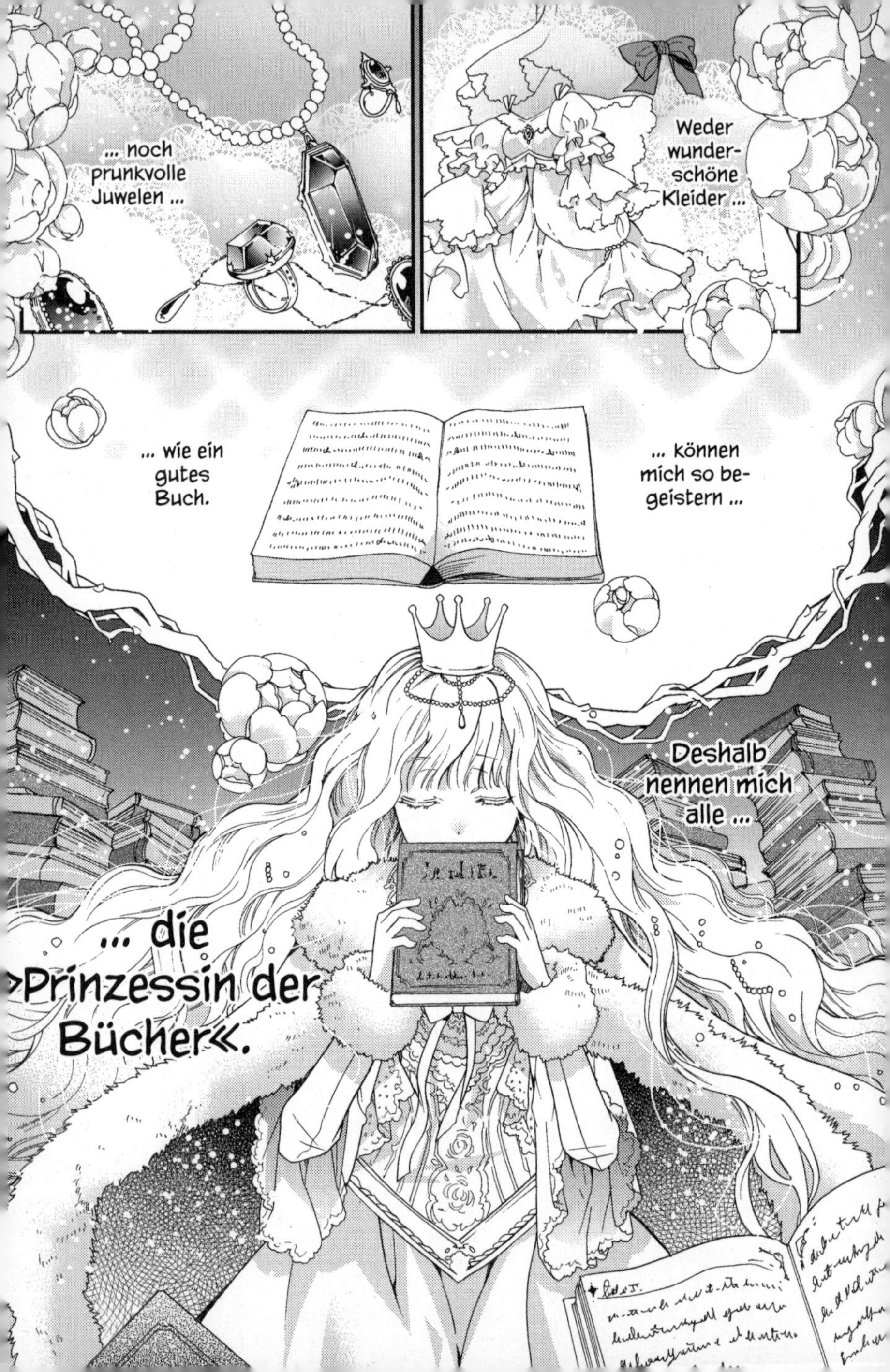
Weder wunderschöne Kleider ...
... noch prunkvolle Juwelen ...
... können mich so begeistern ...
... wie ein gutes Buch.
Deshalb nennen mich alle ...
... die »Prinzessin der Bücher«.

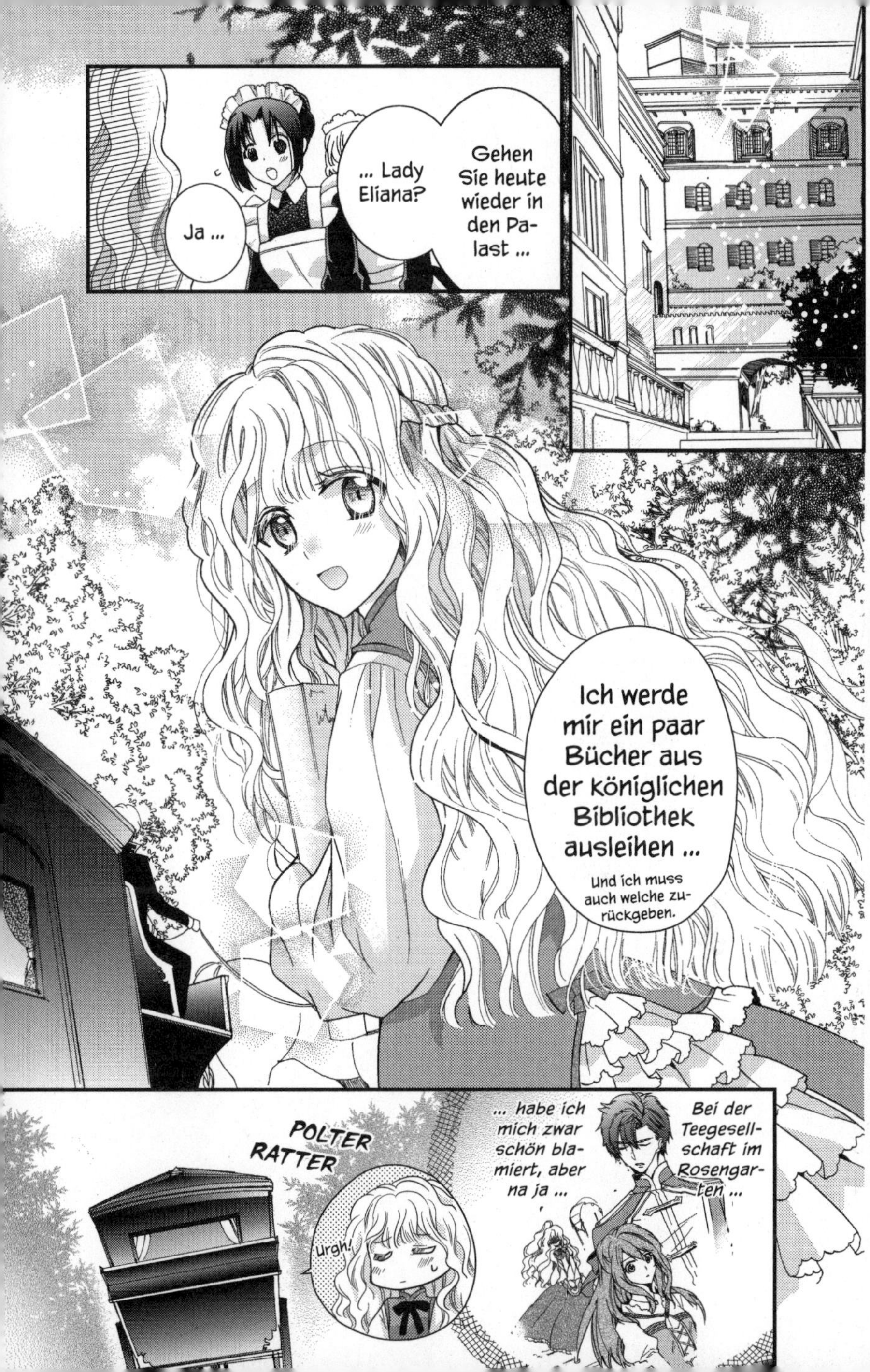
Gehen Sie heute wieder in den Palast ...
... Lady Eliana?
Ja ...
Ich werde mir ein paar Bücher aus der königlichen Bibliothek ausleihen ...
Und ich muss auch welche zurückgeben.
Bei der Teegesellschaft im Rosengarten ...
... habe ich mich zwar schön blamiert, aber na ja ...
POLTER
RATTER
Urgh!

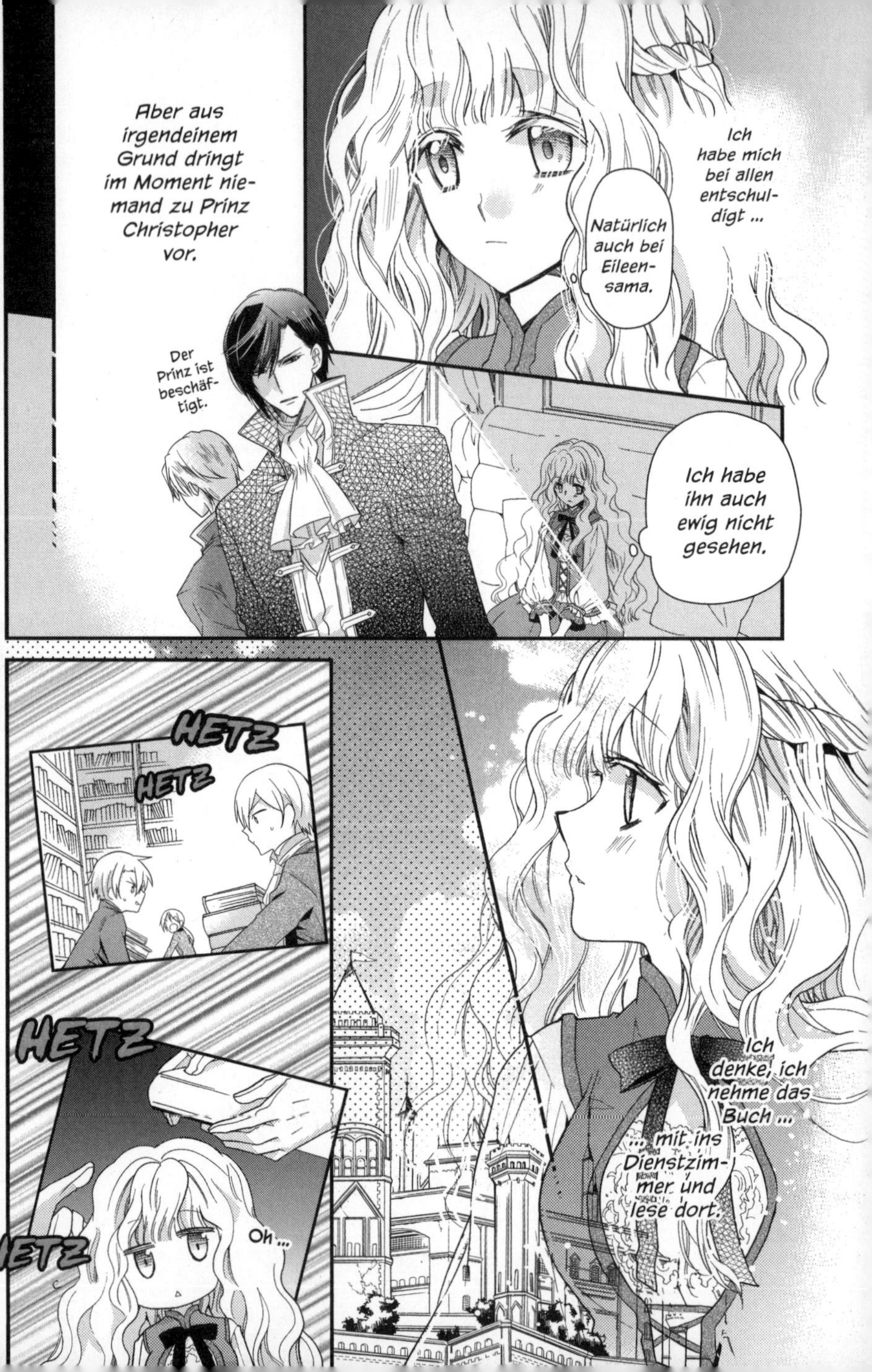

Ich habe mich bei allen entschuldigt ...
Natürlich auch bei Eileen-sama.
Aber aus irgendeinem Grund dringt im Moment niemand zu Prinz Christopher vor.
Ich habe ihn auch ewig nicht gesehen.
Der Prinz ist beschäftigt.
Ich denke, ich nehme das Buch ...
... mit ins Dienstzimmer und lese dort.
HETZ
HETZ
HETZ
HETZ
Oh ...

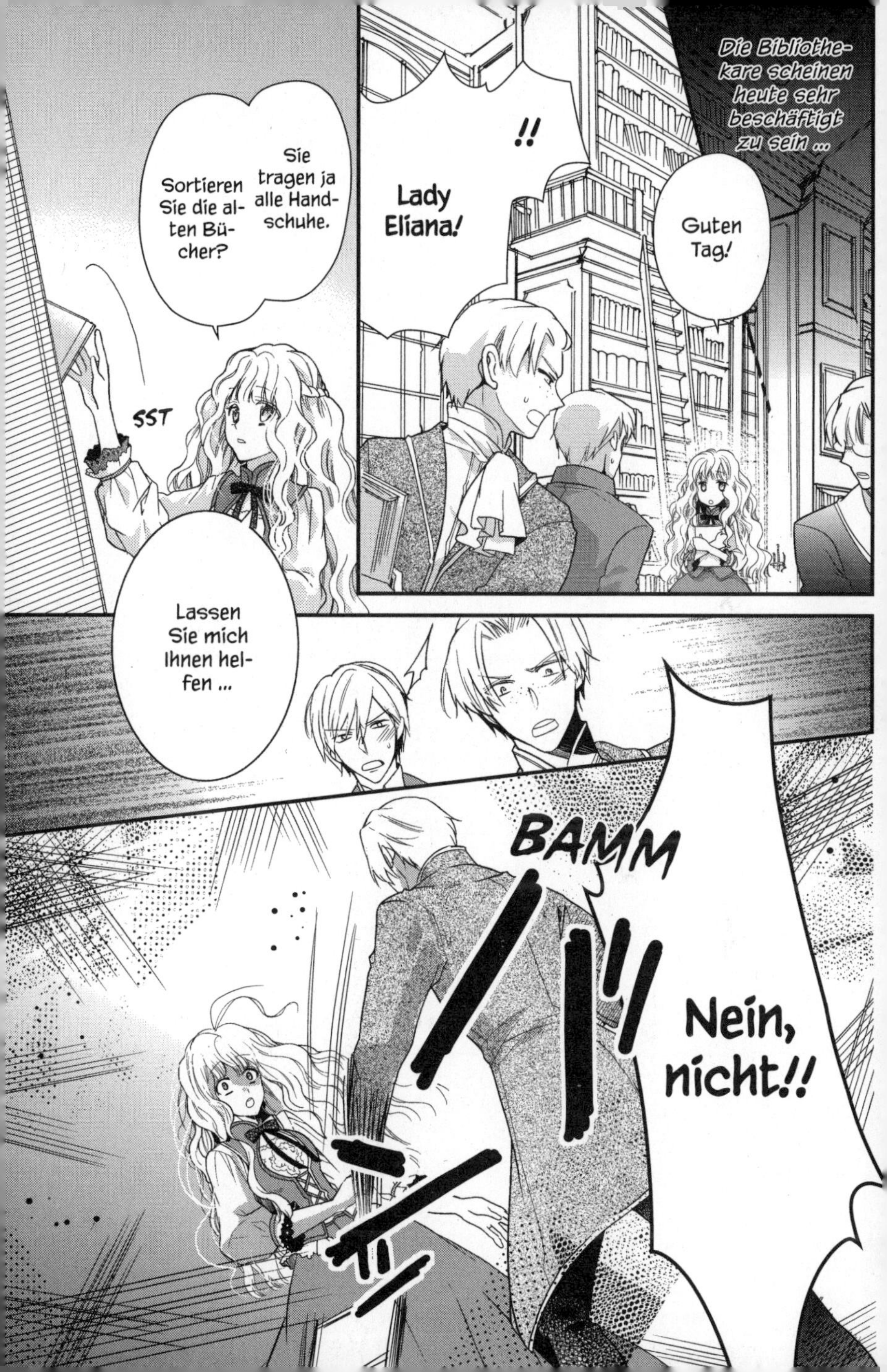
Die Bibliothekare scheinen heute sehr beschäftigt zu sein ...
Guten Tag!
Lady Eliana!
!!
Sie tragen ja alle Handschuhe.
Sortieren Sie die alten Bücher?
SST
Lassen Sie mich Ihnen helfen ...
Nein, nicht!!
BAMM

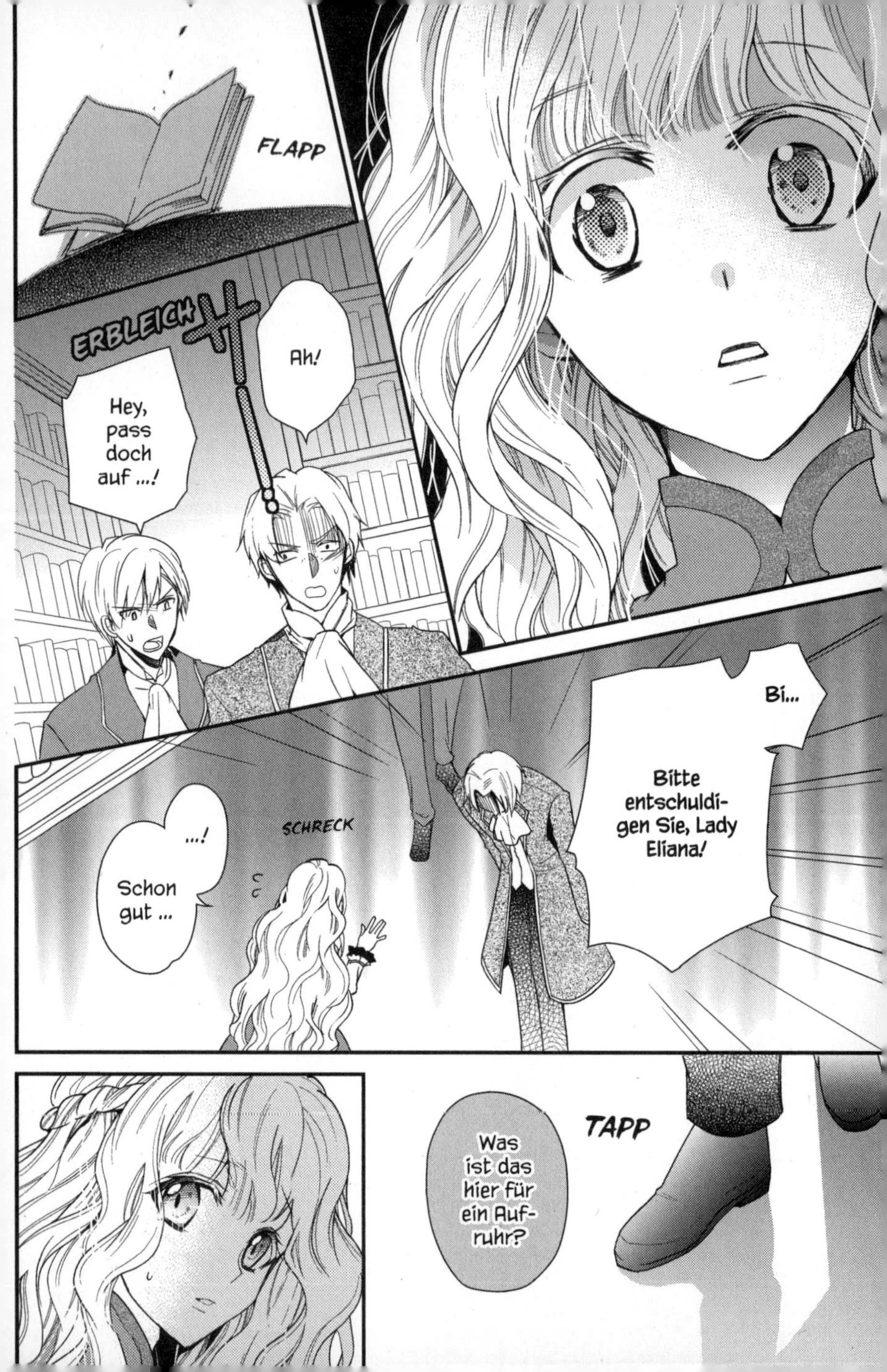
FLAPP
ERBLEICH
Ah!
Hey, pass doch auf ...!
Bi...
Bitte entschuldigen Sie, Lady Eliana!
SCHRECK
...! Schon gut ...
TAPP
Was ist das hier für ein Aufruhr?

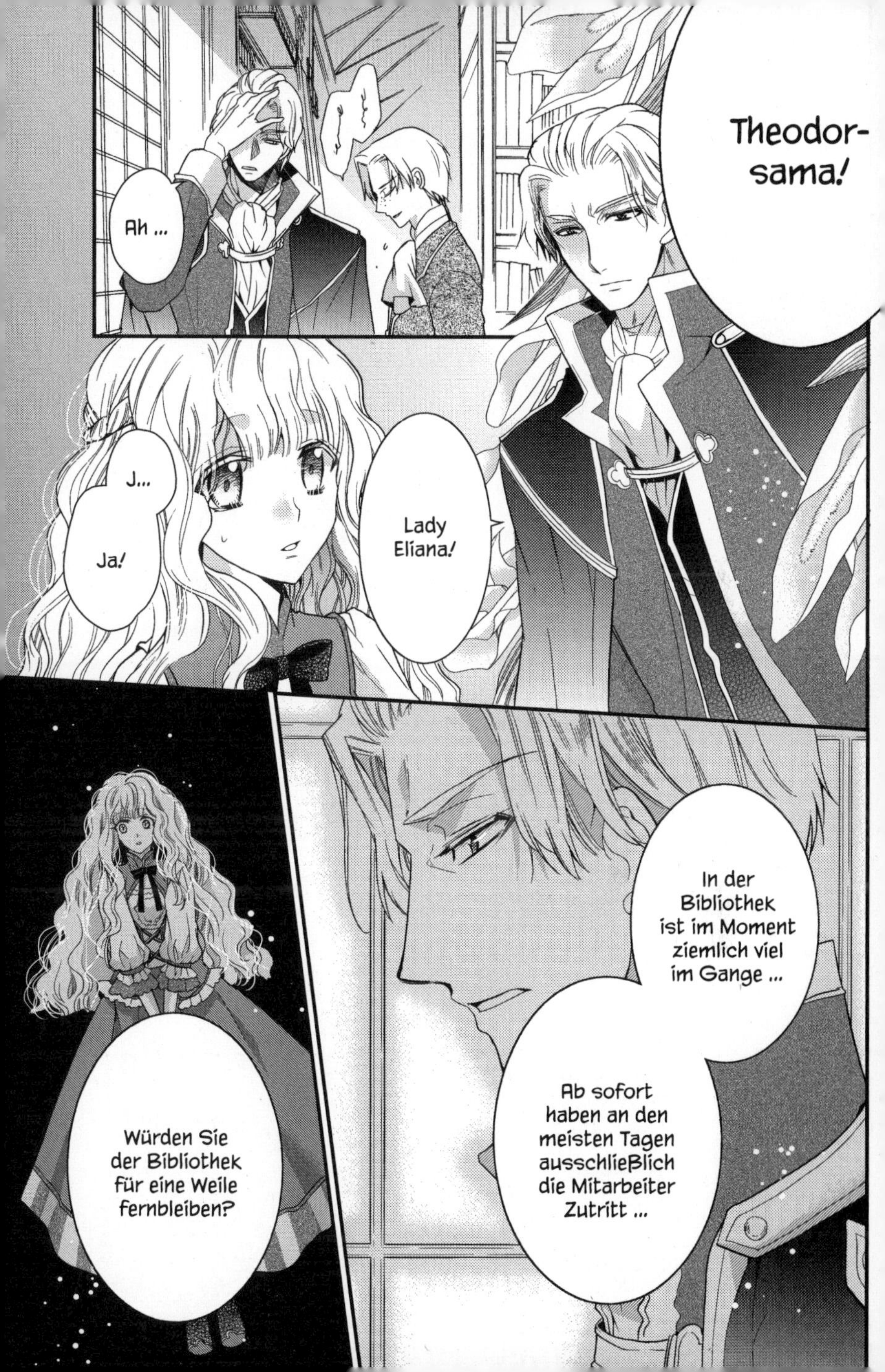
Theodor-sama!
Ah ...
Lady Eliana!
J...
Ja!
In der Bibliothek ist im Moment ziemlich viel im Gange ...
Ab sofort haben an den meisten Tagen ausschließlich die Mitarbeiter Zutritt ...
Würden Sie der Bibliothek für eine Weile fernbleiben?

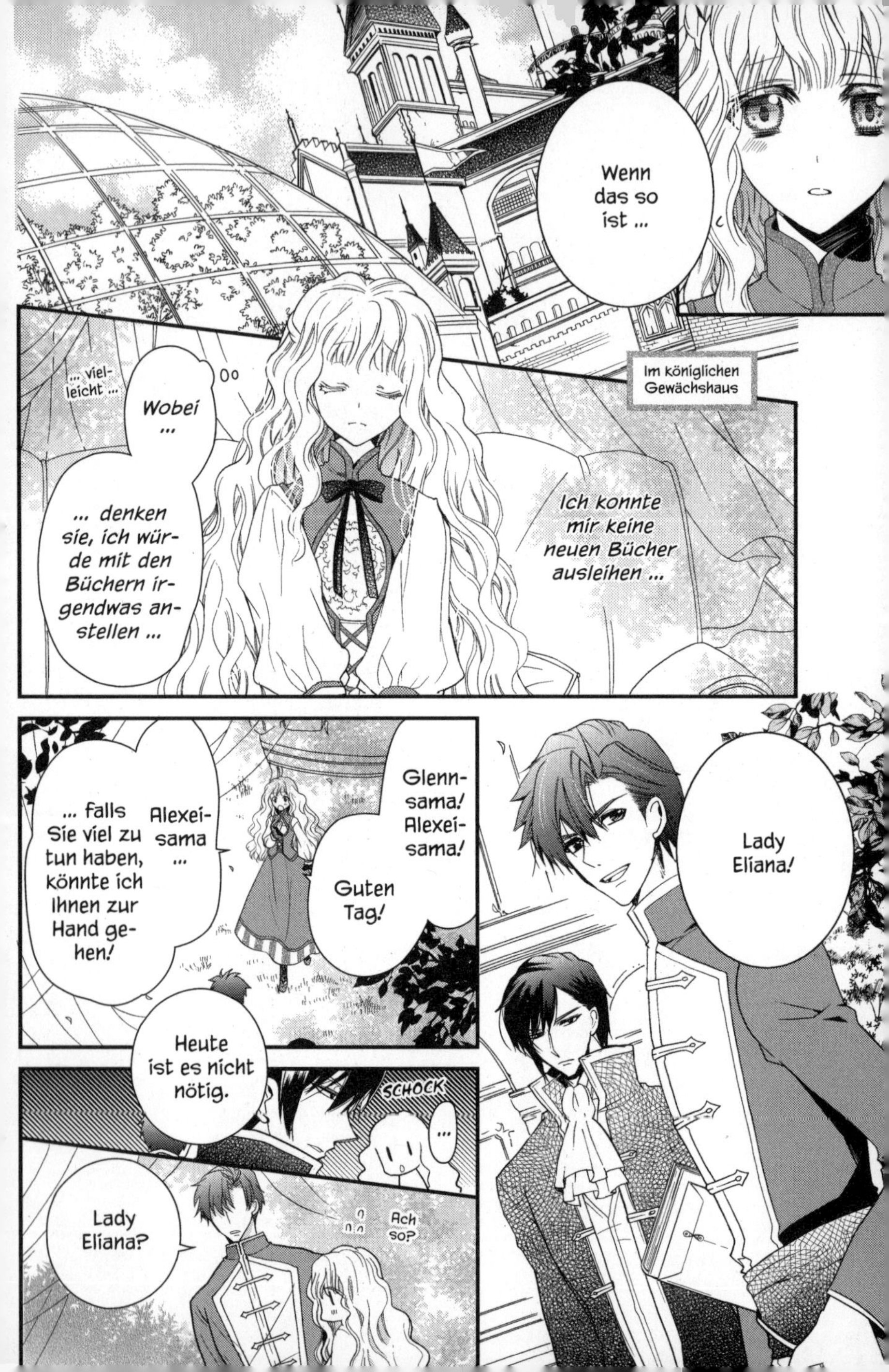

Wenn das so ist ...
Im königlichen Gewächshaus
Ich konnte mir keine neuen Bücher ausleihen ...
Wobei ...
... vielleicht ...
... denken sie, ich würde mit den Büchern irgendwas anstellen ...
Lady Eliana!
Glenn-sama! Alexei-sama!
Guten Tag!
Alexei-sama ...
... falls Sie viel zu tun haben, könnte ich Ihnen zur Hand gehen!
Heute ist es nicht nötig.
SCHOCK
...
Ach so?
Lady Eliana?

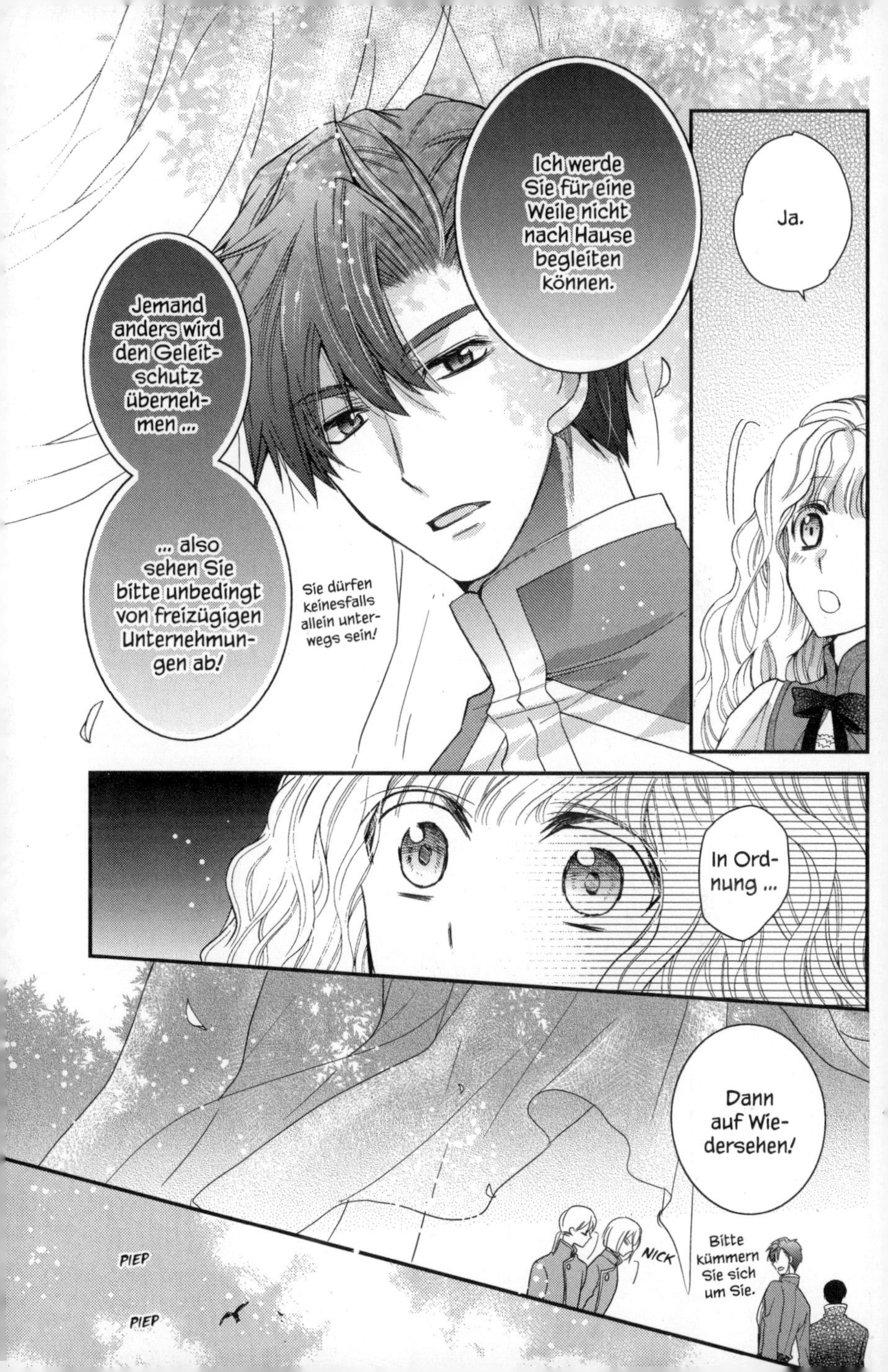
Ja.
Ich werde Sie für eine Weile nicht nach Hause begleiten können.
Jemand anders wird den Geleitschutz übernehmen ...
... also sehen Sie bitte unbedingt von freizügigen Unternehmungen ab!
Sie dürfen keinesfalls allein unterwegs sein!
In Ordnung ...
Dann auf Wiedersehen!
Bitte kümmern Sie sich um Sie.
NICK
PIEP
PIEP

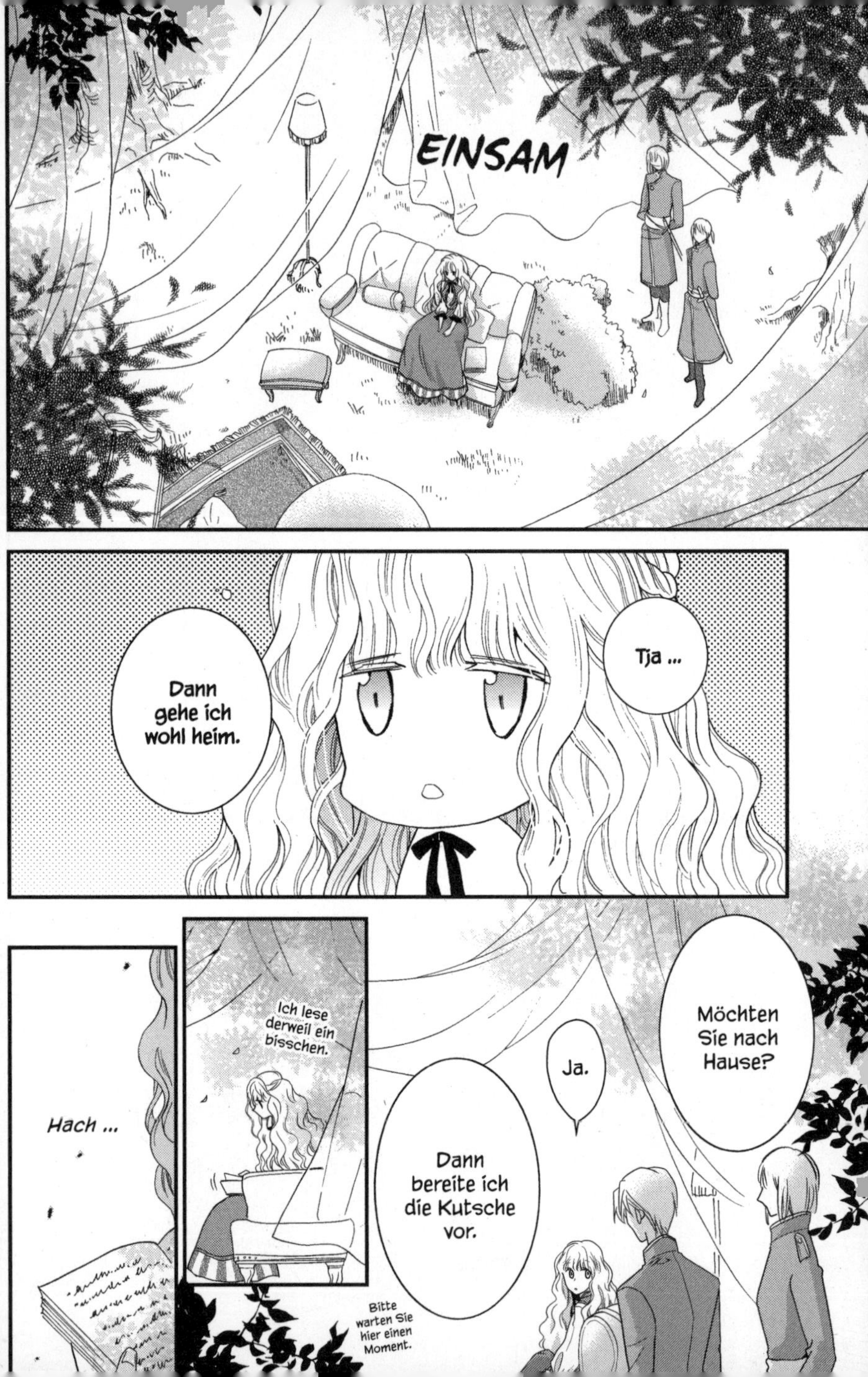
EINSAM
Tja ...
Dann gehe ich wohl heim.
Möchten Sie nach Hause?
Ja.
Dann bereite ich die Kutsche vor.
Bitte warten Sie hier einen Moment.
Ich lese derweil ein bisschen.
Hach ...

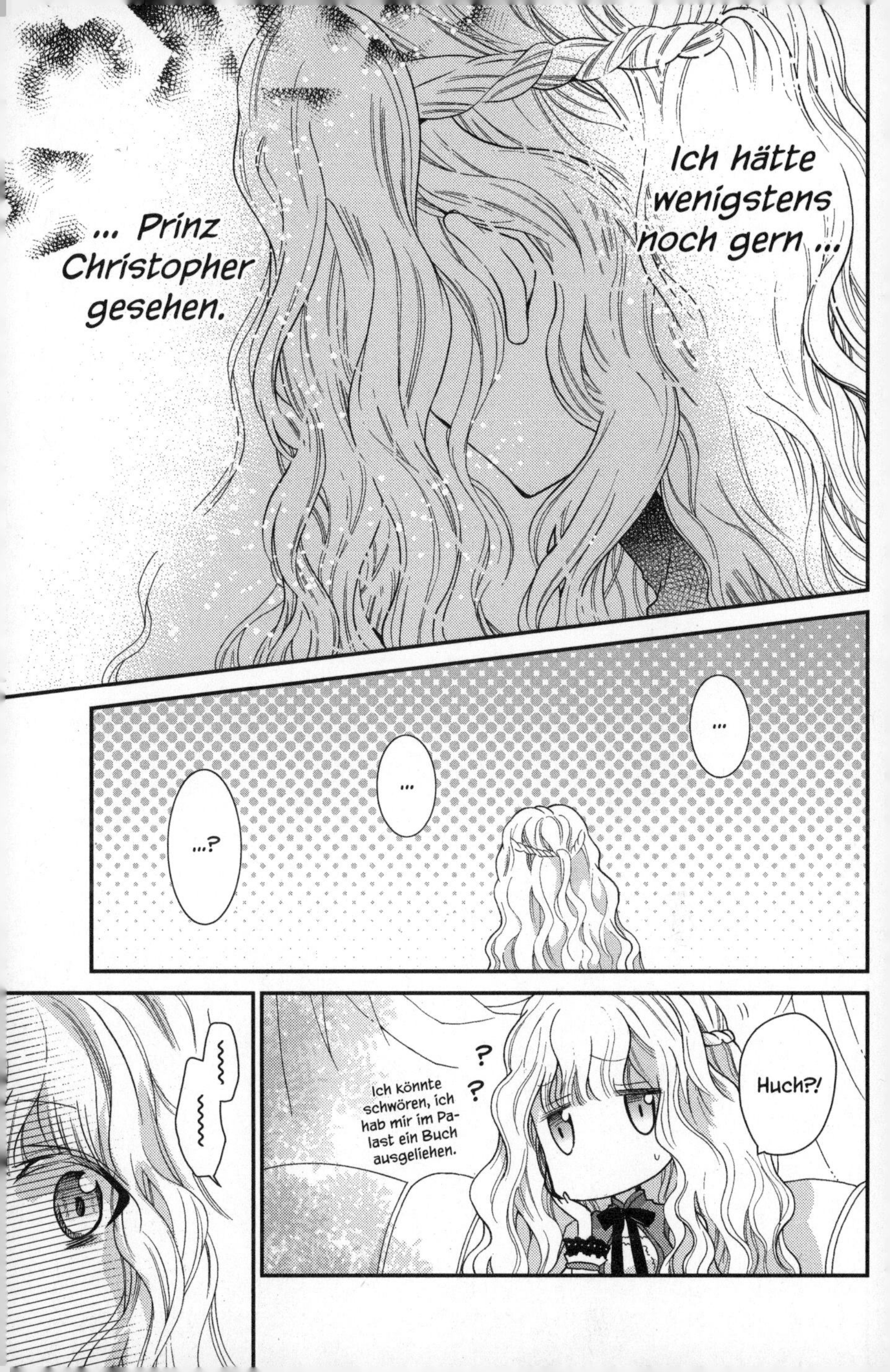
Ich hätte wenigstens noch gern ...
... Prinz Christopher gesehen.
...
...
...?
Huch?!
??
Ich könnte schwören, ich hab mir im Palast ein Buch ausgeliehen.

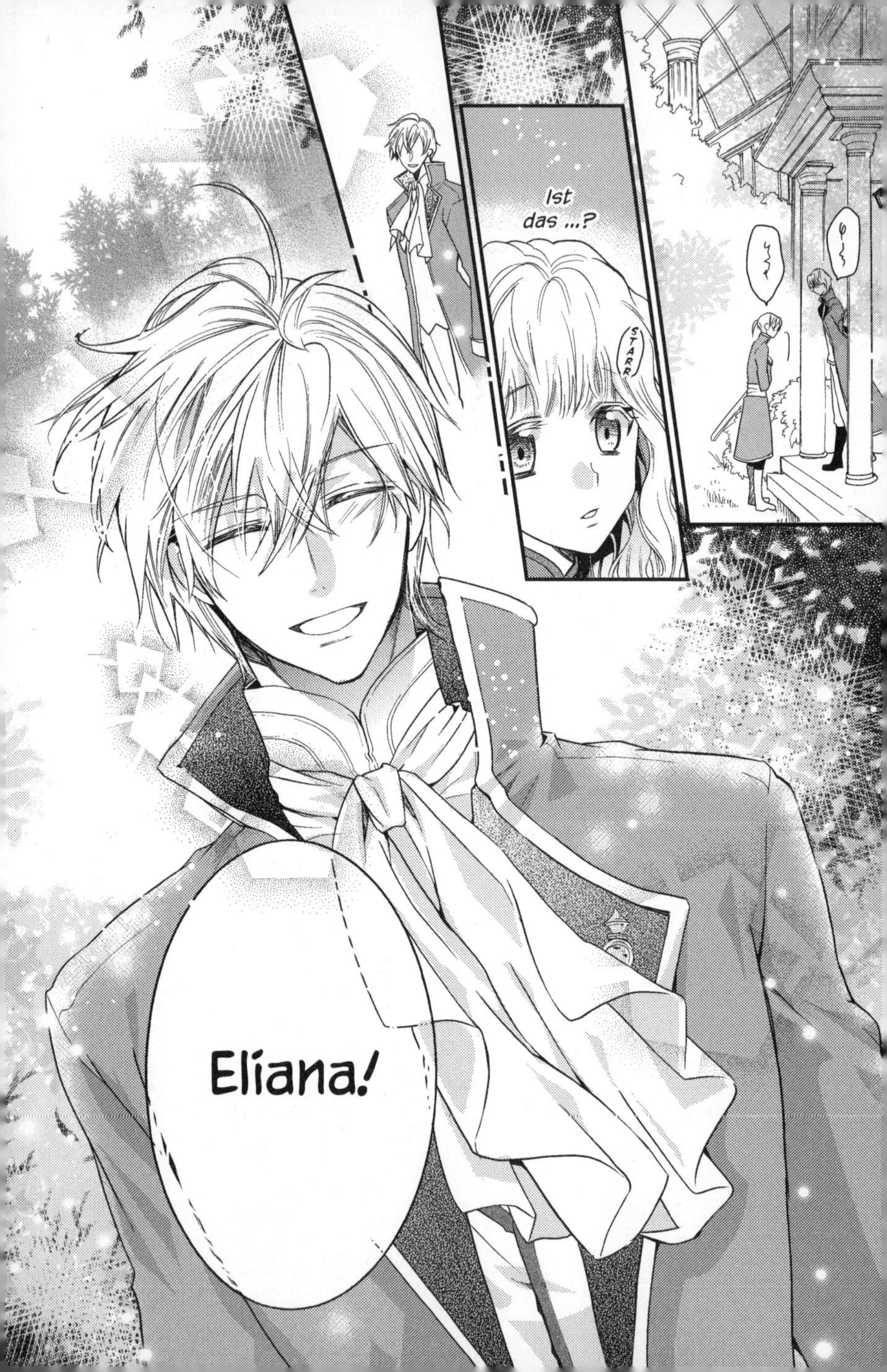
Ist das ...?
STARR
Eliana!

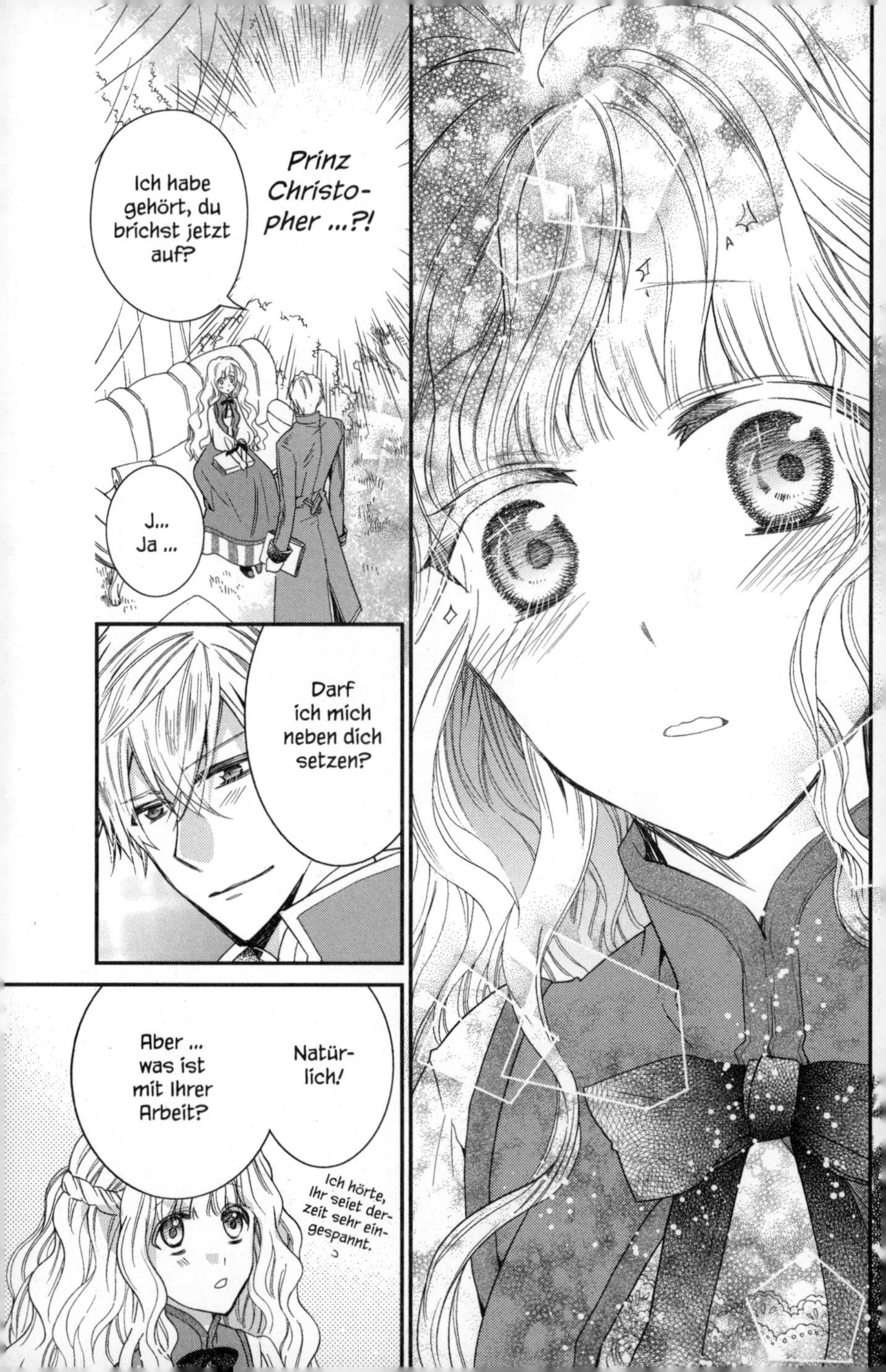
Prinz Christopher ...?!
Ich habe gehört, du brichst jetzt auf?
J... Ja ...
Darf ich mich neben dich setzen?
Natürlich!
Aber ... was ist mit Ihrer Arbeit?
Ich hörte, Ihr seiet derzeit sehr eingespannt.

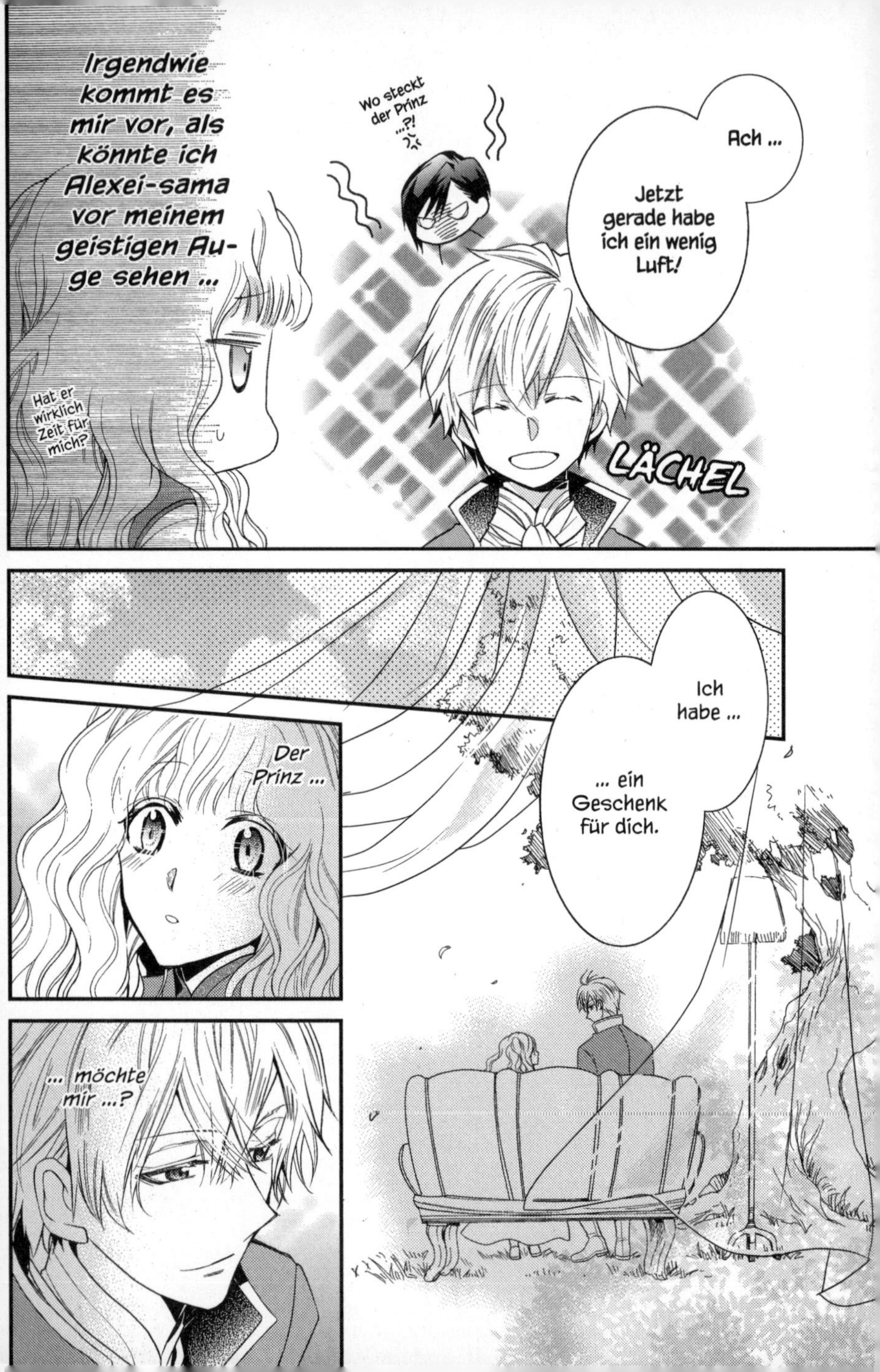
Ach ...
Jetzt gerade habe ich ein wenig Luft!
Wo steckt der Prinz ...?!
Irgendwie kommt es mir vor, als könnte ich Alexei-sama vor meinem geistigen Auge sehen ...
LÄCHEL
Hat er wirklich Zeit für mich?
Ich habe ...
... ein Geschenk für dich.
Der Prinz ...
... möchte mir ...?

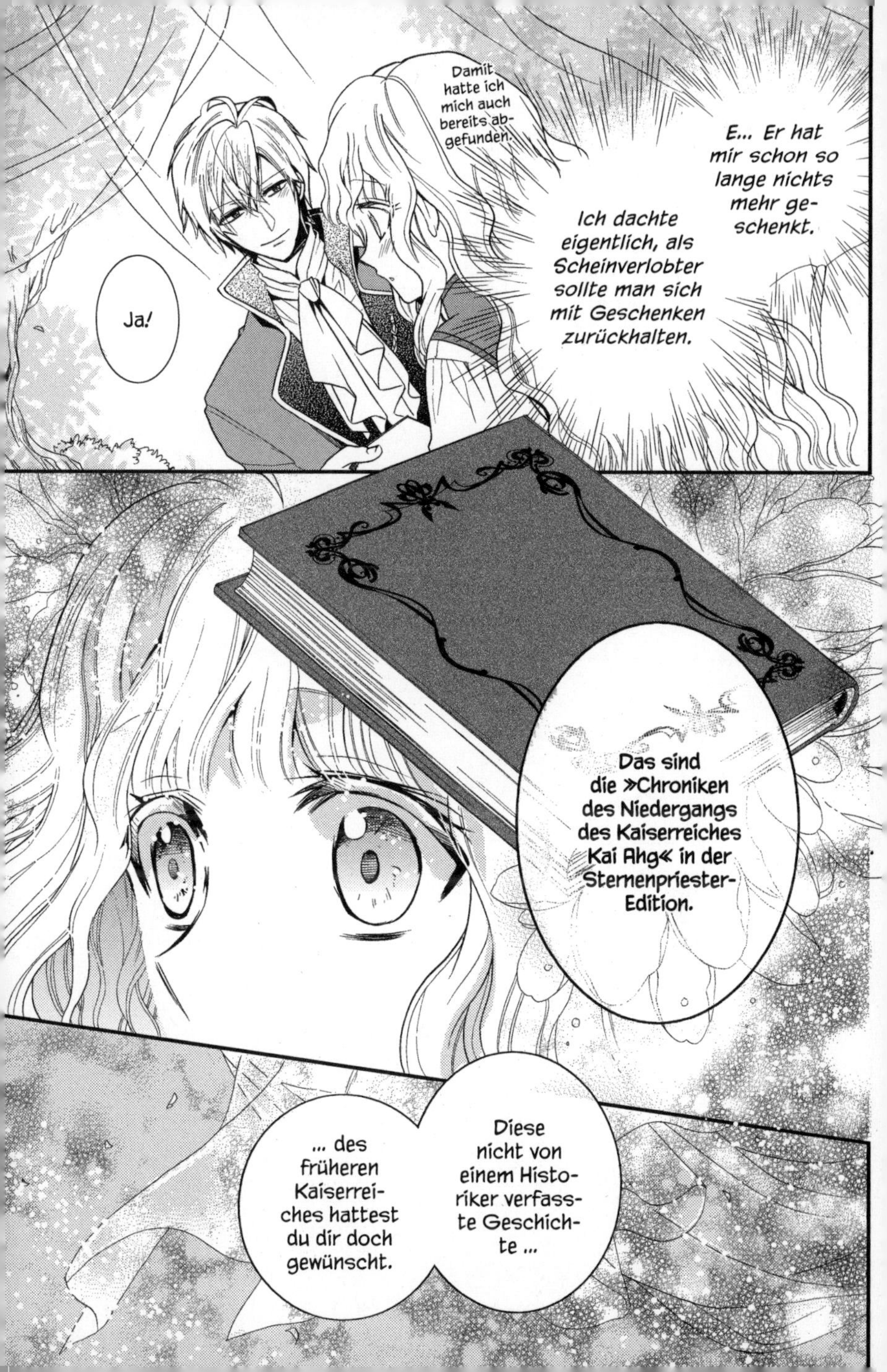
E... Er hat mir schon so lange nichts mehr geschenkt.
Ich dachte eigentlich, als Scheinverlobter sollte man sich mit Geschenken zurückhalten.
Damit hatte ich mich auch bereits abgefunden.
Ja!
Das sind die »Chroniken des Niedergangs des Kaiserreiches Kai Ahg« in der Sternenpriester-Edition.
Diese nicht von einem Historiker verfasste Geschichte ...
... des früheren Kaiserreiches hattest du dir doch gewünscht.

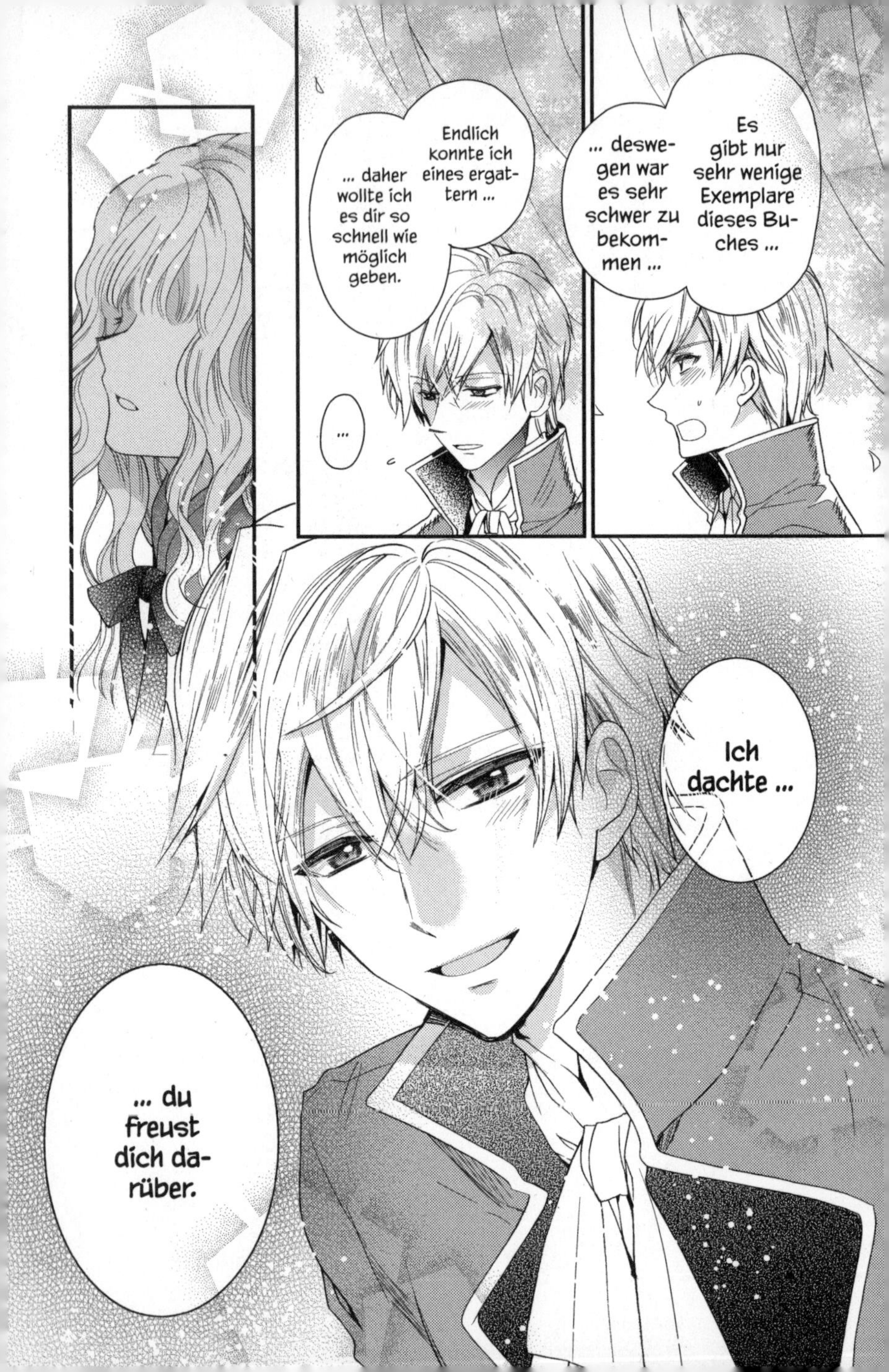
Es gibt nur sehr wenige Exemplare dieses Buches ...
... deswegen war es sehr schwer zu bekommen ...
Endlich konnte ich eines ergattern ...
... daher wollte ich es dir so schnell wie möglich geben.
...
Ich dachte ...
... du freust dich darüber.

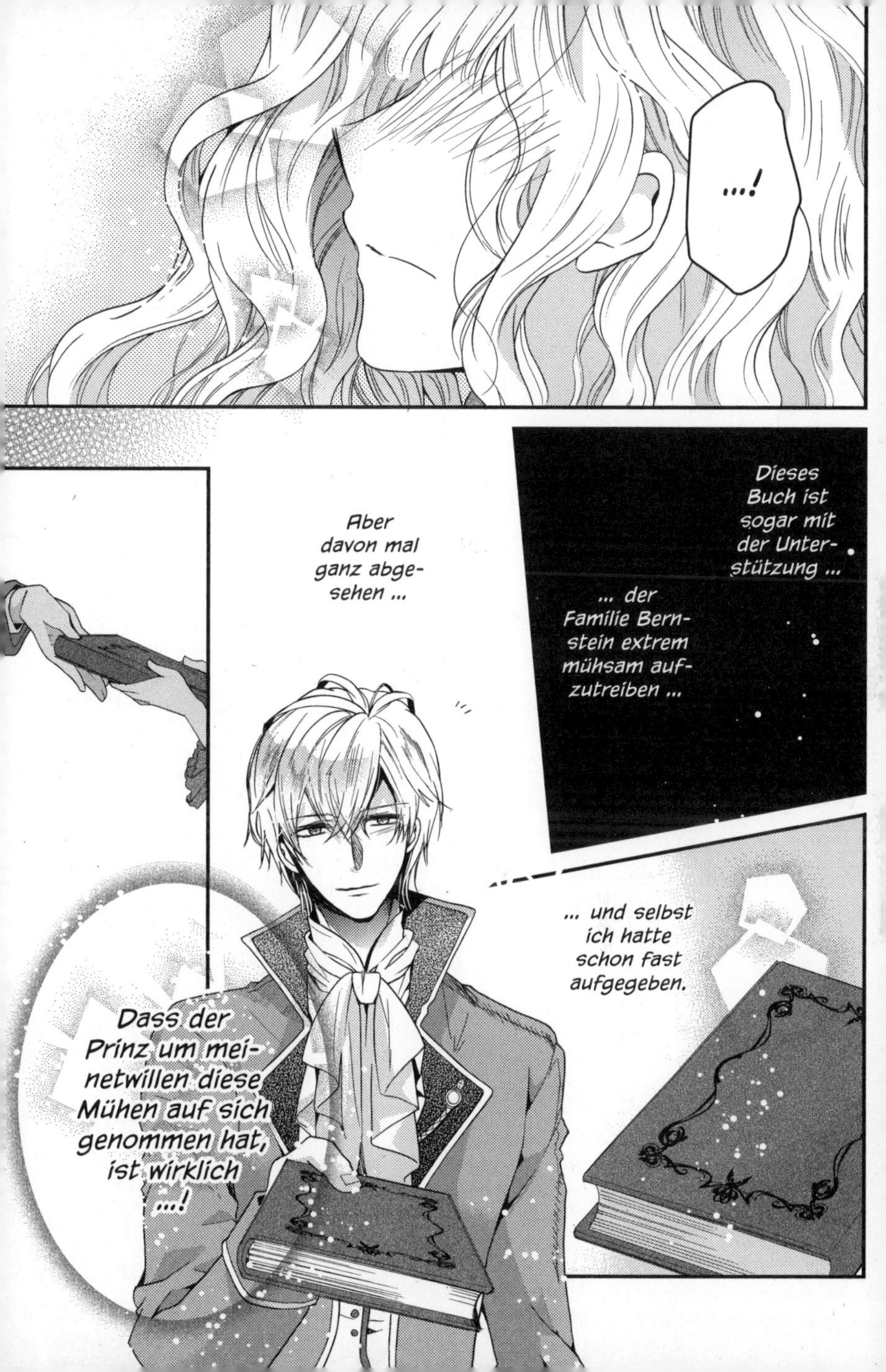
...!
Dieses Buch ist sogar mit der Unter-stützung ...
... der Familie Bern-stein extrem mühsam auf-zutreiben ...
Aber davon mal ganz abge-sehen ...
... und selbst ich hatte schon fast aufgegeben.
Dass der Prinz um mei-netwillen diese Mühen auf sich genommen hat, ist wirklich ...!

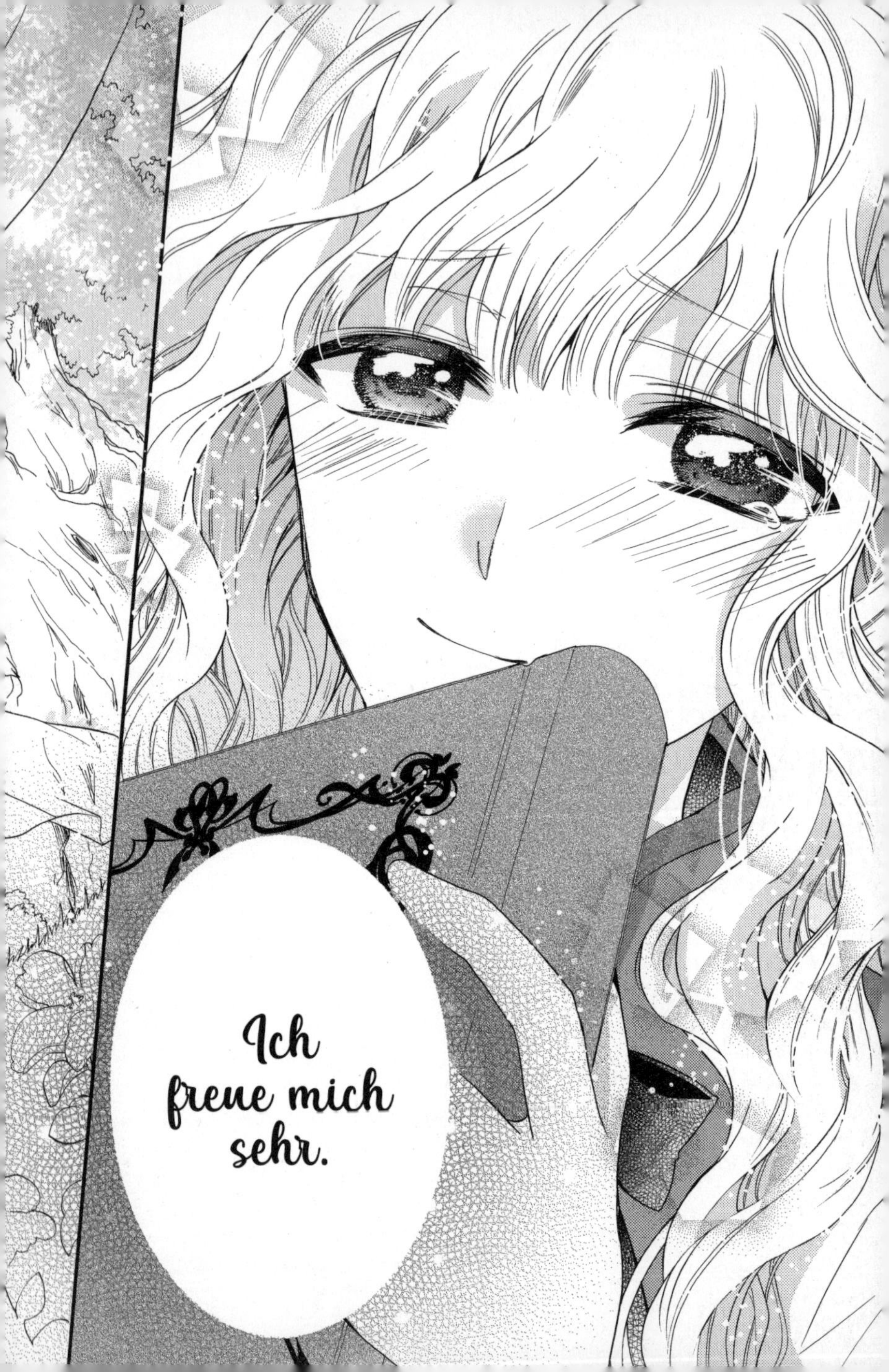
Ich freue mich sehr.

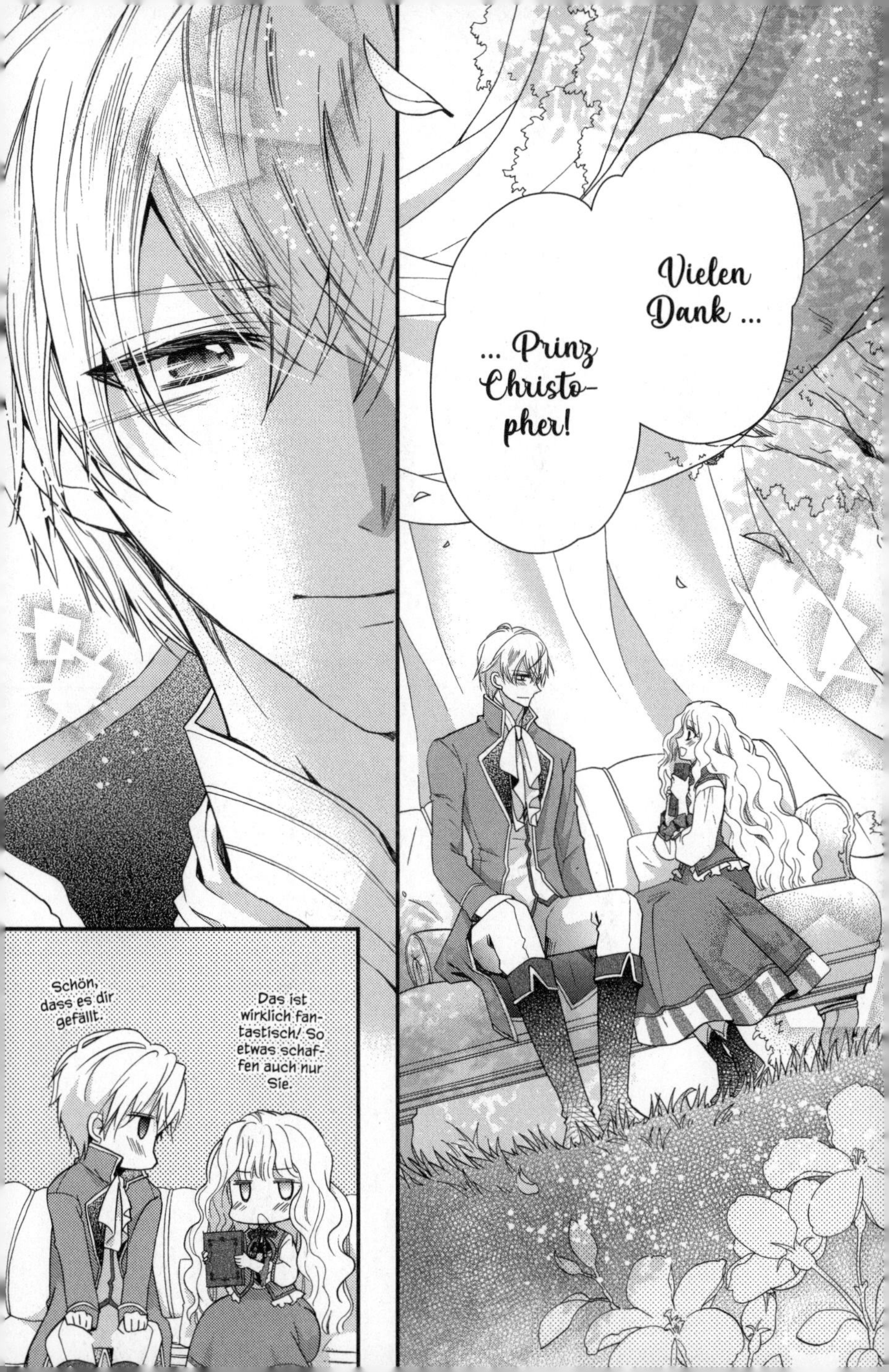
Vielen Dank ...
... Prinz Christopher!
Das ist wirklich fantastisch! So etwas schaffen auch nur Sie.
Schön, dass es dir gefällt.

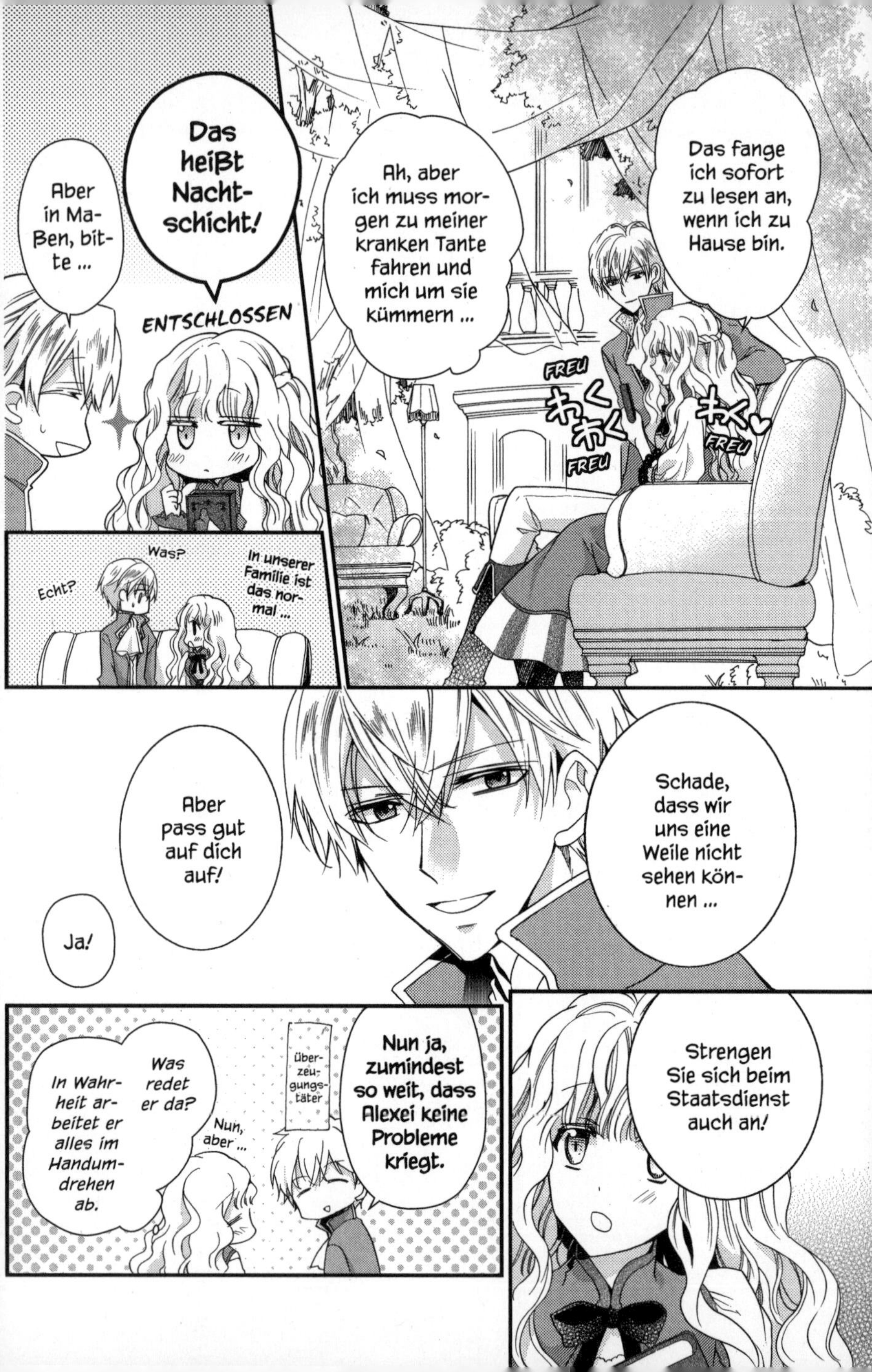
Das fange ich sofort zu lesen an, wenn ich zu Hause bin.
Ah, aber ich muss morgen zu meiner kranken Tante fahren und mich um sie kümmern ...
わくわく
FREU
FREU
わく♥
FREU
Das heißt Nachtschicht!
ENTSCHLOSSEN
Aber in Maßen, bitte ...
In unserer Familie ist das normal ...
Was?
Echt?
Schade, dass wir uns eine Weile nicht sehen können ...
Aber pass gut auf dich auf!
Ja!
Strengen Sie sich beim Staatsdienst auch an!
Nun ja, zumindest so weit, dass Alexei keine Probleme kriegt.
Überzeugungstäter
Nun, aber ...
Was redet er da?
In Wahrheit arbeitet er alles im Handumdrehen ab.

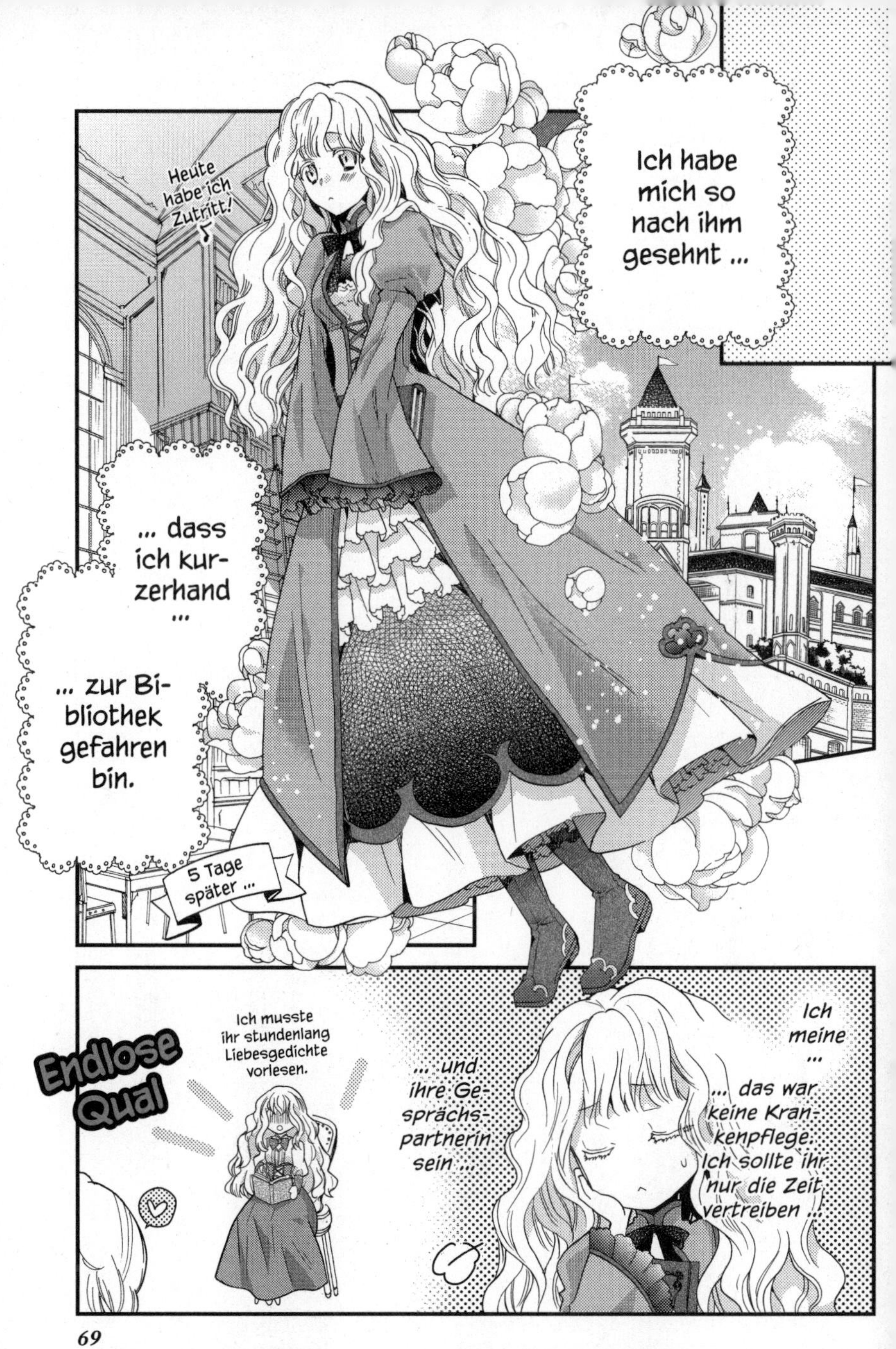
Ich habe mich so nach ihm gesehnt ...
Heute habe ich Zutritt! ♪
... dass ich kurzerhand ...
... zur Bibliothek gefahren bin.
5 Tage später ...
Ich meine ...
... das war keine Krankenpflege. Ich sollte ihr nur die Zeit vertreiben ...
... und ihre Gesprächspartnerin sein ...
Ich musste ihr stundenlang Liebesgedichte vorlesen.
Endlose Qual

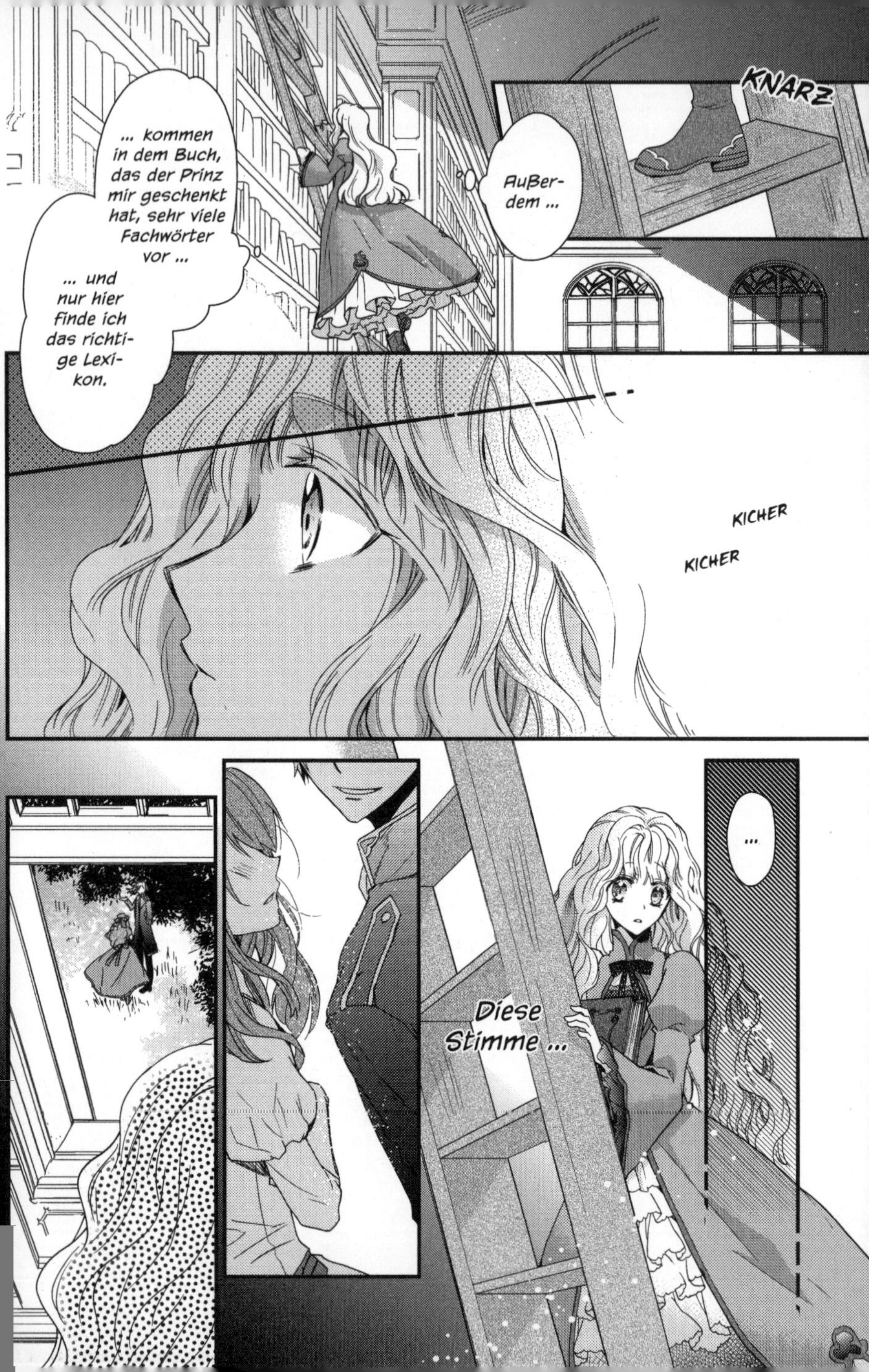
KNARZ
Außerdem ...
... kommen in dem Buch, das der Prinz mir geschenkt hat, sehr viele Fachwörter vor ...
... und nur hier finde ich das richtige Lexikon.
KICHER
KICHER
...
Diese Stimme ...

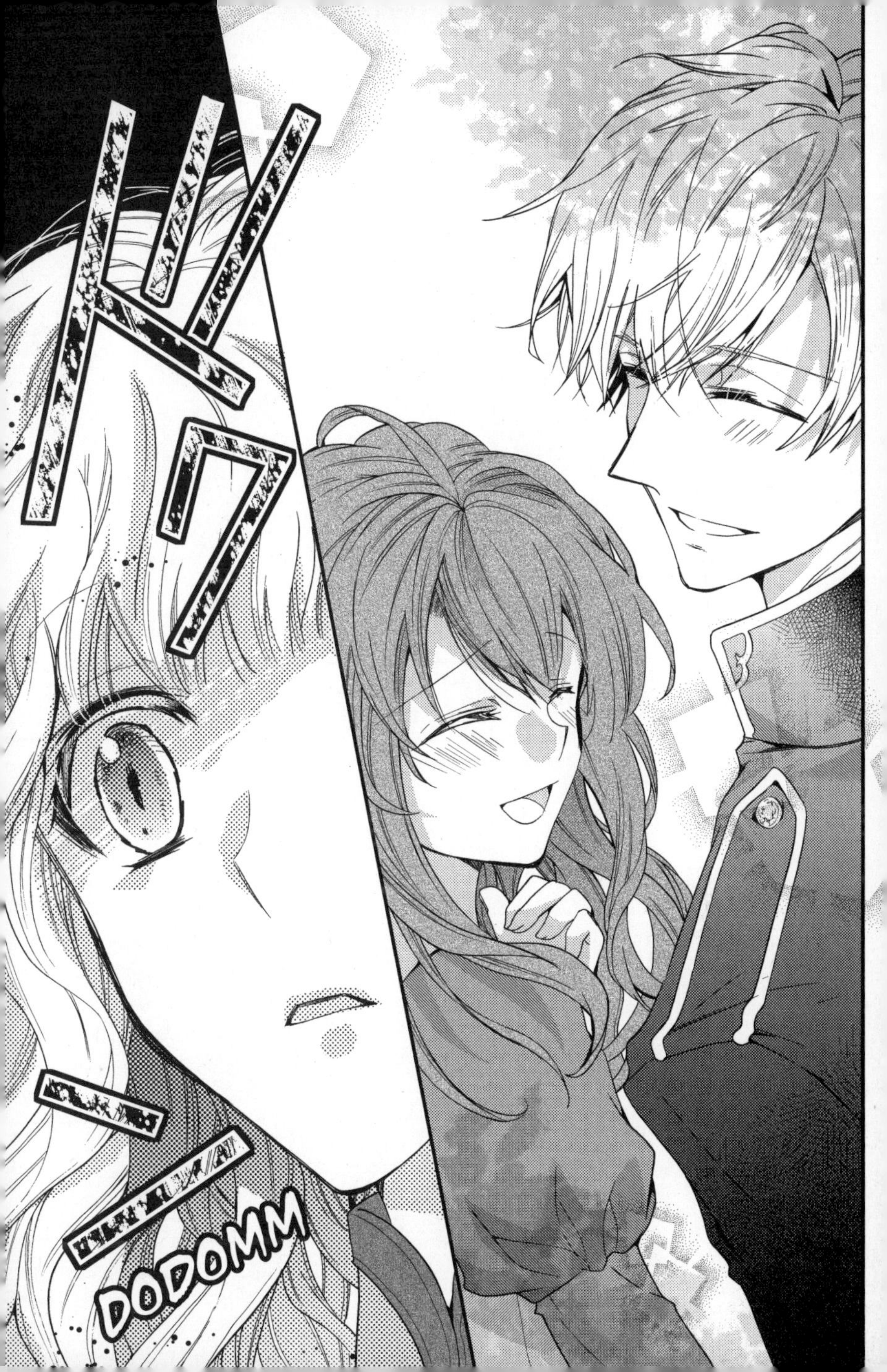
ドクン
DODOMM

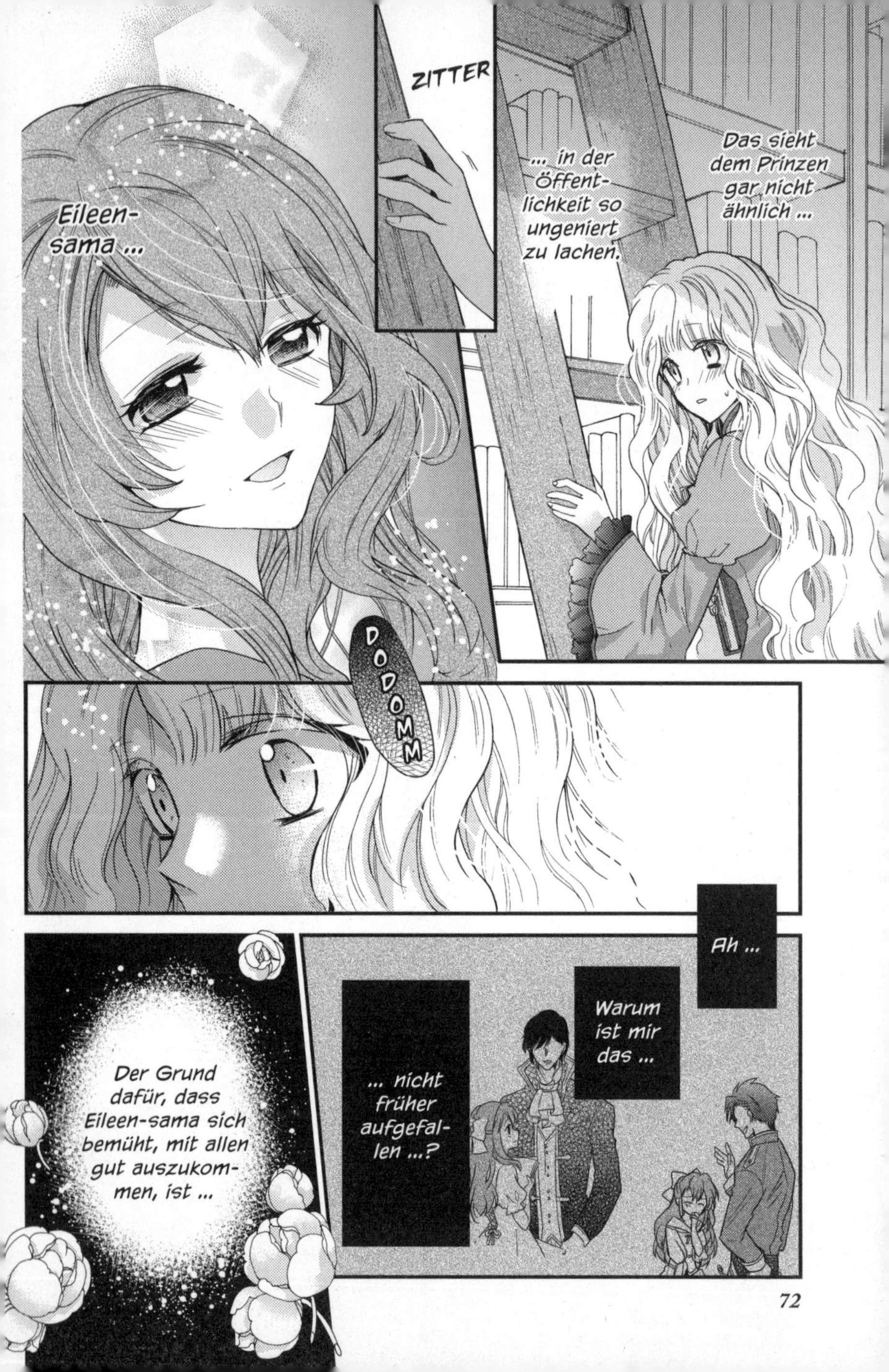
Das sieht dem Prinzen gar nicht ähnlich ...
... in der Öffentlichkeit so ungeniert zu lachen.
ZITTER
Eileen-sama ...
DODOMM
Ah ...
Warum ist mir das ...
... nicht früher aufgefallen ...?
Der Grund dafür, dass Eileen-sama sich bemüht, mit allen gut auszukommen, ist ...

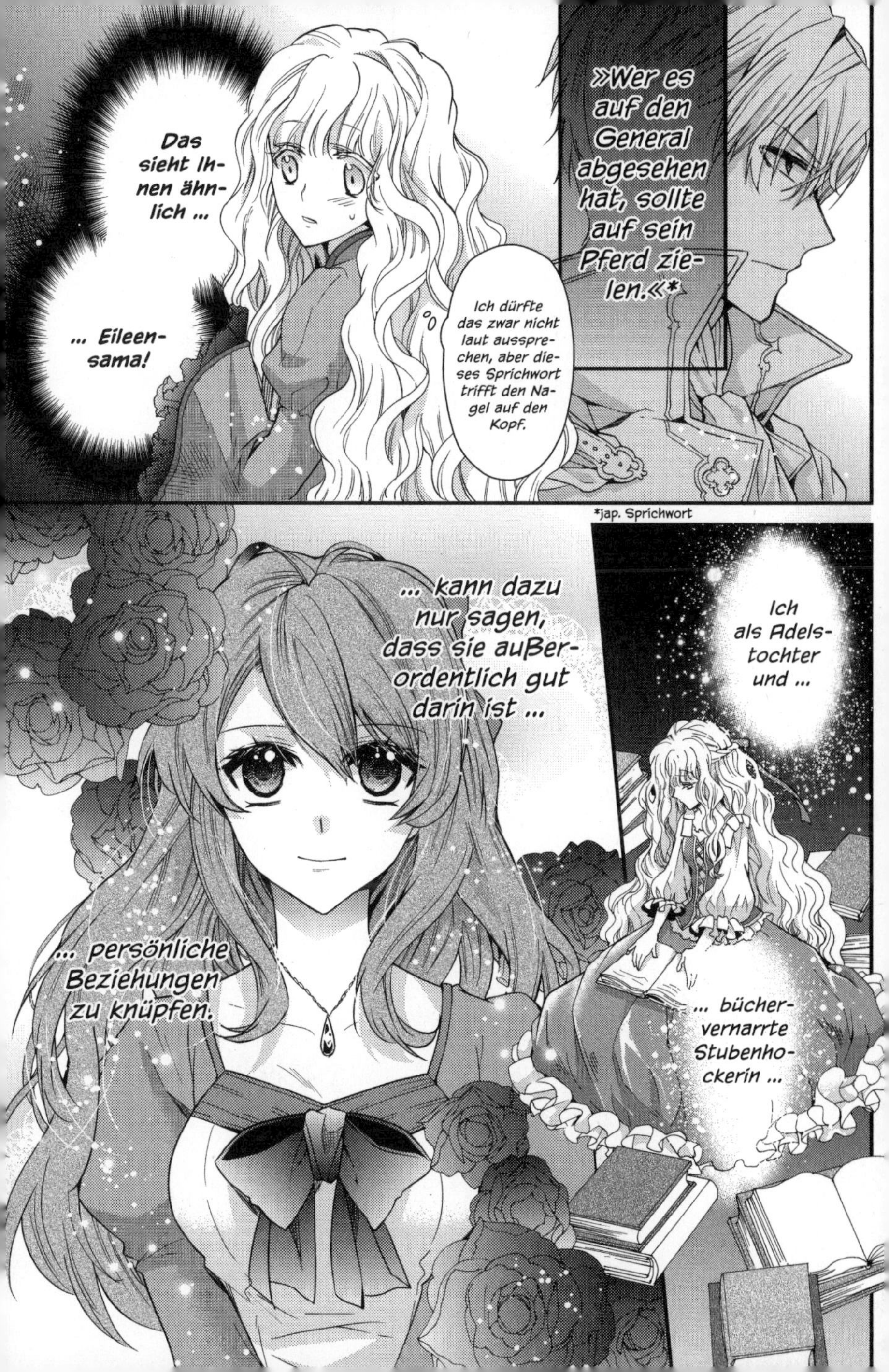
»Wer es auf den General abgesehen hat, sollte auf sein Pferd zielen.«*
Ich dürfte das zwar nicht laut aussprechen, aber dieses Sprichwort trifft den Nagel auf den Kopf.
Das sieht Ihnen ähnlich ...
... Eileen-sama!
*jap. Sprichwort
Ich als Adelstochter und ...
... büchervernarrte Stubenhockerin ...
... kann dazu nur sagen, dass sie außerordentlich gut darin ist ...
... persönliche Beziehungen zu knüpfen.

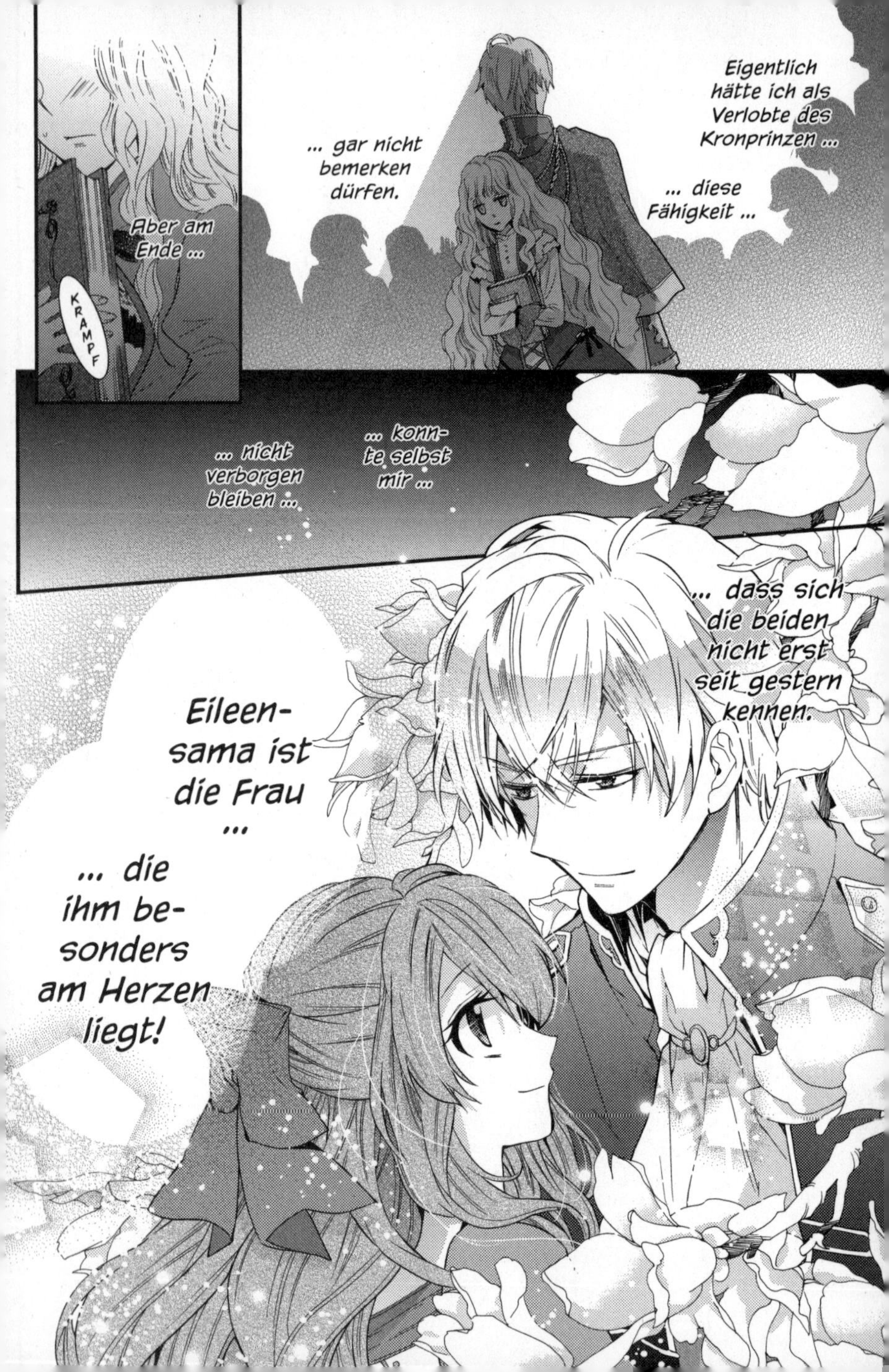
Eigentlich hätte ich als Verlobte des Kronprinzen ...
... diese Fähigkeit ...
... gar nicht bemerken dürfen.
Aber am Ende ...
KRAMPF
... konn-te selbst mir ...
... nicht verborgen bleiben ...
... dass sich die beiden nicht erst seit gestern kennen.
Eileen-sama ist die Frau ...
... die ihm be-sonders am Herzen liegt!

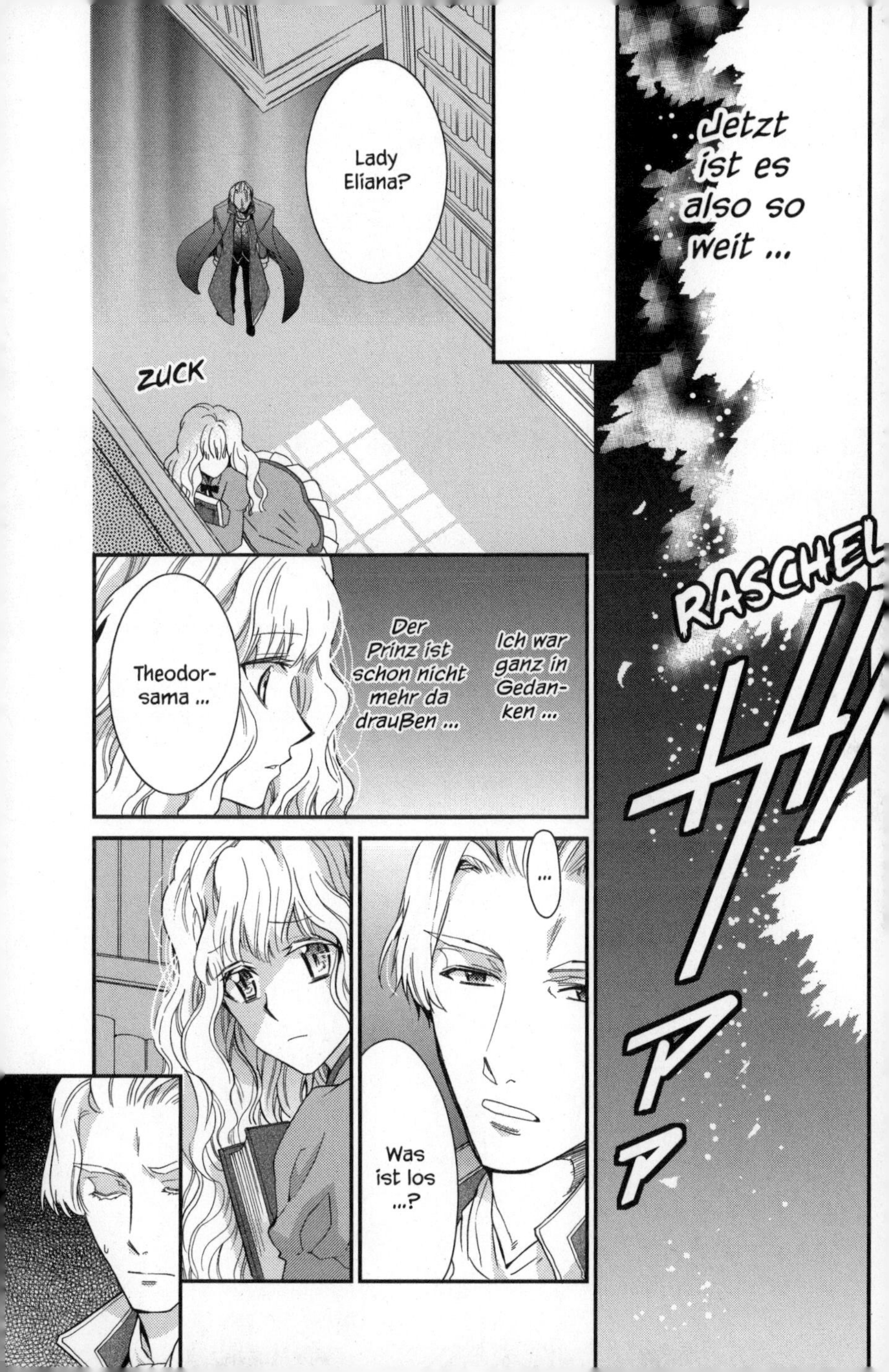

Jetzt ist es also so weit ...
RASCHEL
Lady Eliana?
ZUCK
Ich war ganz in Gedanken ...
Der Prinz ist schon nicht mehr da draußen ...
Theodor-sama ...
...
Was ist los ...?

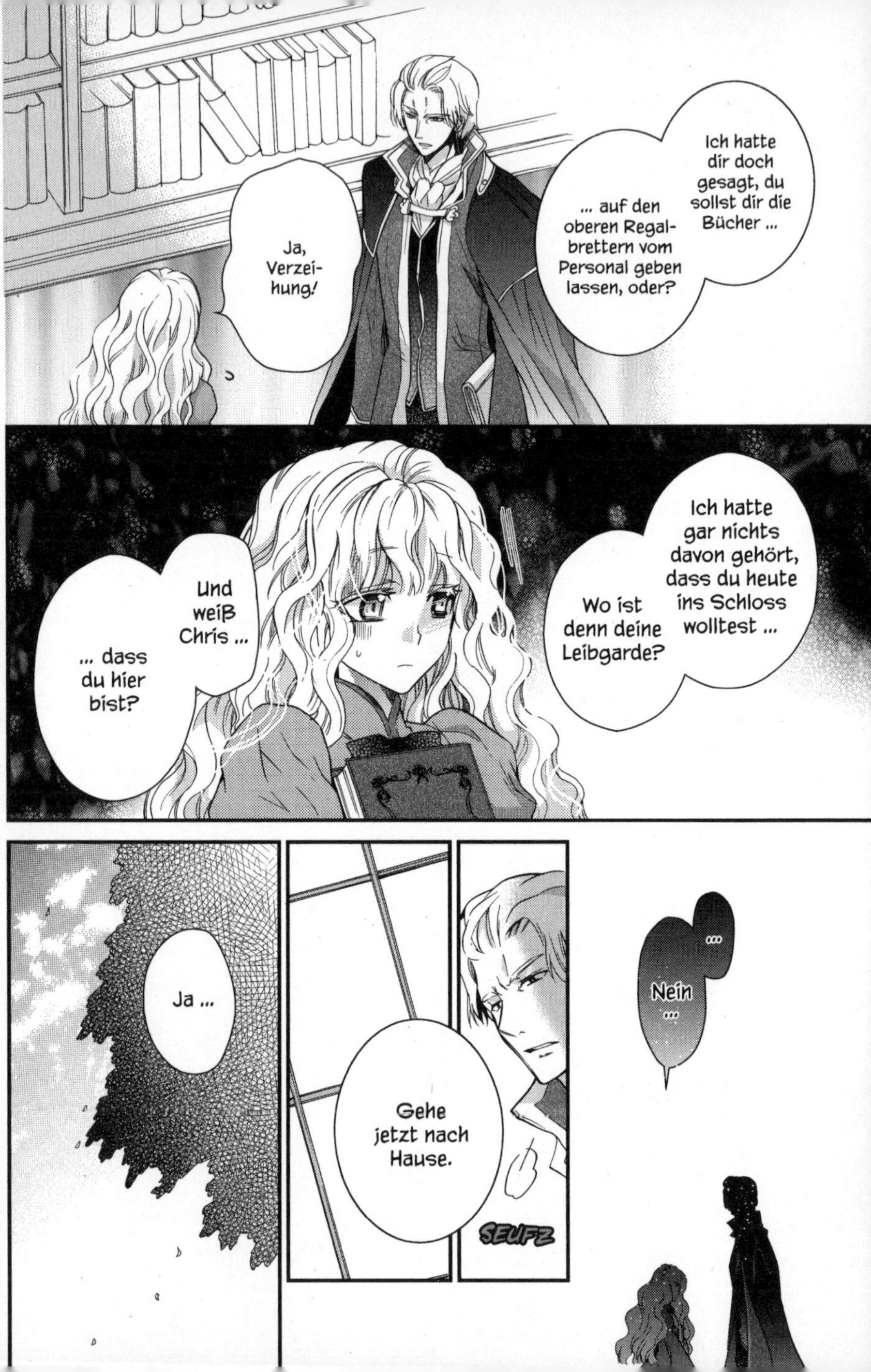

Ich hatte dir doch gesagt, du sollst dir die Bücher ...
... auf den oberen Regalbrettern vom Personal geben lassen, oder?
Ja, Verzeihung!
Ich hatte gar nichts davon gehört, dass du heute ins Schloss wolltest ...
Wo ist denn deine Leibgarde?
Und weiß Chris ...
... dass du hier bist?
... Nein ...
Gehe jetzt nach Hause.
SEUFZ
Ja ...

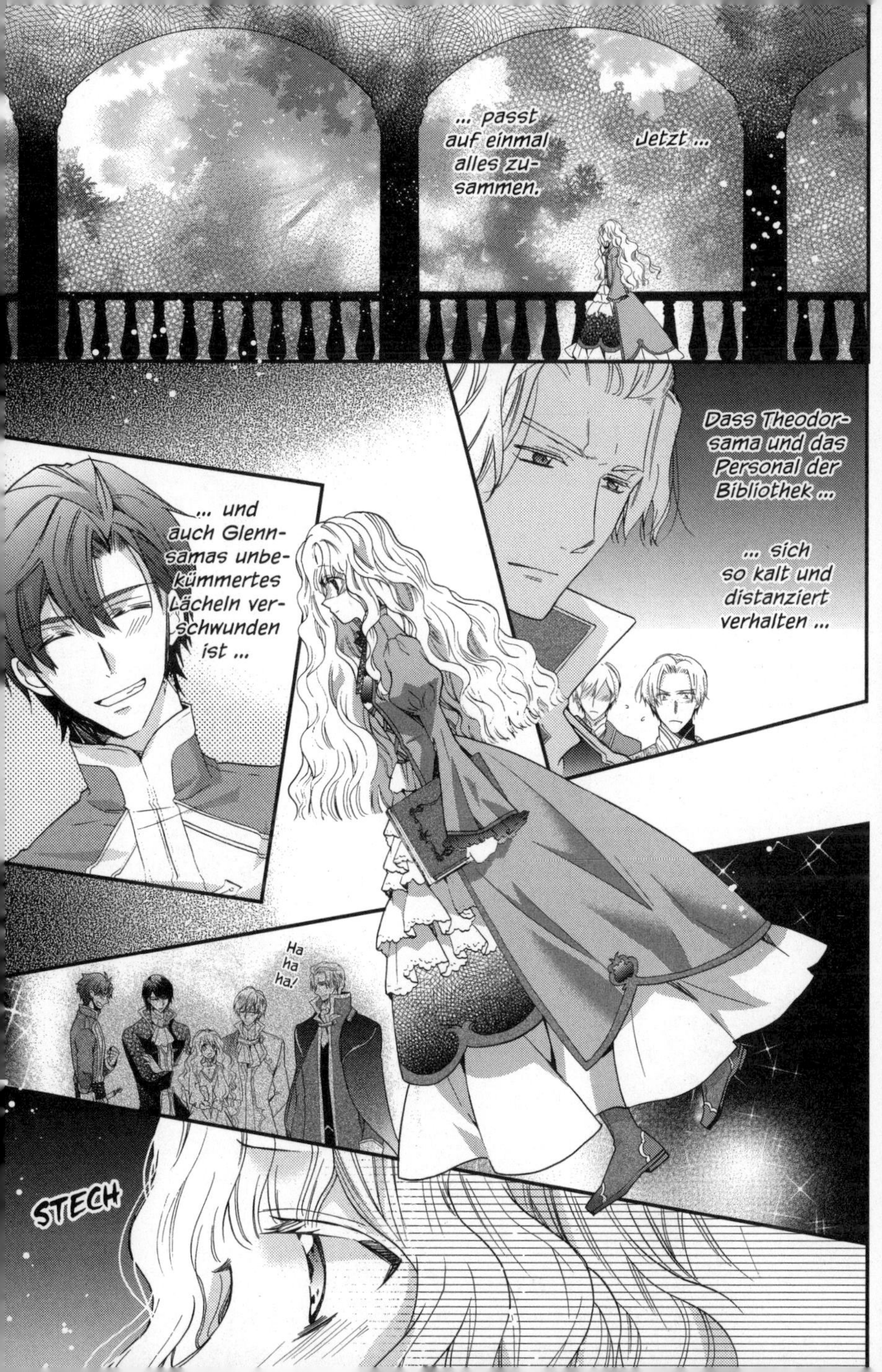
Jetzt ...
... passt auf einmal alles zusammen.
Dass Theodor-sama und das Personal der Bibliothek ...
... sich so kalt und distanziert verhalten ...
... und auch Glenn-samas unbekümmertes Lächeln verschwunden ist ...
Ha ha ha!
STECH

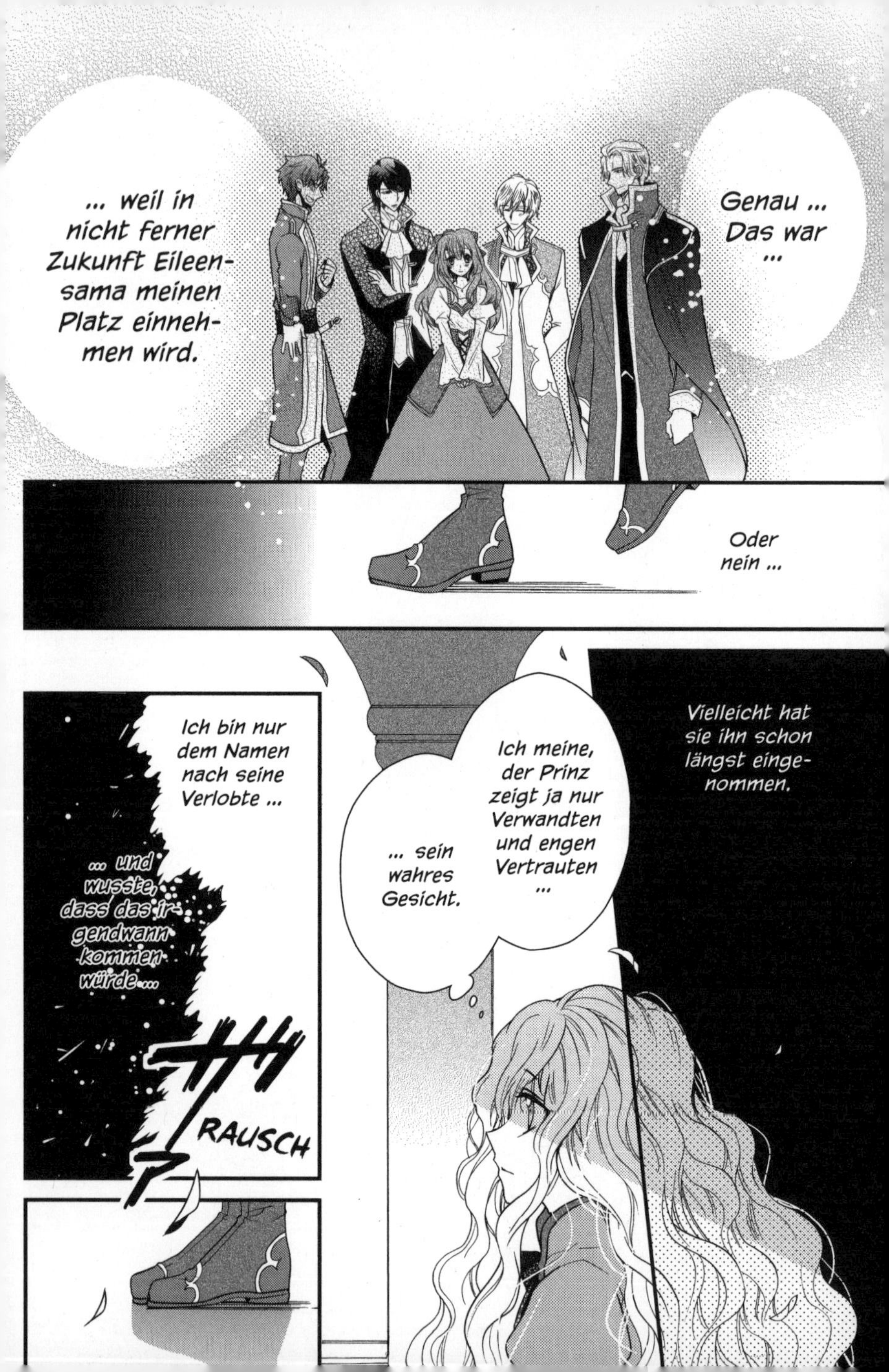
Genau ... Das war ...
... weil in nicht ferner Zukunft Eileen-sama meinen Platz einnehmen wird.
Oder nein ...
Vielleicht hat sie ihn schon längst eingenommen.
Ich meine, der Prinz zeigt ja nur Verwandten und engen Vertrauten ...
... sein wahres Gesicht.
Ich bin nur dem Namen nach seine Verlobte ...
... und wusste, dass das irgendwann kommen würde ...
RAUSCH

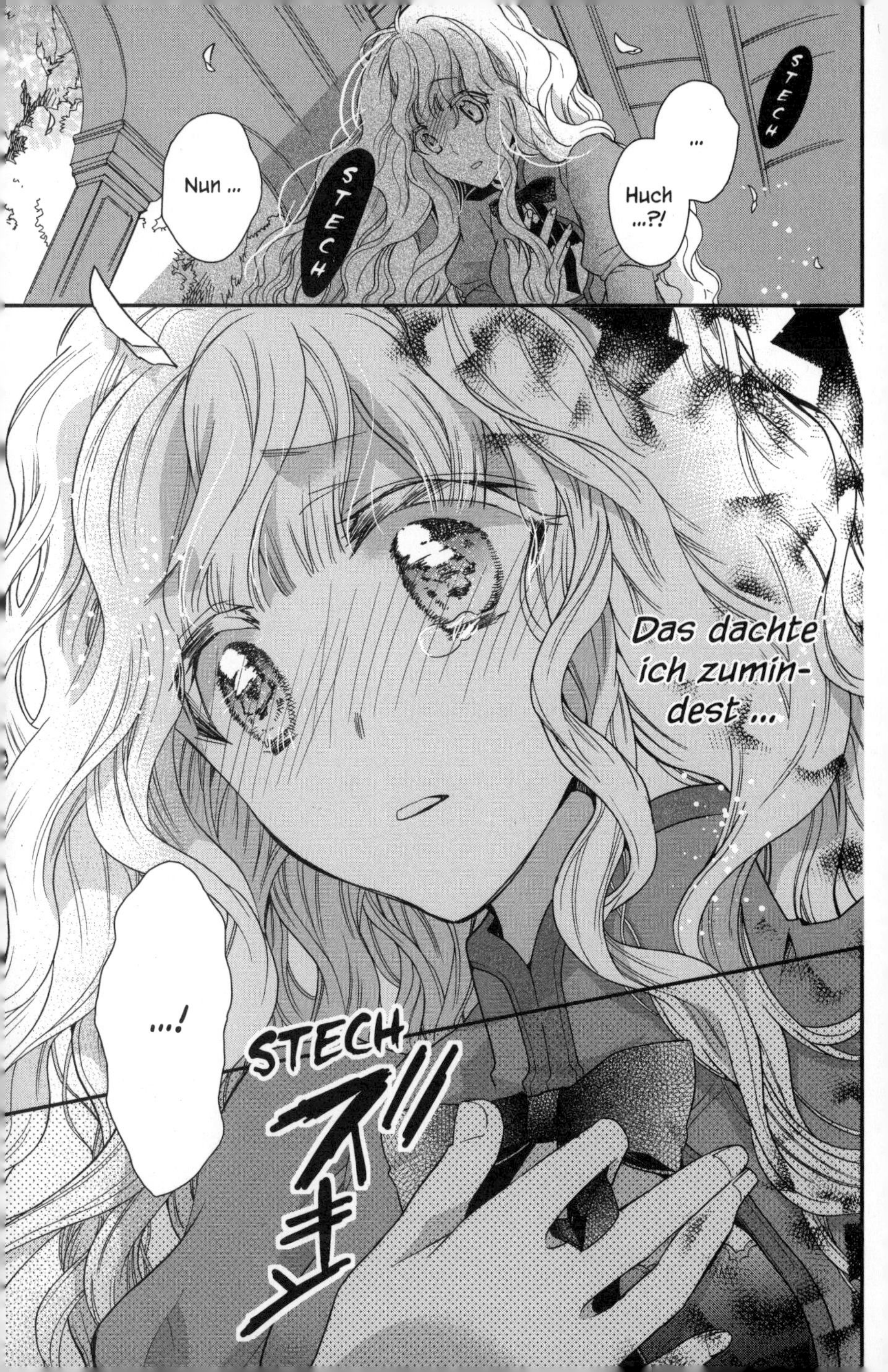
STECH
...
Huch ...?!
STECH
Nun ...
Das dachte ich zumindest ...
...!
STECH

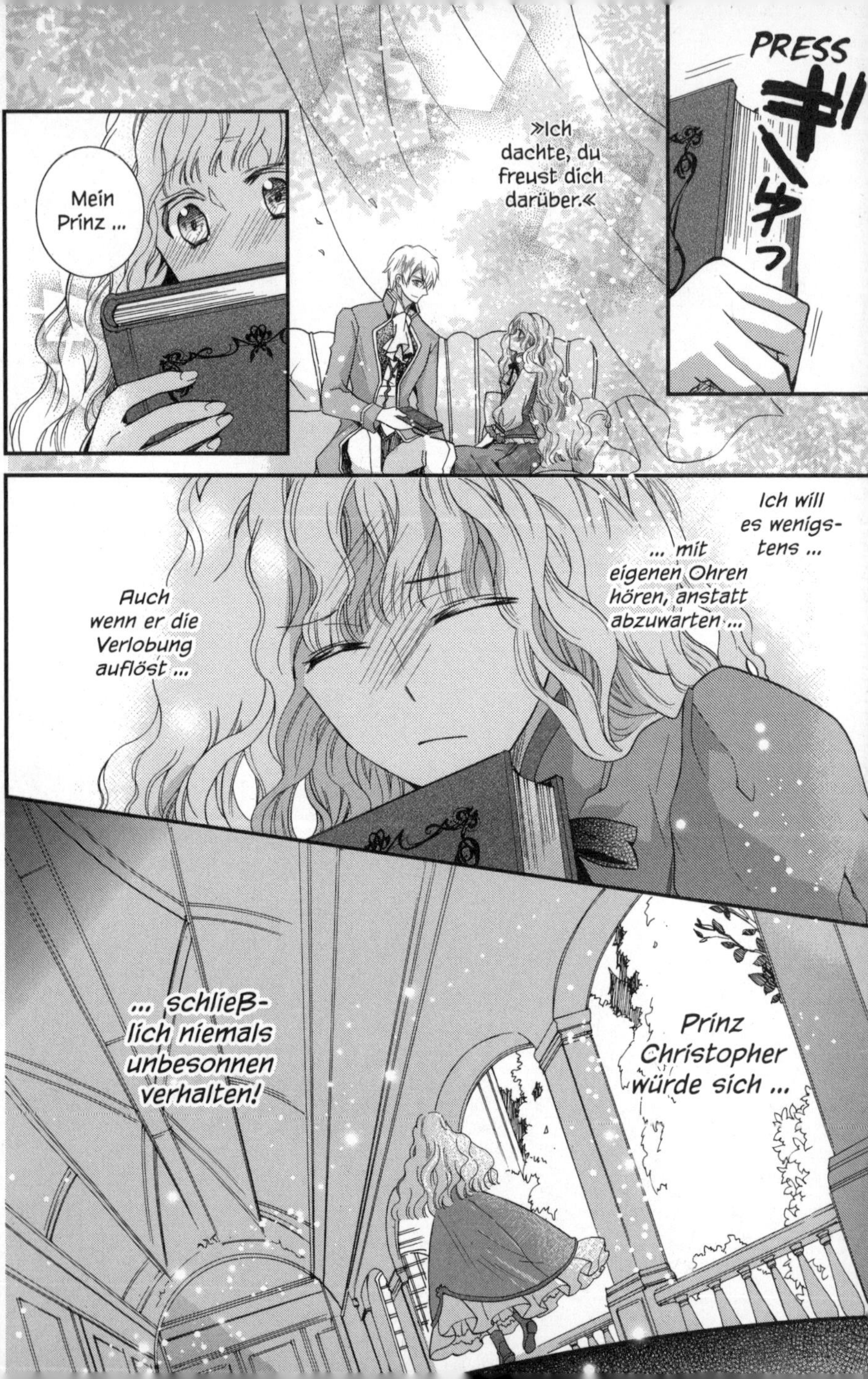
PRESS
»Ich dachte, du freust dich darüber.«
Mein Prinz ...
Ich will es wenigstens ...
... mit eigenen Ohren hören, anstatt abzuwarten ...
Auch wenn er die Verlobung auflöst ...
Prinz Christopher würde sich ...
... schließlich niemals unbesonnen verhalten!

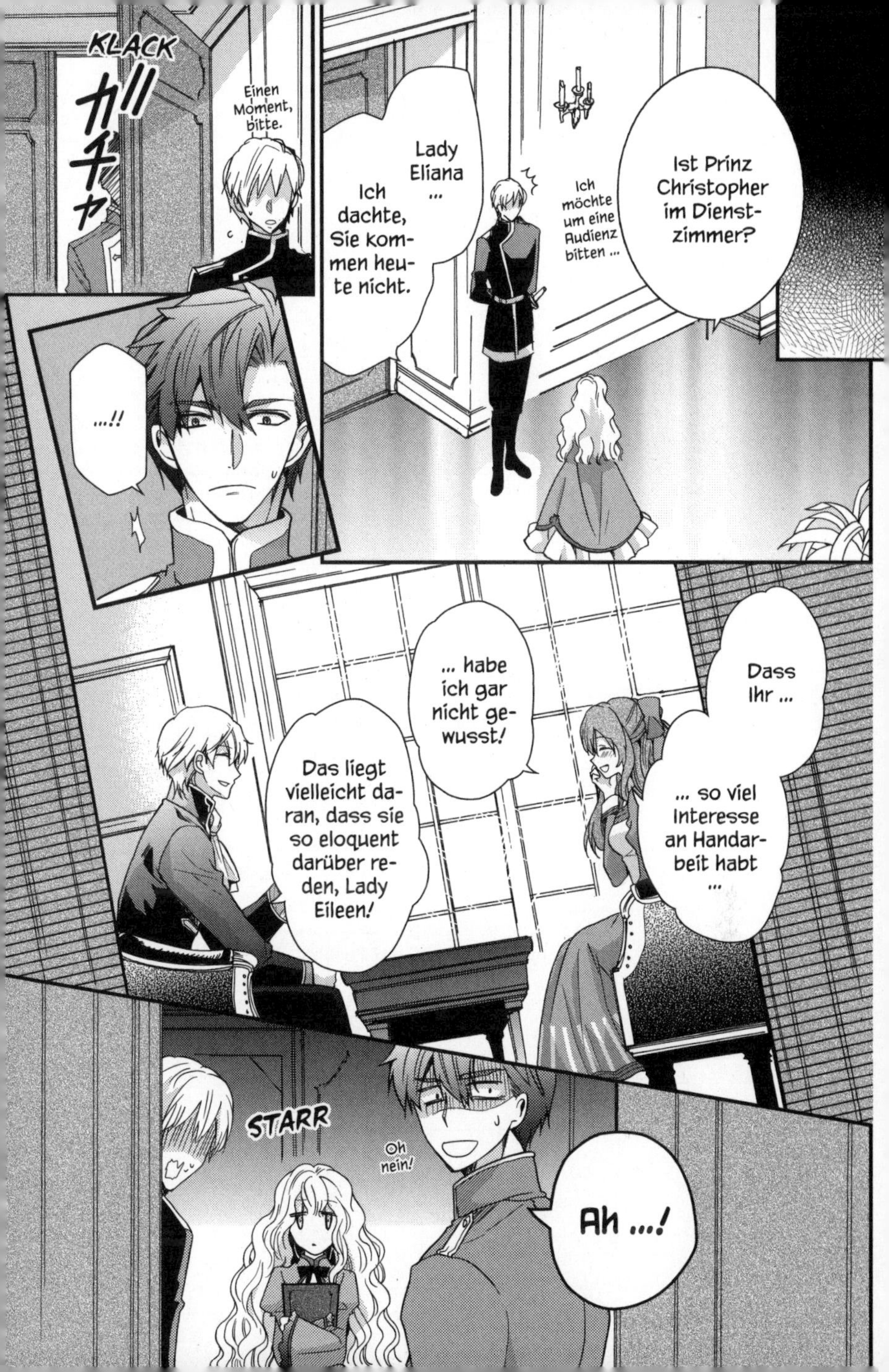
Ist Prinz Christopher im Dienst-zimmer?
Ich möchte um eine Audienz bitten ...
Lady Eliana ...
Ich dachte, Sie kommen heute nicht.
Einen Moment, bitte.
KLACK
ガチャ
...!!
Dass Ihr ...
... so viel Interesse an Handarbeit habt ...
... habe ich gar nicht gewusst!
Das liegt vielleicht daran, dass sie so eloquent darüber reden, Lady Eileen!
Ah ...!
Oh nein!
STARR

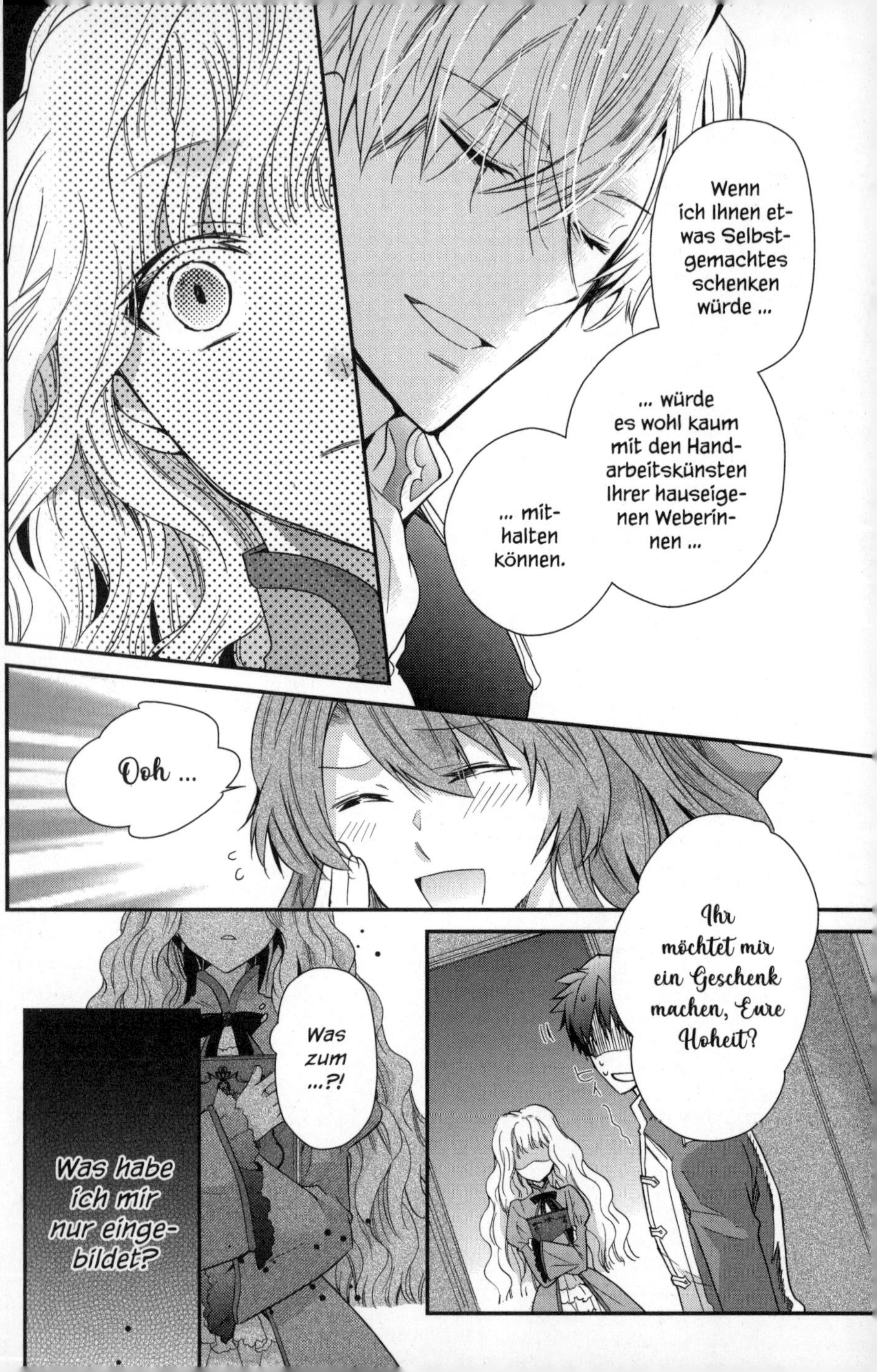

Wenn ich Ihnen etwas Selbstgemachtes schenken würde ...
... würde es wohl kaum mit den Handarbeitskünsten Ihrer hauseigenen Weberinnen ...
... mithalten können.
Ooh ...
Ihr möchtet mir ein Geschenk machen, Eure Hoheit?
Was zum ...?!
Was habe ich mir nur eingebildet?

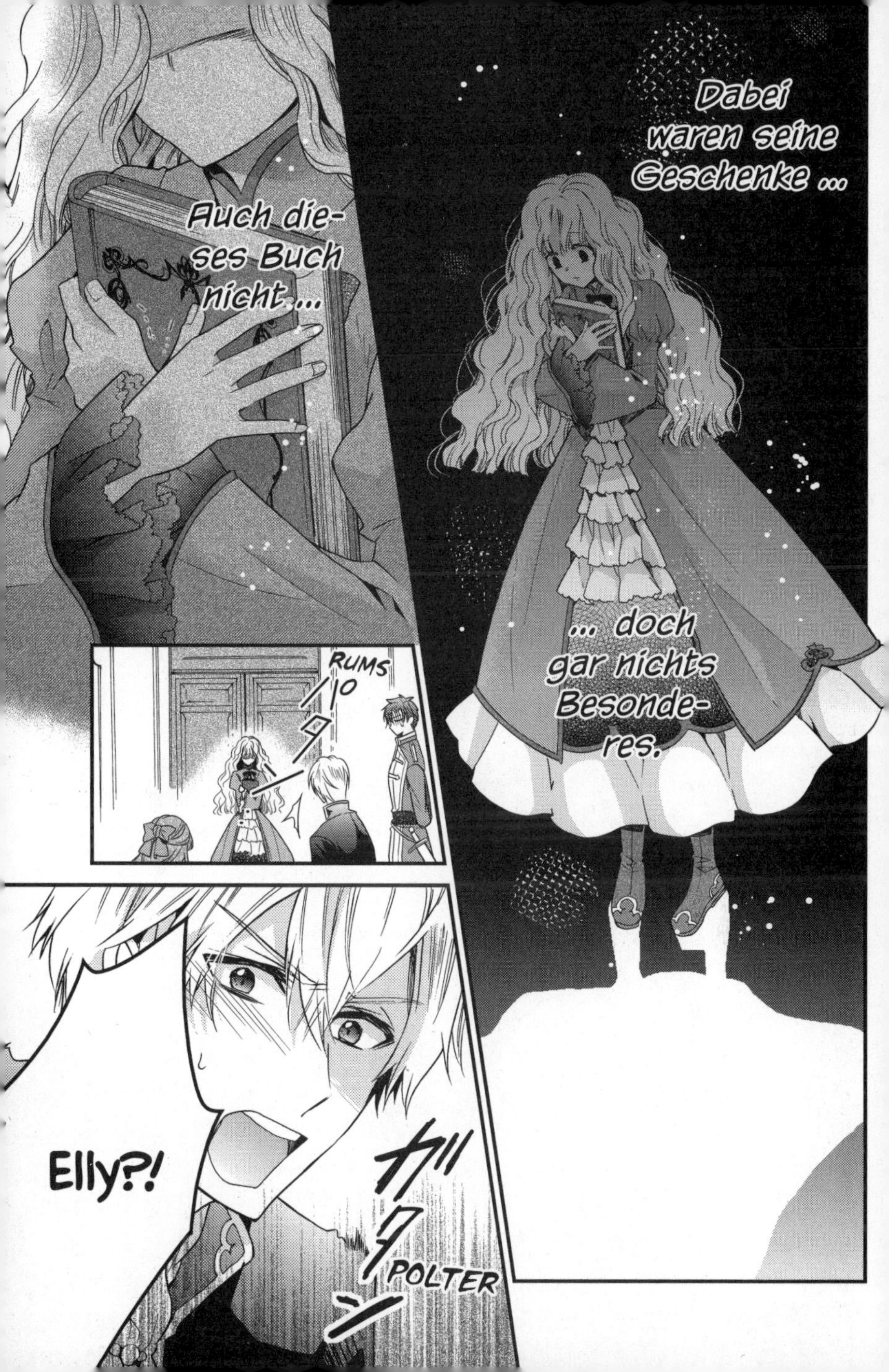
Dabei waren seine Geschenke ...
Auch dieses Buch nicht ...
... doch gar nichts Besonderes.
RUMS
Elly?!
POLTER

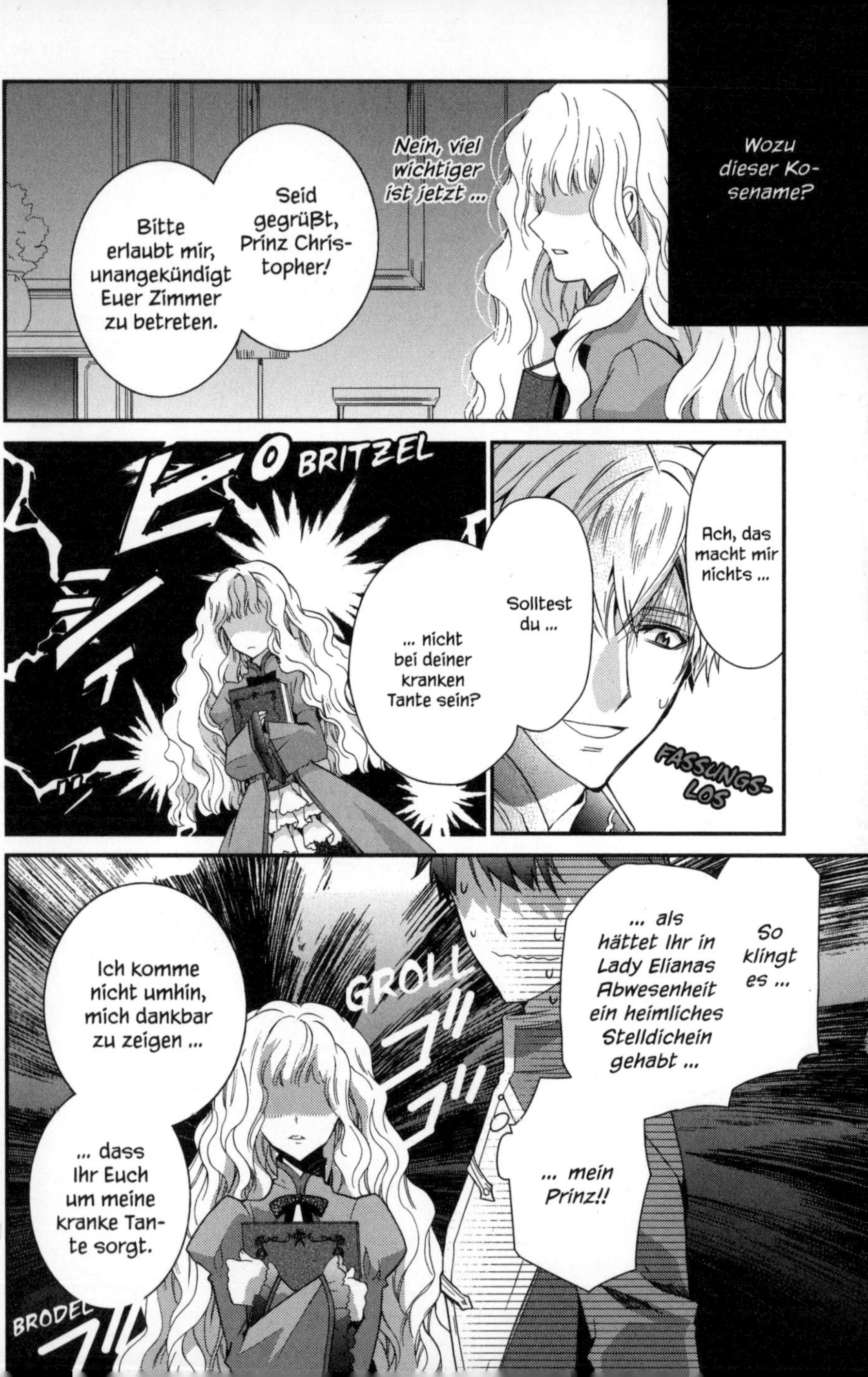
Wozu dieser Kosename?
Nein, viel wichtiger ist jetzt ...
Seid gegrüßt, Prinz Christopher!
Bitte erlaubt mir, unangekündigt Euer Zimmer zu betreten.
Ach, das macht mir nichts ...
FASSUNGSLOS
Solltest du ...
... nicht bei deiner kranken Tante sein?
BRITZEL
So klingt es ...
... als hättet Ihr in Lady Elianas Abwesenheit ein heimliches Stelldichein gehabt ...
... mein Prinz!!
GROLL
Ich komme nicht umhin, mich dankbar zu zeigen ...
... dass Ihr Euch um meine kranke Tante sorgt.
BRODEL

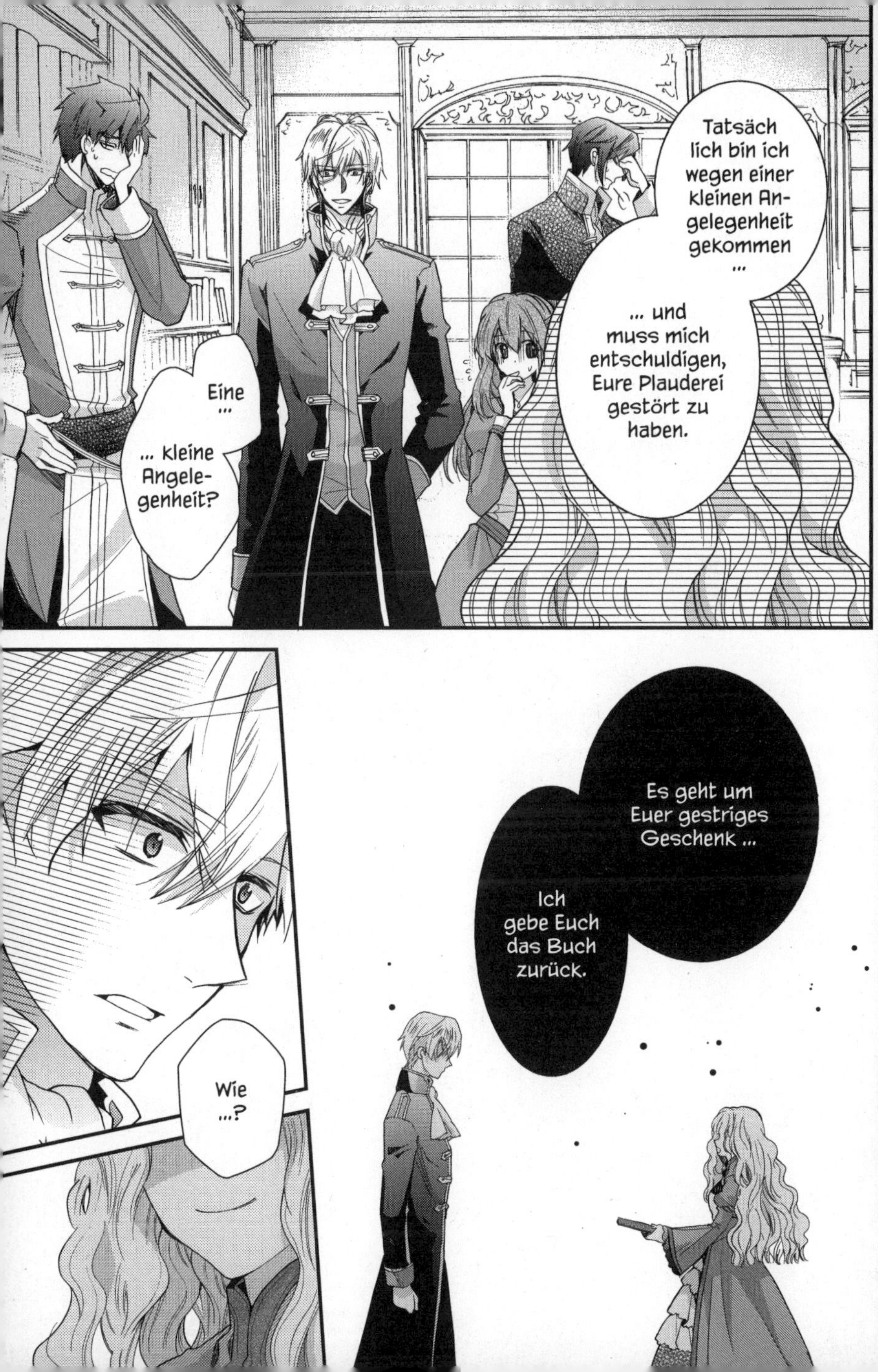
Tatsäch lich bin ich wegen einer kleinen Angelegenheit gekommen ...
... und muss mich entschuldigen, Eure Plauderei gestört zu haben.
Eine ...
... kleine Angelegenheit?
Es geht um Euer gestriges Geschenk ...
Ich gebe Euch das Buch zurück.
Wie ...?

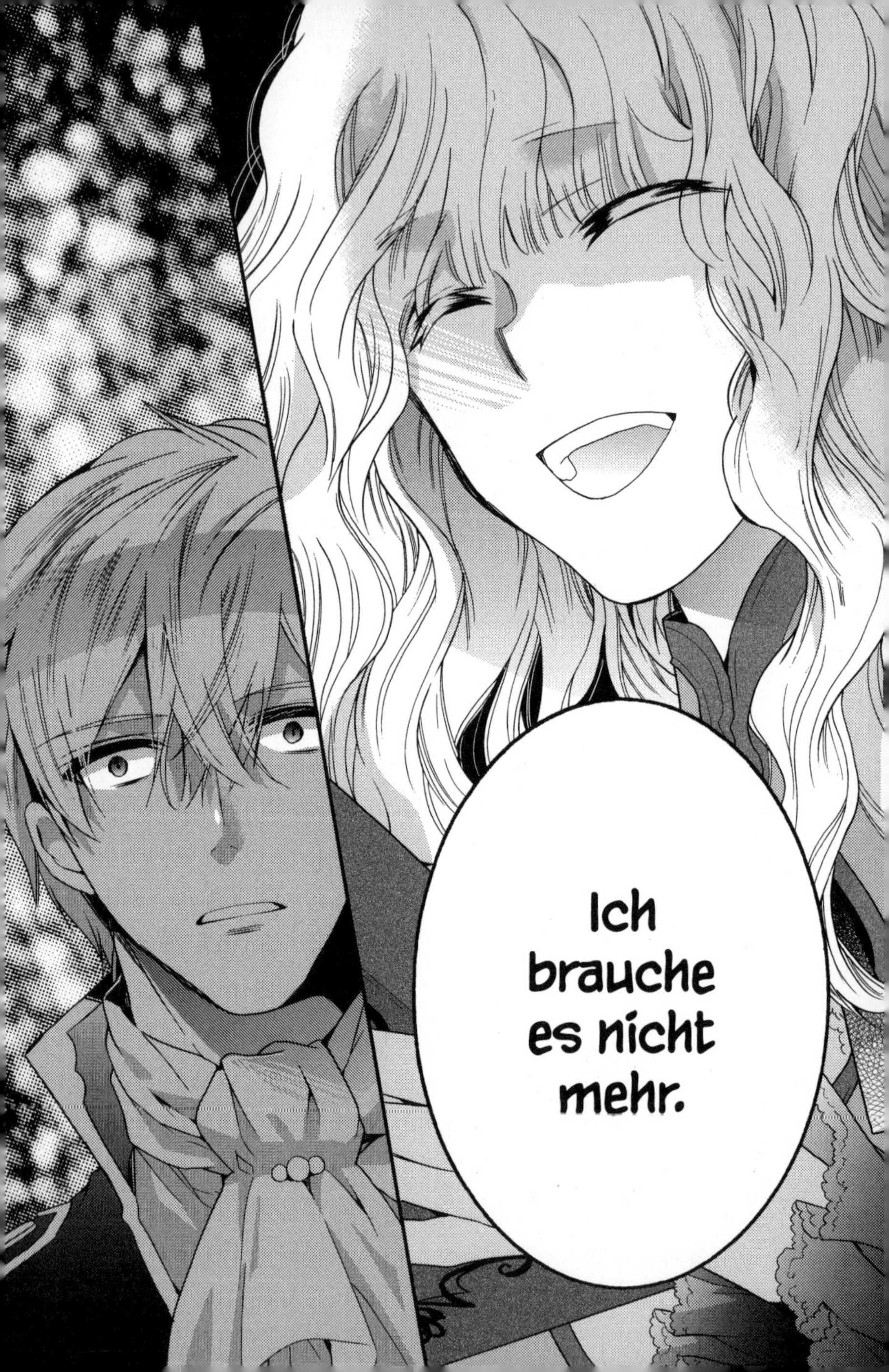
Ich brauche es nicht mehr.

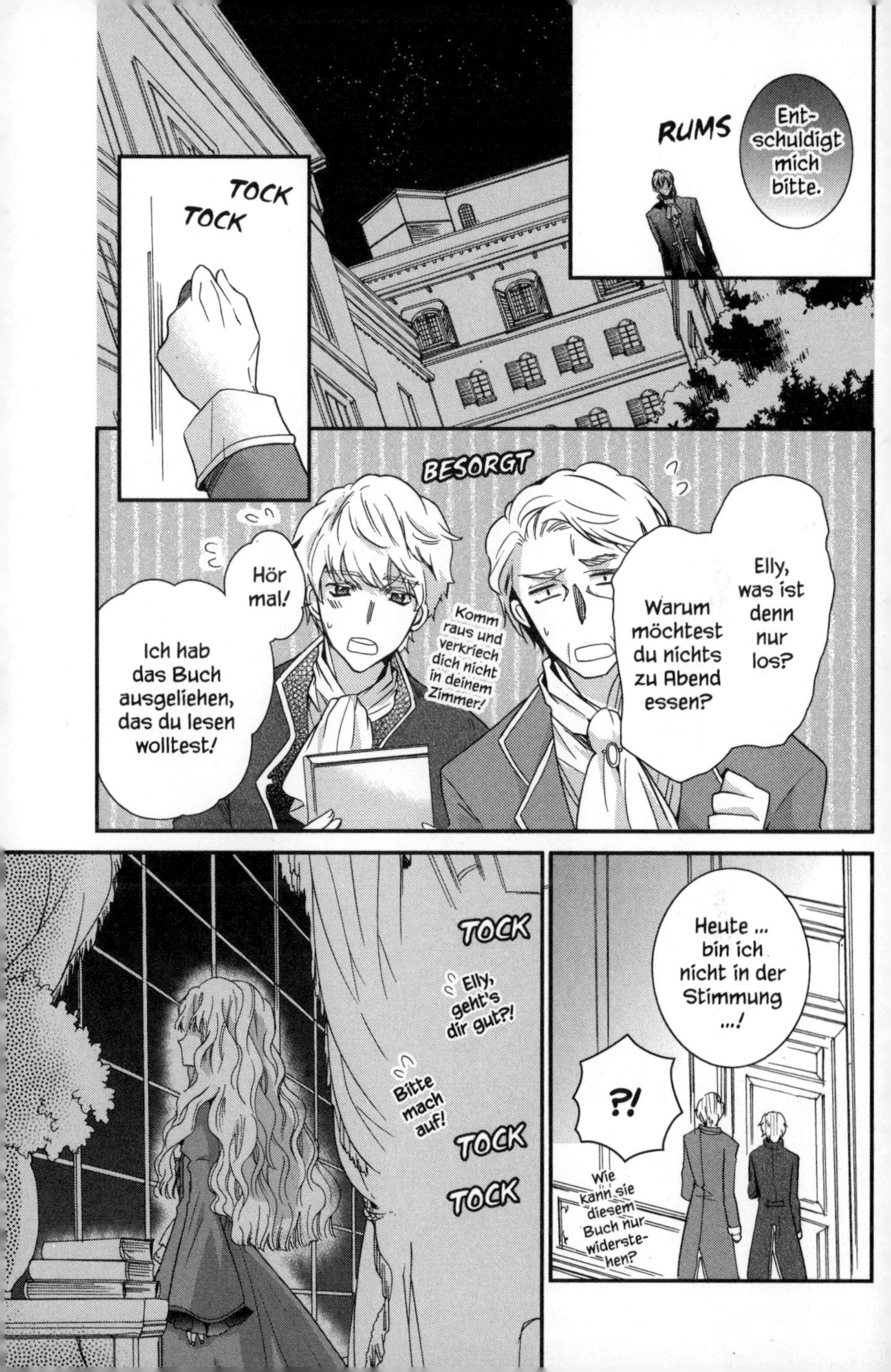
Ent-
schuldigt
mich
bitte.
RUMS
TOCK
TOCK
BESORGT
Elly,
was ist
denn
nur
los?
Warum
möchtest
du nichts
zu Abend
essen?
Komm
raus und
verkriech
dich nicht
in deinem
Zimmer!
Hör
mal!
Ich hab
das Buch
ausgeliehen,
das du lesen
wolltest!
Heute ...
bin ich
nicht in der
Stimmung
...!
?!
Wie
kann sie
diesem
Buch nur
widerste-
hen?
TOCK
Elly,
geht's
dir gut?!
Bitte
mach
auf!
TOCK
TOCK

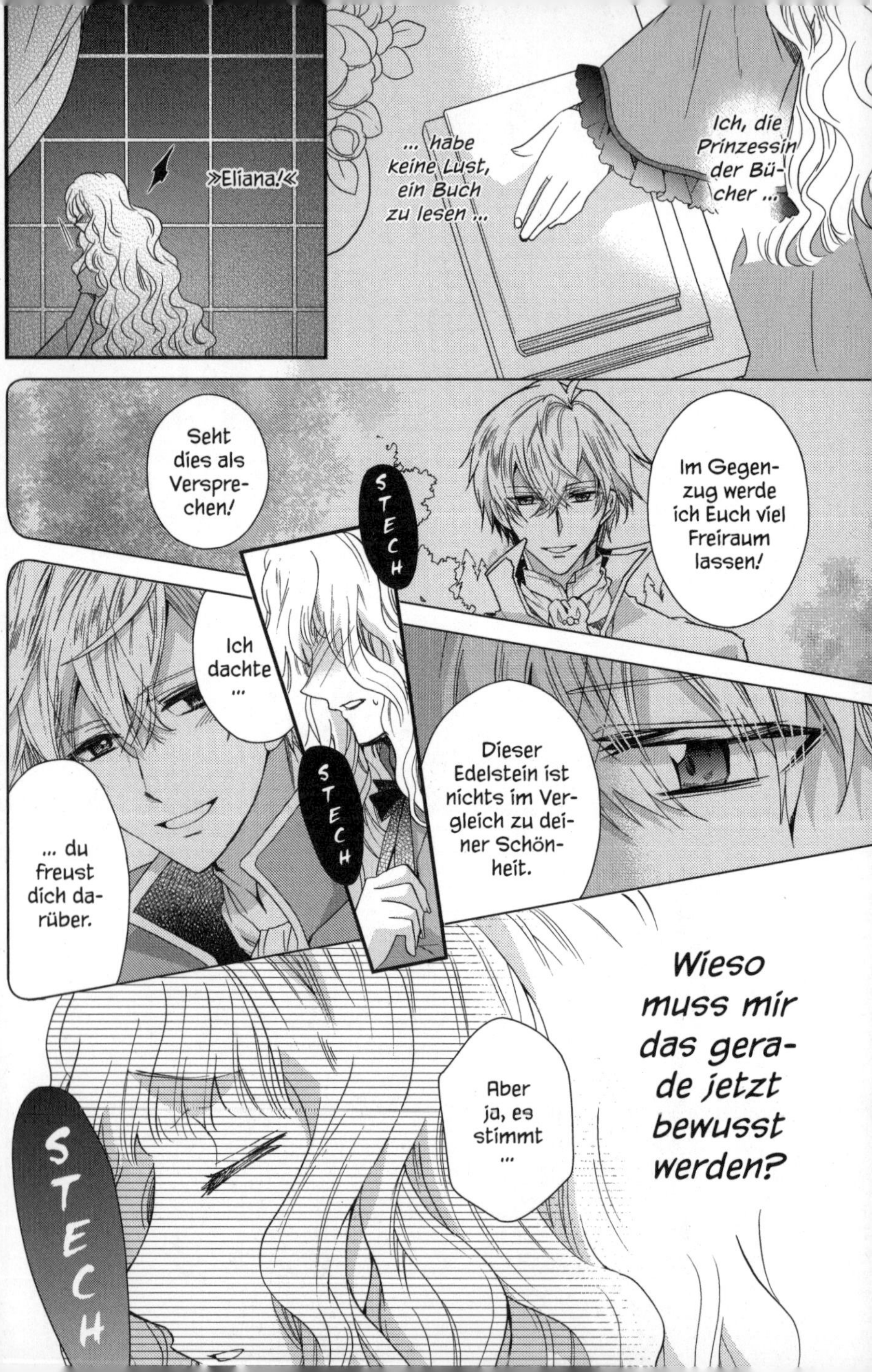

Ich, die Prinzessin der Bücher ...
... habe keine Lust, ein Buch zu lesen ...
»Eliana!«
Im Gegenzug werde ich Euch viel Freiraum lassen!
Seht dies als Versprechen!
STECH
Dieser Edelstein ist nichts im Vergleich zu deiner Schönheit.
STECH
Ich dachte ...
... du freust dich darüber.
Wieso muss mir das gerade jetzt bewusst werden?
Aber ja, es stimmt ...
STECH

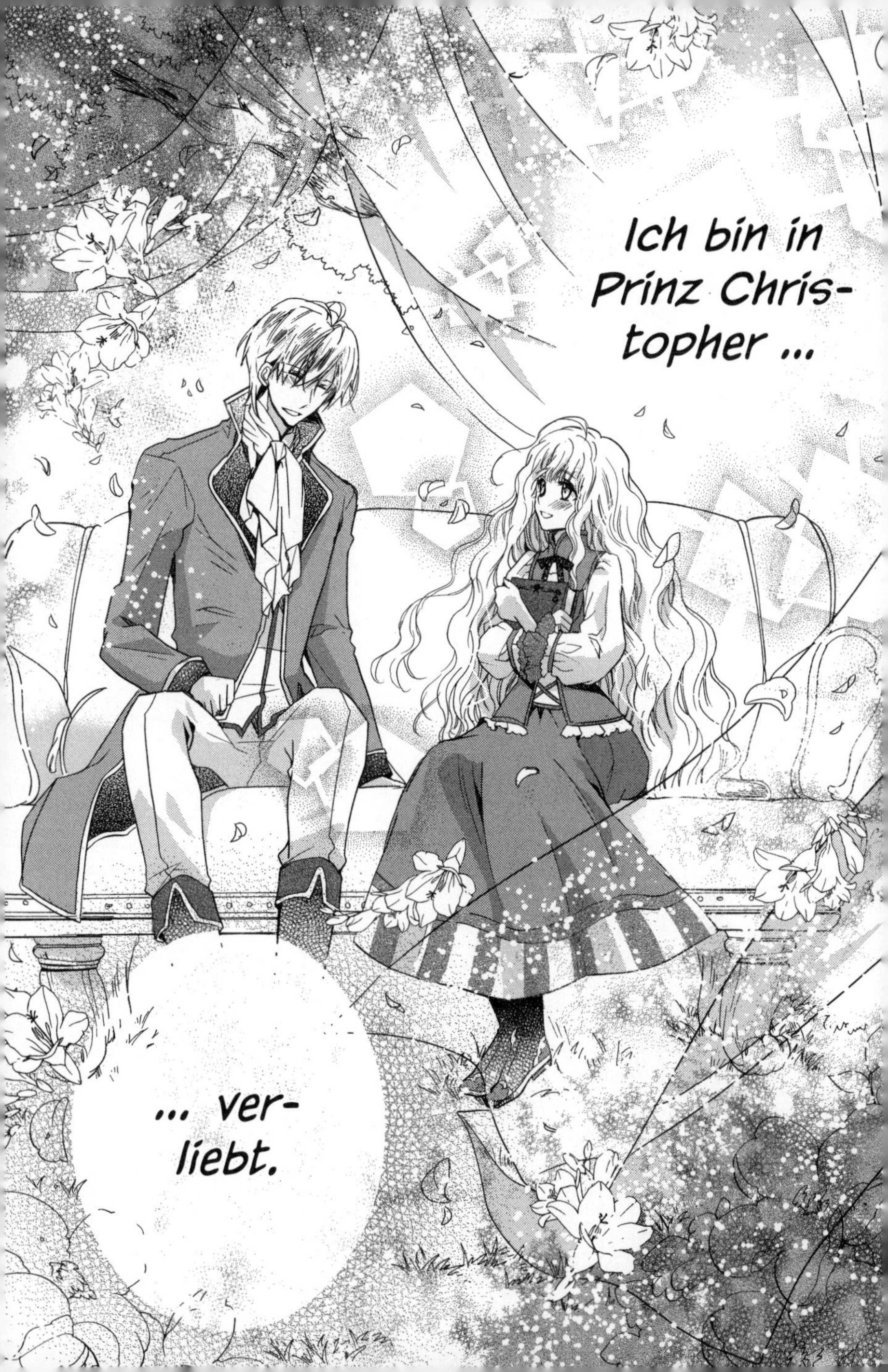
Ich bin in Prinz Christopher ...
... verliebt.

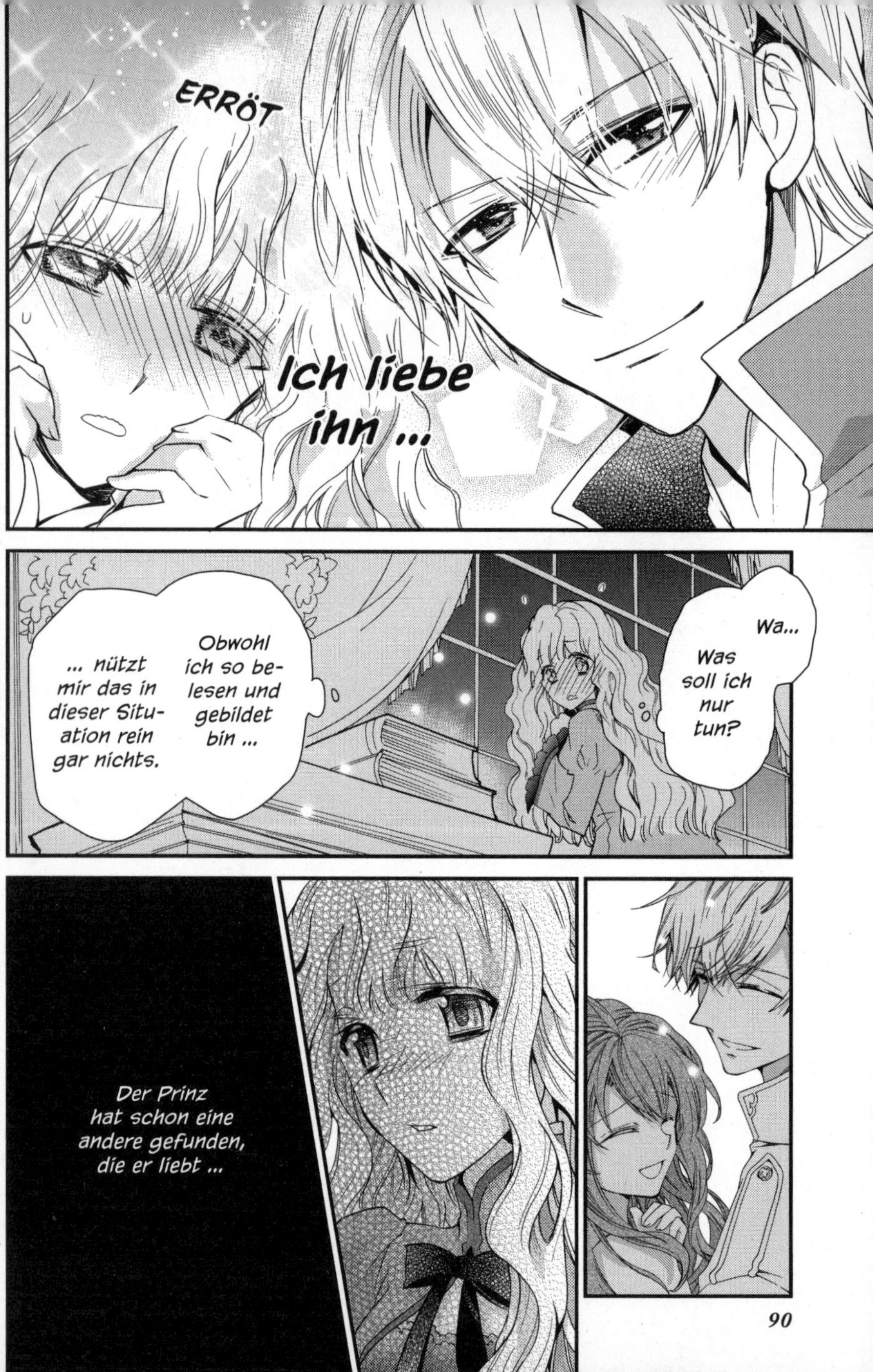
ERRÖT
Ich liebe ihn ...
Wa... Was soll ich nur tun?
Obwohl ich so belesen und gebildet bin ...
... nützt mir das in dieser Situation rein gar nichts.
Der Prinz hat schon eine andere gefunden, die er liebt ...

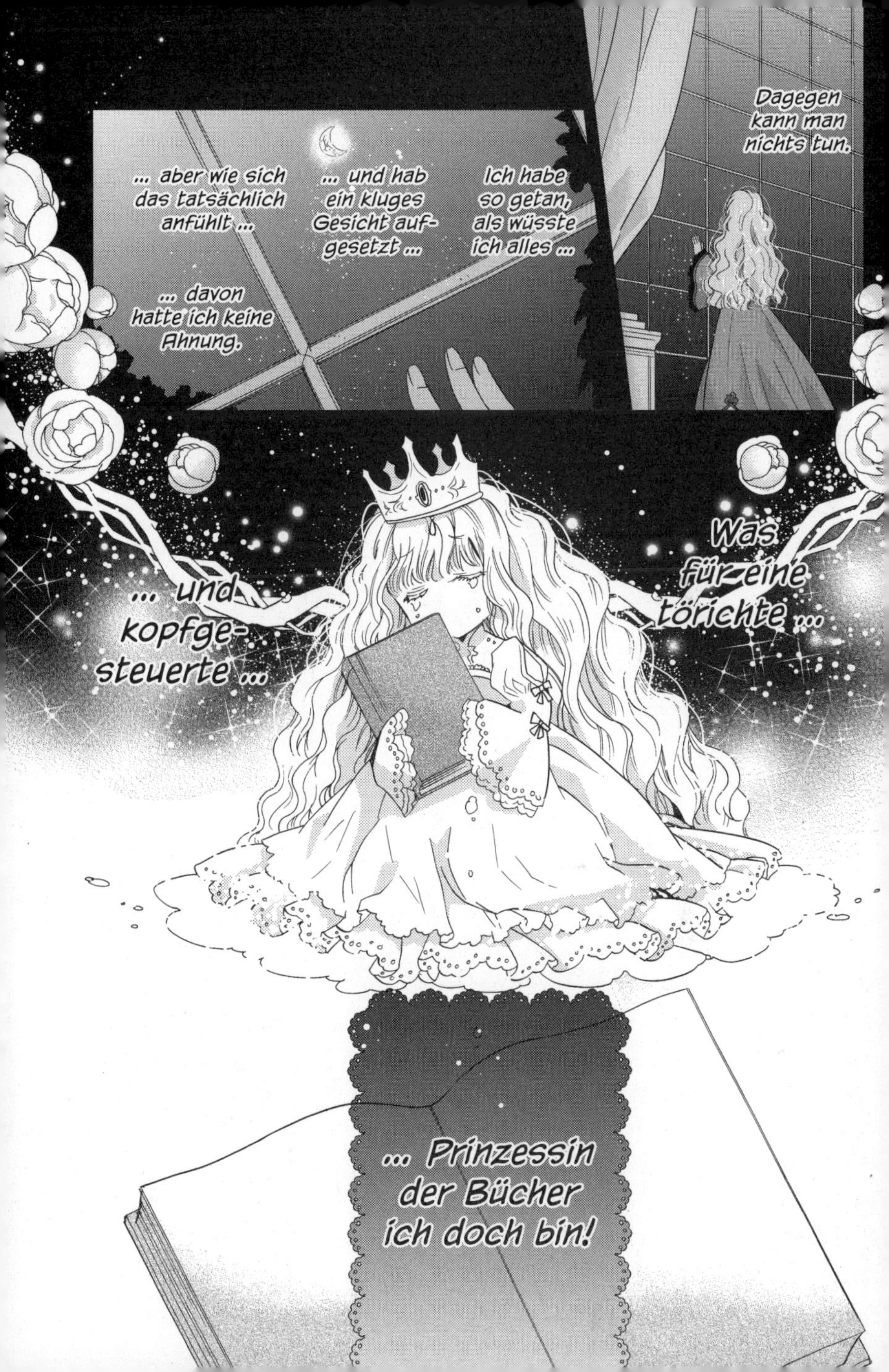
Dagegen kann man nichts tun.
Ich habe so getan, als wüsste ich alles ...
... und hab ein kluges Gesicht auf-gesetzt ...
... aber wie sich das tatsächlich anfühlt ...
... davon hatte ich keine Ahnung.
Was für eine törichte ...
... und kopfge-steuerte ...
... Prinzessin der Bücher ich doch bin!

Eliana

Prinzessin der Bücher

Zeichnungen: Yui Kikuta
Text: Yui
Character Design: Satsuki Sheena

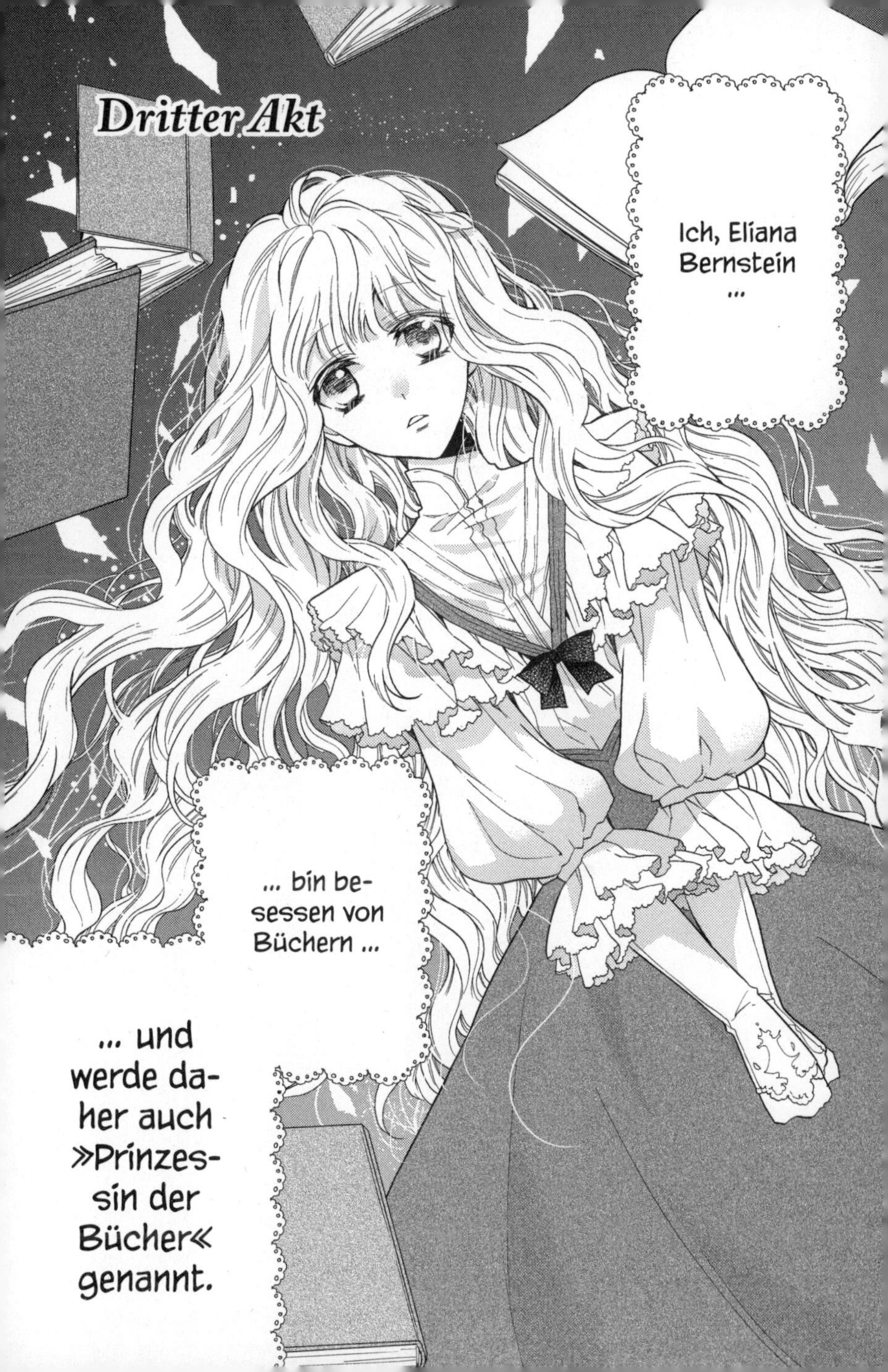
Dritter Akt
Ich, Eliana Bernstein ...
... bin besessen von Büchern ...
... und werde daher auch »Prinzessin der Bücher« genannt.

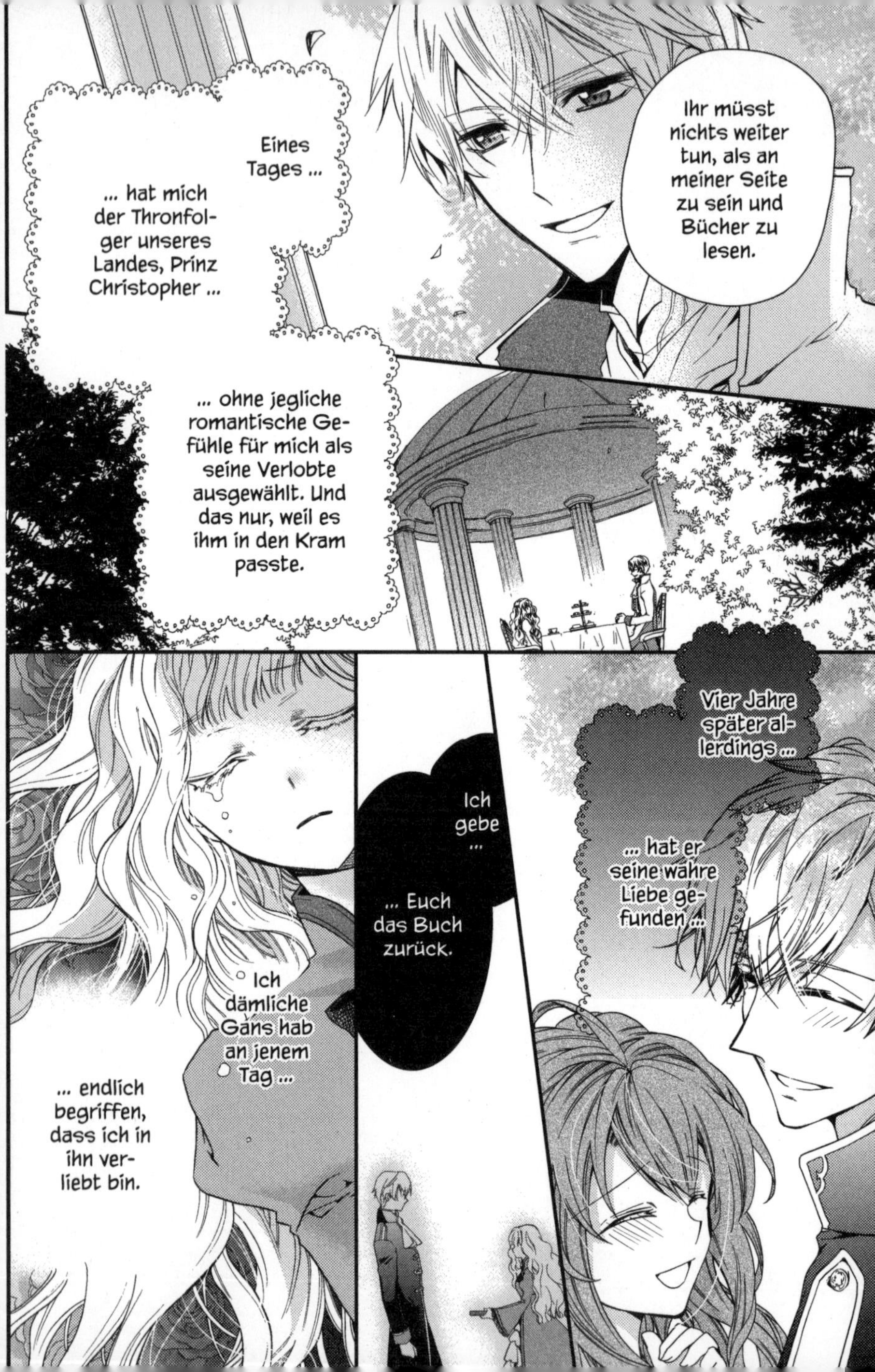

Ihr müsst nichts weiter tun, als an meiner Seite zu sein und Bücher zu lesen.
Eines Tages ...
... hat mich der Thronfolger unseres Landes, Prinz Christopher ...
... ohne jegliche romantische Gefühle für mich als seine Verlobte ausgewählt. Und das nur, weil es ihm in den Kram passte.
Vier Jahre später allerdings ...
... hat er seine wahre Liebe gefunden ...
Ich gebe ...
... Euch das Buch zurück.
Ich dämliche Gans hab an jenem Tag ...
... endlich begriffen, dass ich in ihn verliebt bin.

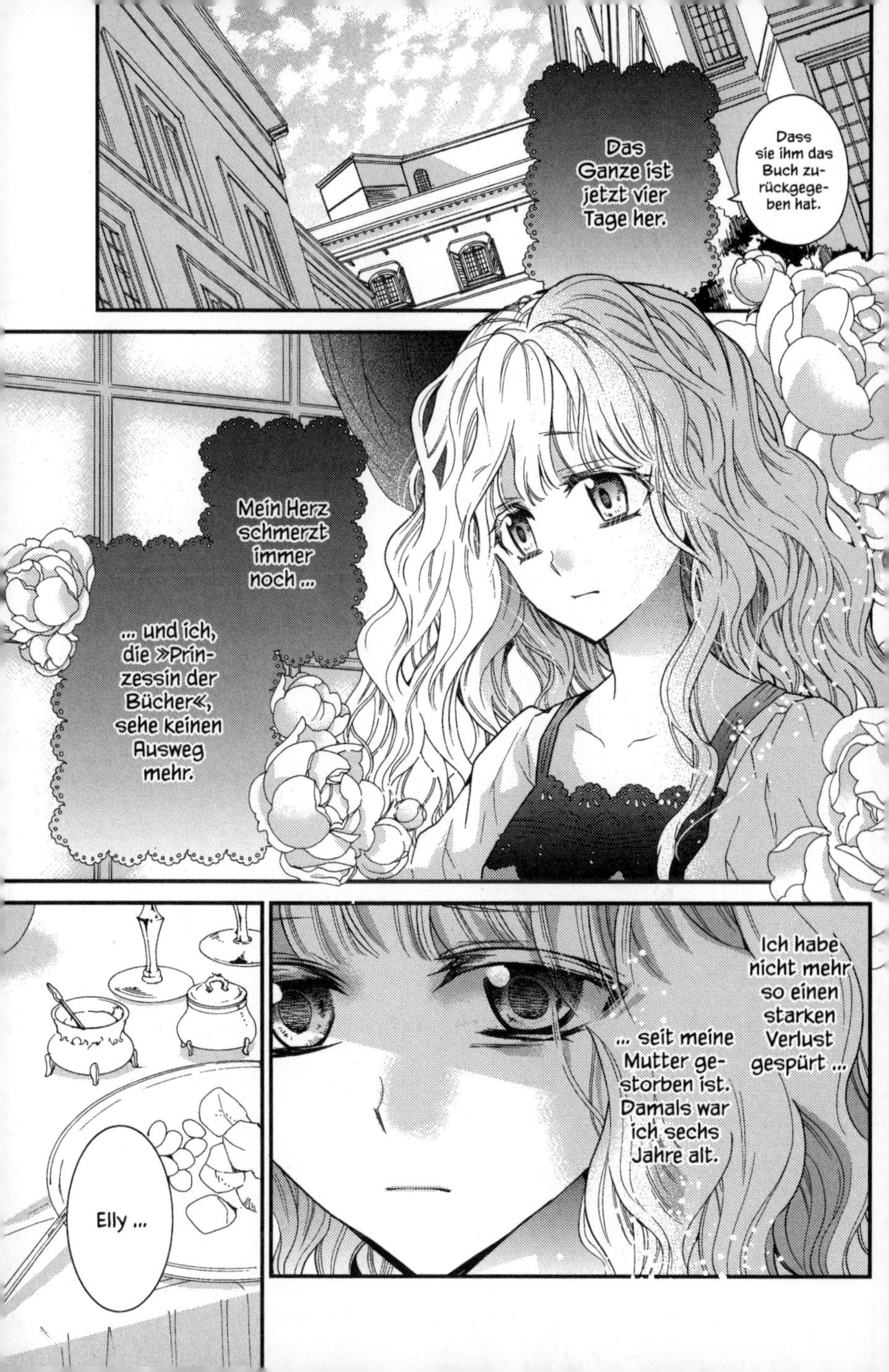
Dass sie ihm das Buch zurückgegeben hat.
Das Ganze ist jetzt vier Tage her.
Mein Herz schmerzt immer noch ...
... und ich, die »Prinzessin der Bücher«, sehe keinen Ausweg mehr.
Ich habe nicht mehr so einen starken Verlust gespürt ...
... seit meine Mutter gestorben ist. Damals war ich sechs Jahre alt.
Elly ...

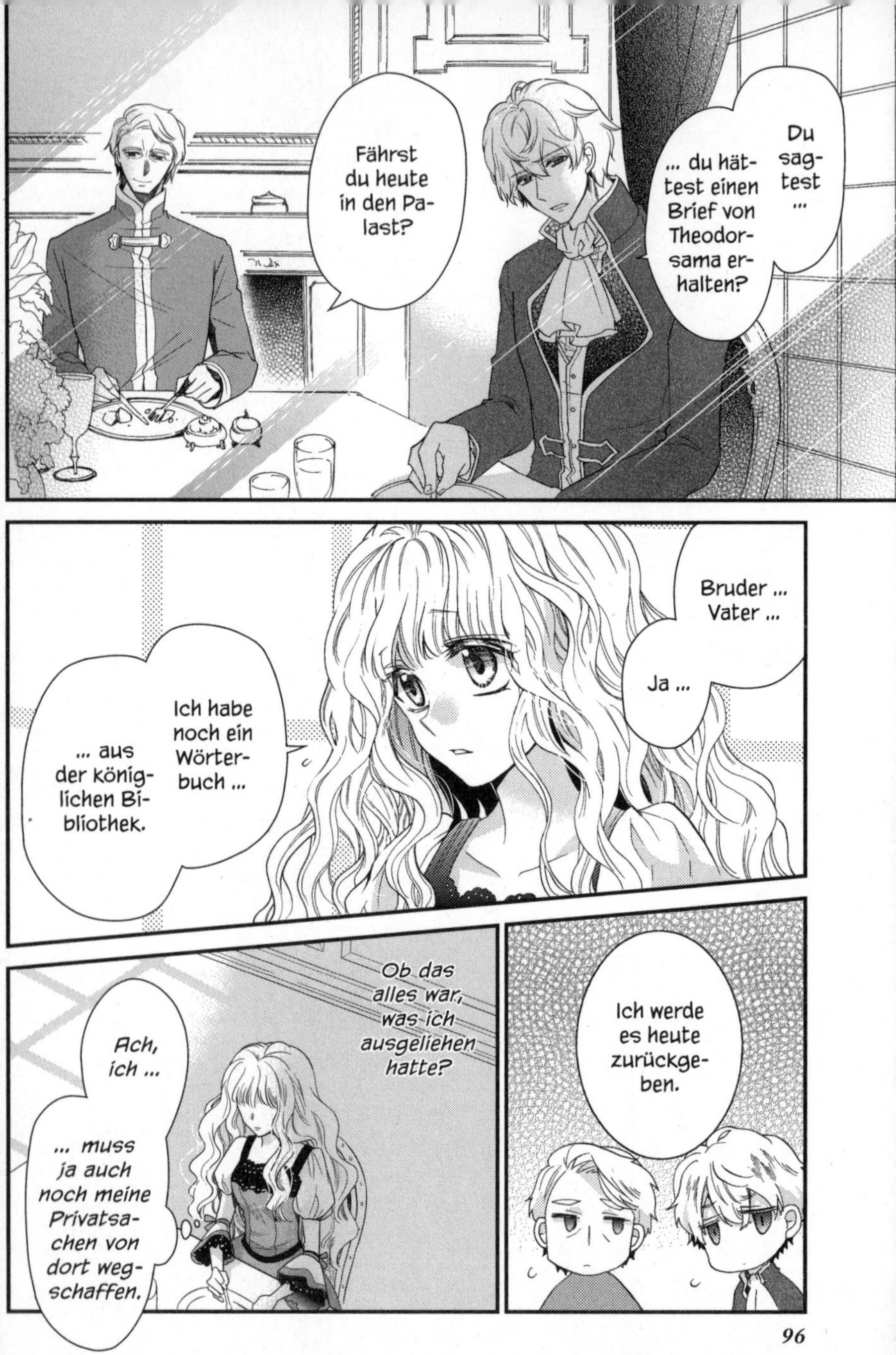
Du sagtest …
… du hättest einen Brief von Theodor-sama erhalten?
Fährst du heute in den Palast?
Bruder … Vater …
Ja …
Ich habe noch ein Wörterbuch …
… aus der königlichen Bibliothek.
Ich werde es heute zurückgeben.
Ob das alles war, was ich ausgeliehen hatte?
Ach, ich …
… muss ja auch noch meine Privatsachen von dort wegschaffen.

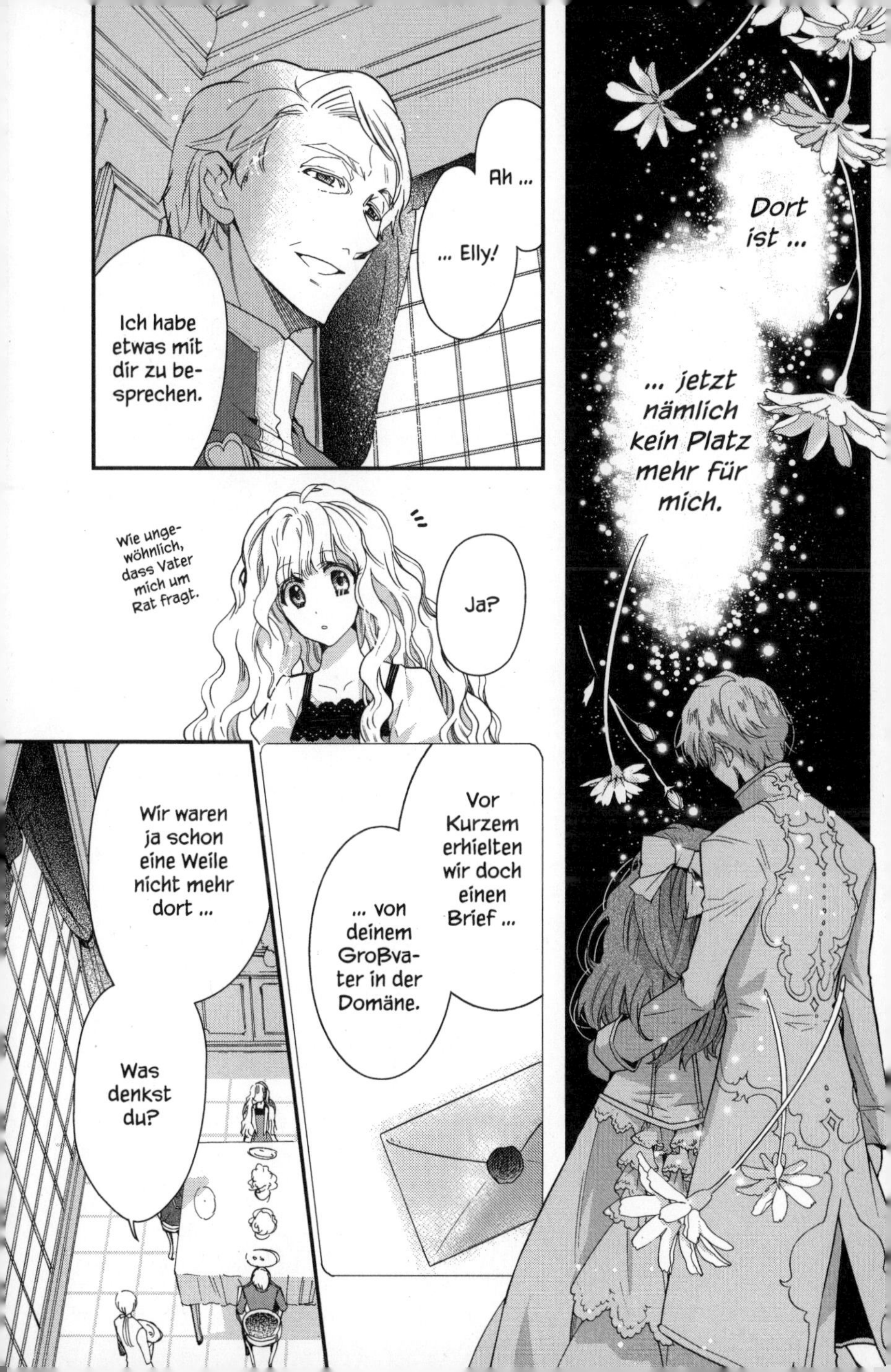
Dort ist ...
... jetzt nämlich kein Platz mehr für mich.
Ah ...
... Elly!
Ich habe etwas mit dir zu besprechen.
Ja?
Wie ungewöhnlich, dass Vater mich um Rat fragt.
Vor Kurzem erhielten wir doch einen Brief ...
... von deinem Großvater in der Domäne.
Wir waren ja schon eine Weile nicht mehr dort ...
Was denkst du?

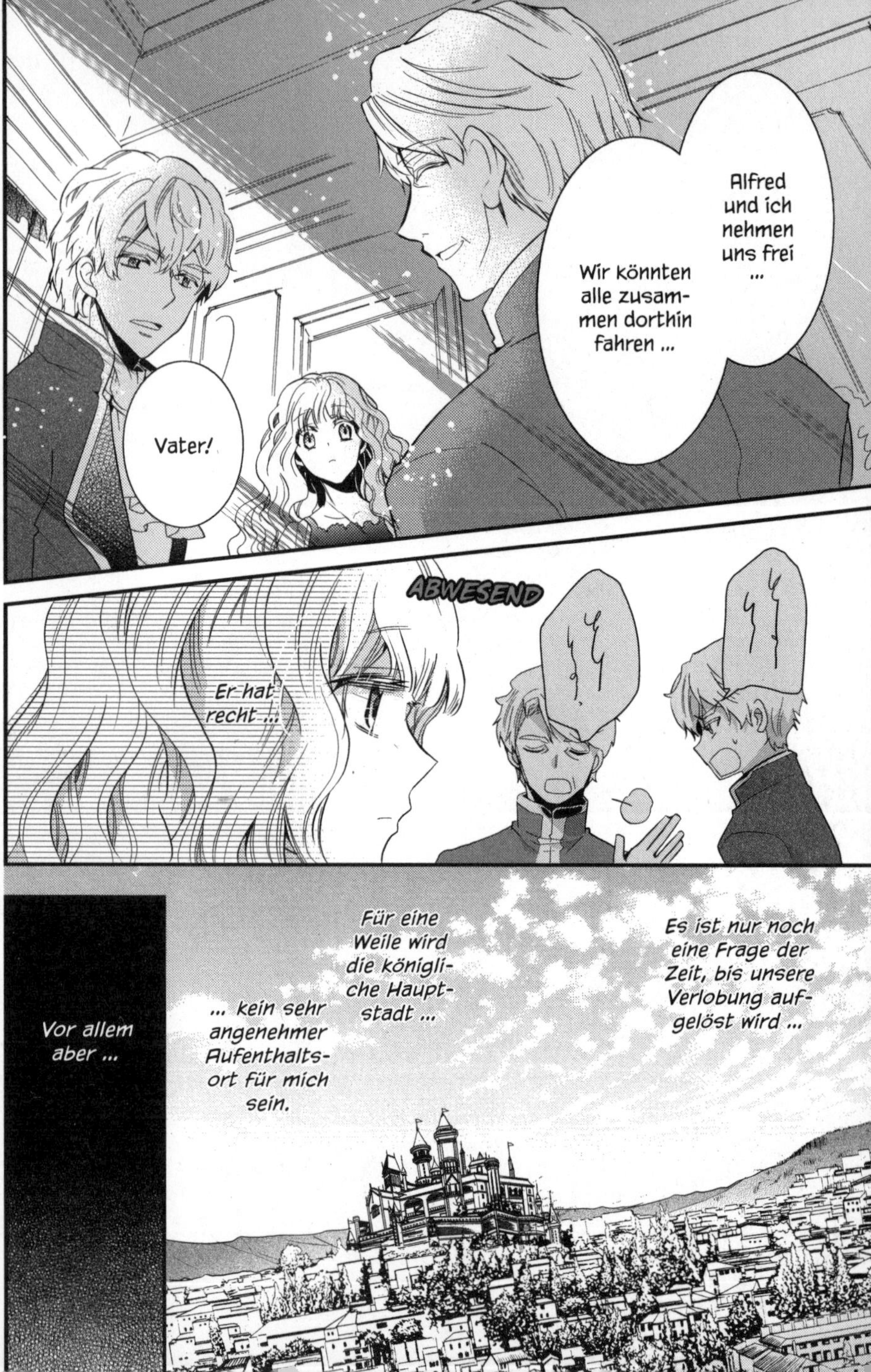
Alfred und ich nehmen uns frei ...
Wir könnten alle zusammen dorthin fahren ...
Vater!
ABWESEND
Er hat recht ...
Es ist nur noch eine Frage der Zeit, bis unsere Verlobung aufgelöst wird ...
Für eine Weile wird die königliche Hauptstadt ...
... kein sehr angenehmer Aufenthaltsort für mich sein.
Vor allem aber ...

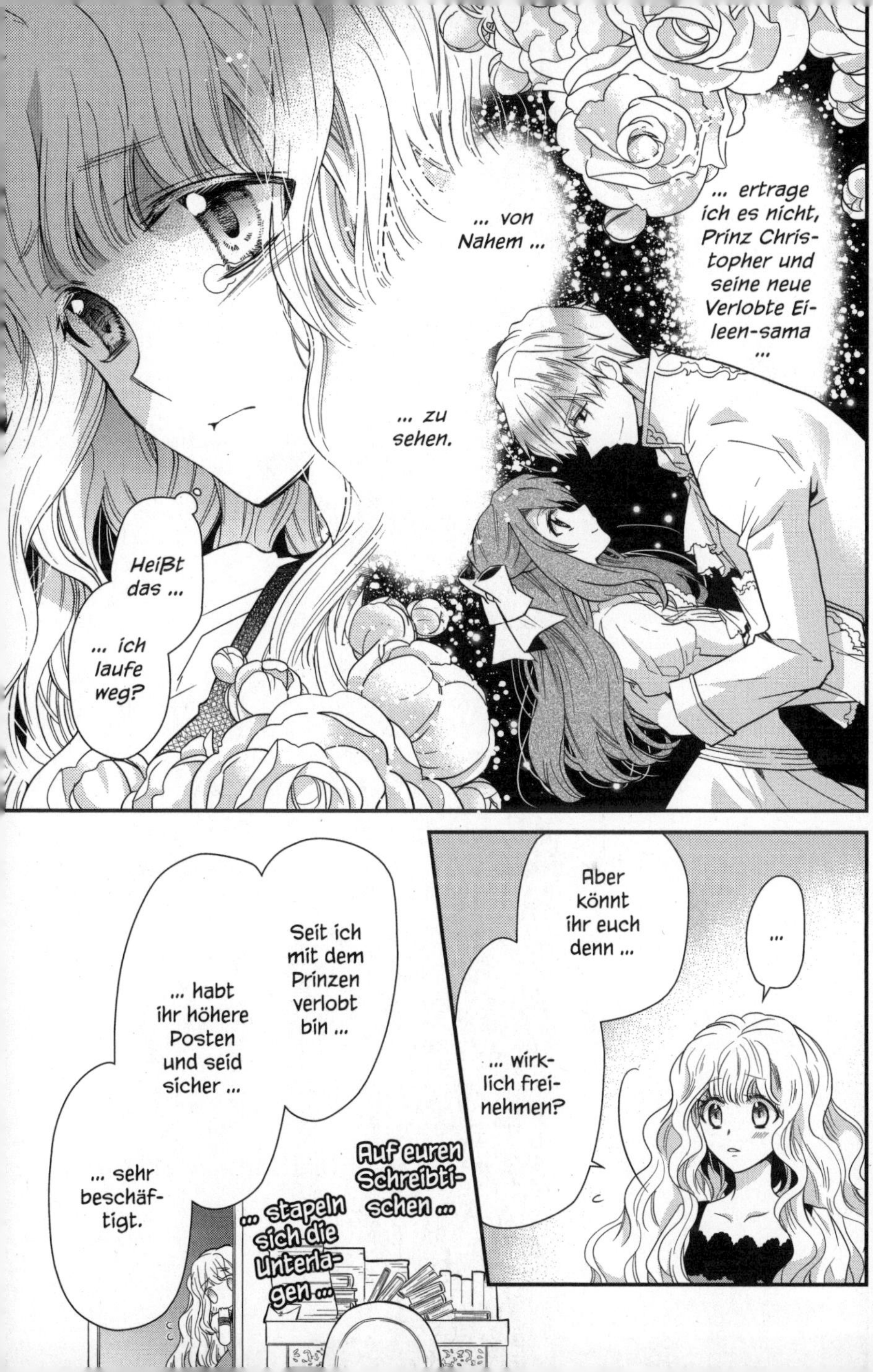
... ertrage ich es nicht, Prinz Christopher und seine neue Verlobte Eileen-sama ...
... von Nahem ...
... zu sehen.
Heißt das ...
... ich laufe weg?
...
Aber könnt ihr euch denn ...
... wirklich freinehmen?
Seit ich mit dem Prinzen verlobt bin ...
... habt ihr höhere Posten und seid sicher ...
... sehr beschäftigt.
Auf euren Schreibtischen ...
... stapeln sich die Unterlagen ...

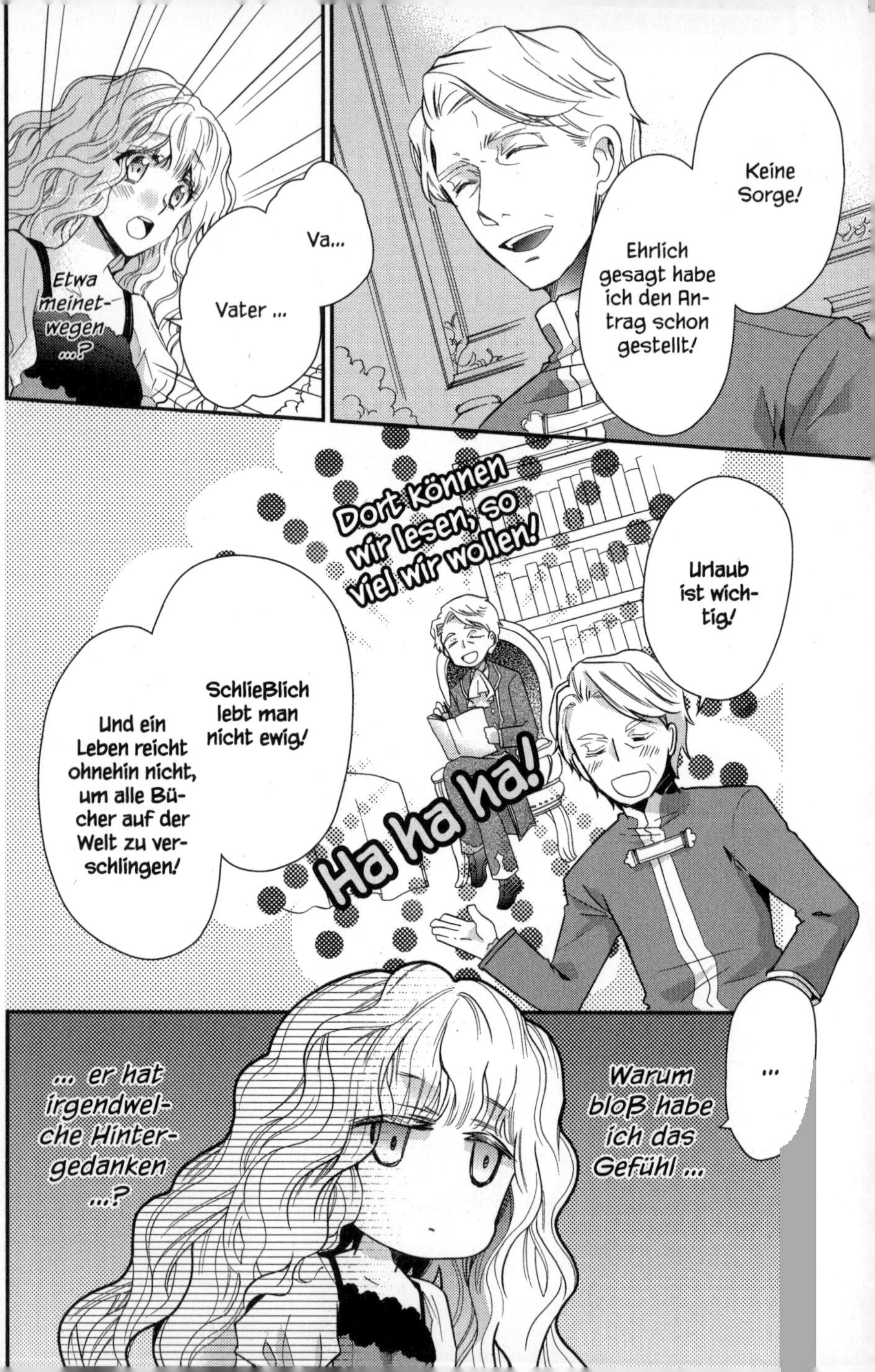
Keine Sorge!
Ehrlich gesagt habe ich den Antrag schon gestellt!
Va...
Vater ...
Etwa meinetwegen ...?
Urlaub ist wichtig!
Dort können wir lesen, so viel wir wollen!
Schließlich lebt man nicht ewig!
Und ein Leben reicht ohnehin nicht, um alle Bücher auf der Welt zu verschlingen!
Ha ha ha!
...
Warum bloß habe ich das Gefühl ...
... er hat irgendwelche Hintergedanken ...?

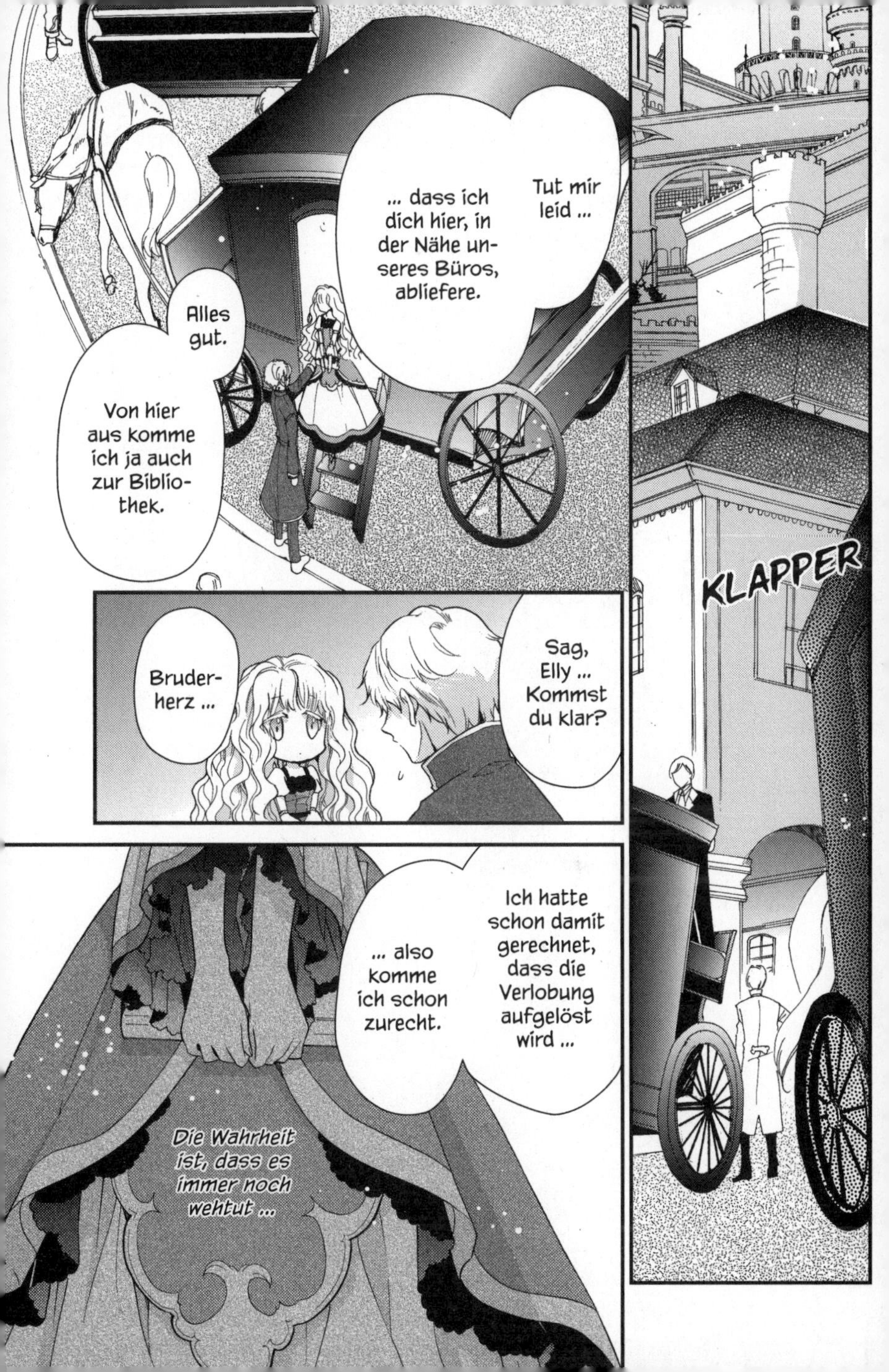
KLAPPER
Tut mir leid ...
... dass ich dich hier, in der Nähe unseres Büros, abliefere.
Alles gut.
Von hier aus komme ich ja auch zur Bibliothek.
Sag, Elly ... Kommst du klar?
Bruderherz ...
Ich hatte schon damit gerechnet, dass die Verlobung aufgelöst wird ...
... also komme ich schon zurecht.
Die Wahrheit ist, dass es immer noch wehtut ...

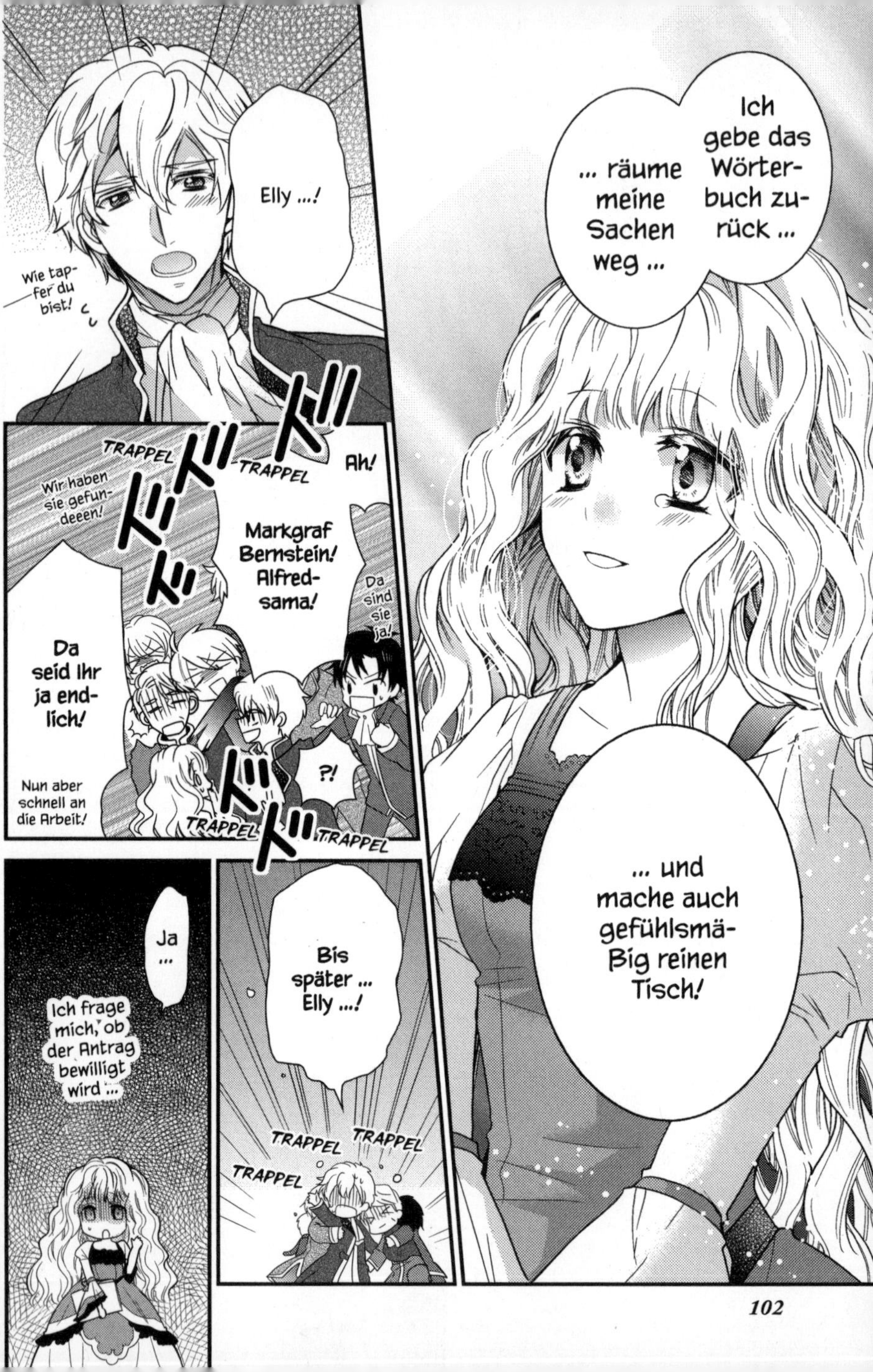

Ich gebe das Wörter-buch zu-rück ...
... räume meine Sachen weg ...
... und mache auch gefühlsmä-ßig reinen Tisch!
Elly ...!
Wie tap-fer du bist!
TRAPPEL TRAPPEL
Ah!
Markgraf Bernstein! Alfred-sama!
Da sind sie ja!
Wir haben sie gefun-deeen!
Da seid Ihr ja end-lich!
?!
Nun aber schnell an die Arbeit!
TRAPPEL TRAPPEL
Bis später ... Elly ...!
TRAPPEL TRAPPEL TRAPPEL
Ja ...
Ich frage mich, ob der Antrag bewilligt wird ...

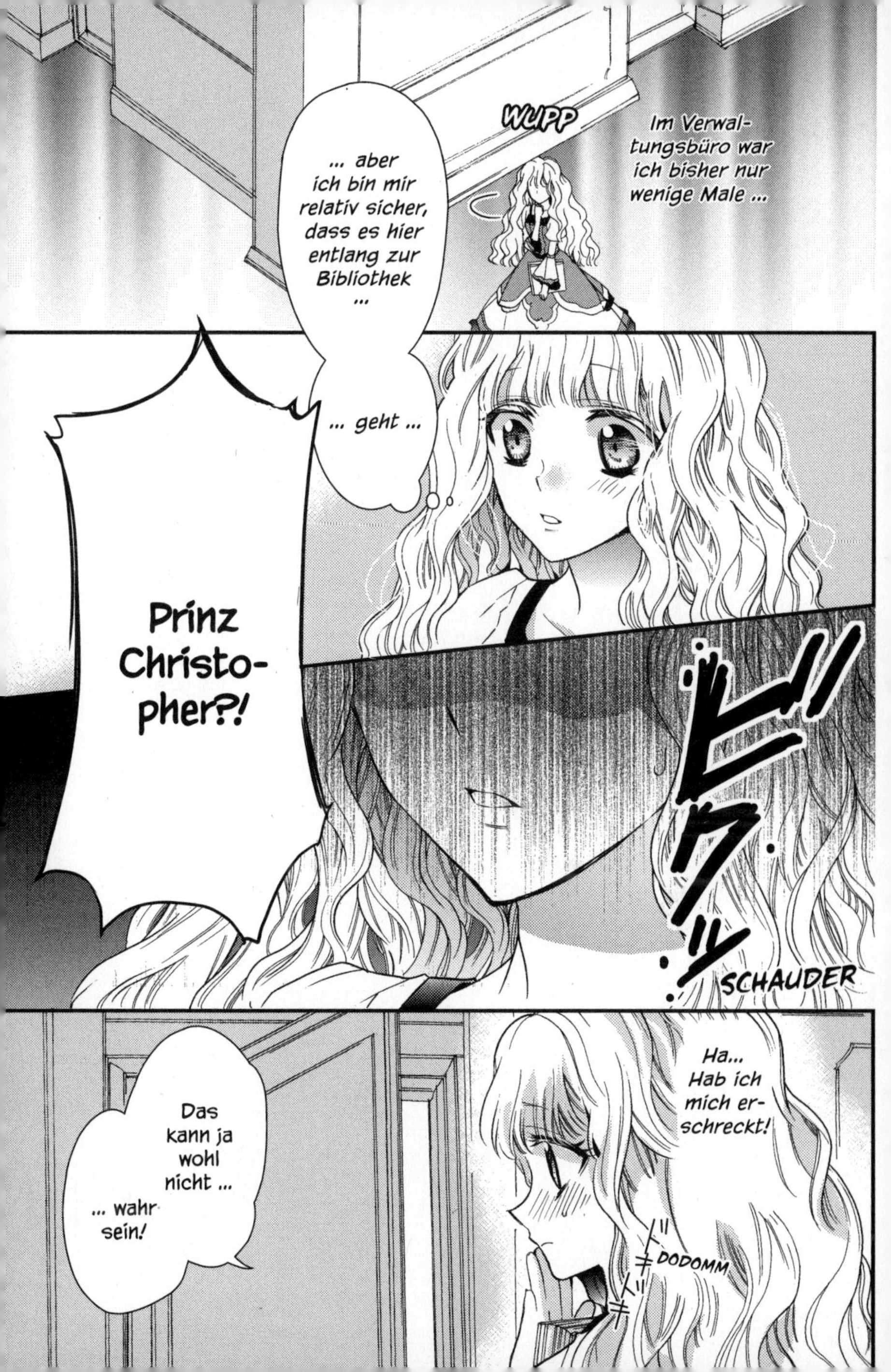
Im Verwaltungsbüro war ich bisher nur wenige Male ...
WUPP
... aber ich bin mir relativ sicher, dass es hier entlang zur Bibliothek ...
... geht ...
Prinz Christopher?!
SCHAUDER
Ha... Hab ich mich erschreckt!
DODOMM
Das kann ja wohl nicht ...
... wahr sein!

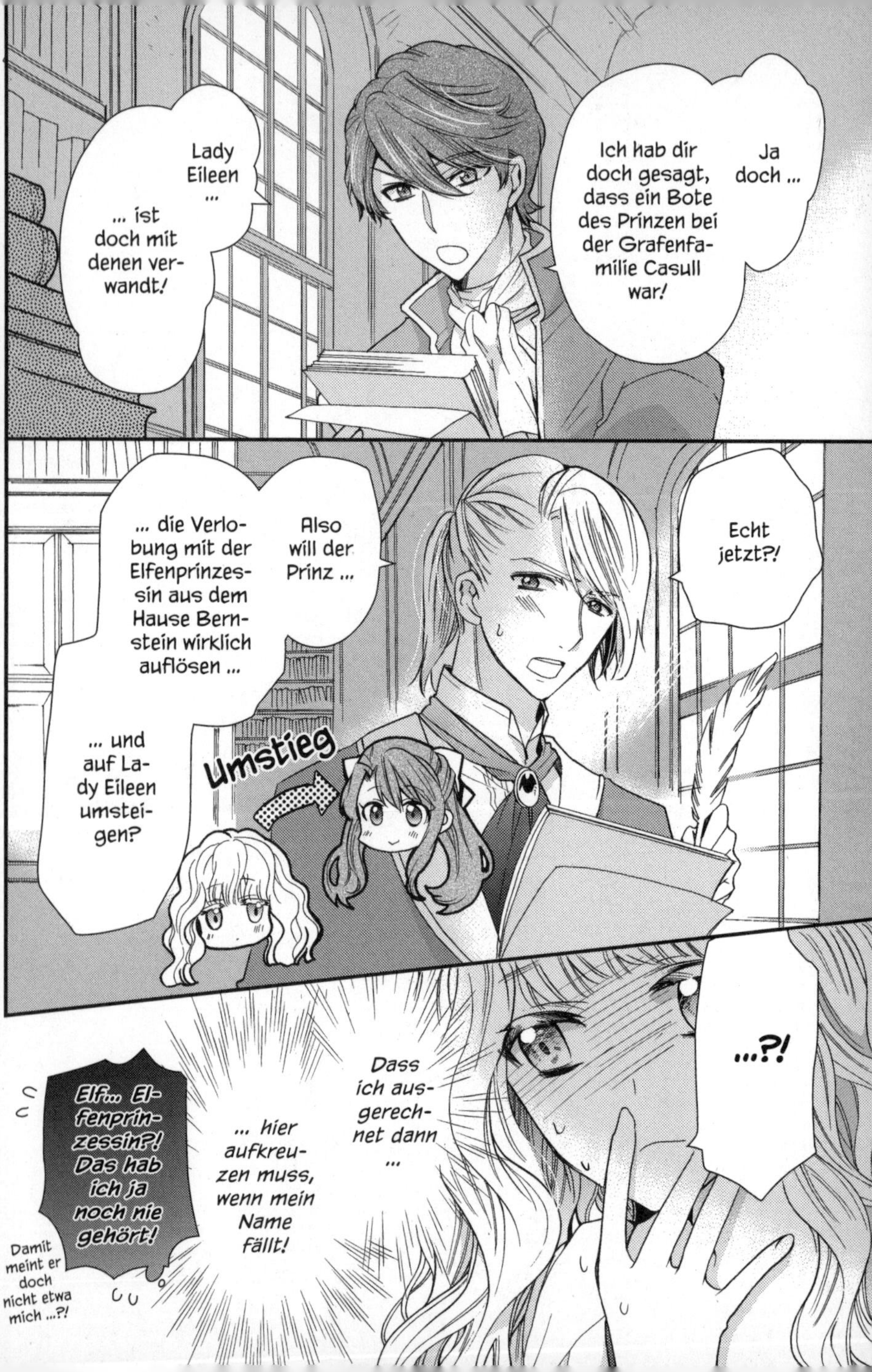
Ja doch ...
Ich hab dir doch gesagt, dass ein Bote des Prinzen bei der Grafenfamilie Casull war!
Lady Eileen ...
... ist doch mit denen verwandt!
Echt jetzt?!
Also will der Prinz ...
... die Verlobung mit der Elfenprinzessin aus dem Hause Bernstein wirklich auflösen ...
... und auf Lady Eileen umsteigen?
Umstieg
...?!
Dass ich ausgerechnet dann ...
... hier aufkreuzen muss, wenn mein Name fällt!
Elf... Elfenprinzessin?! Das hab ich ja noch nie gehört!
Damit meint er doch nicht etwa mich ...?!

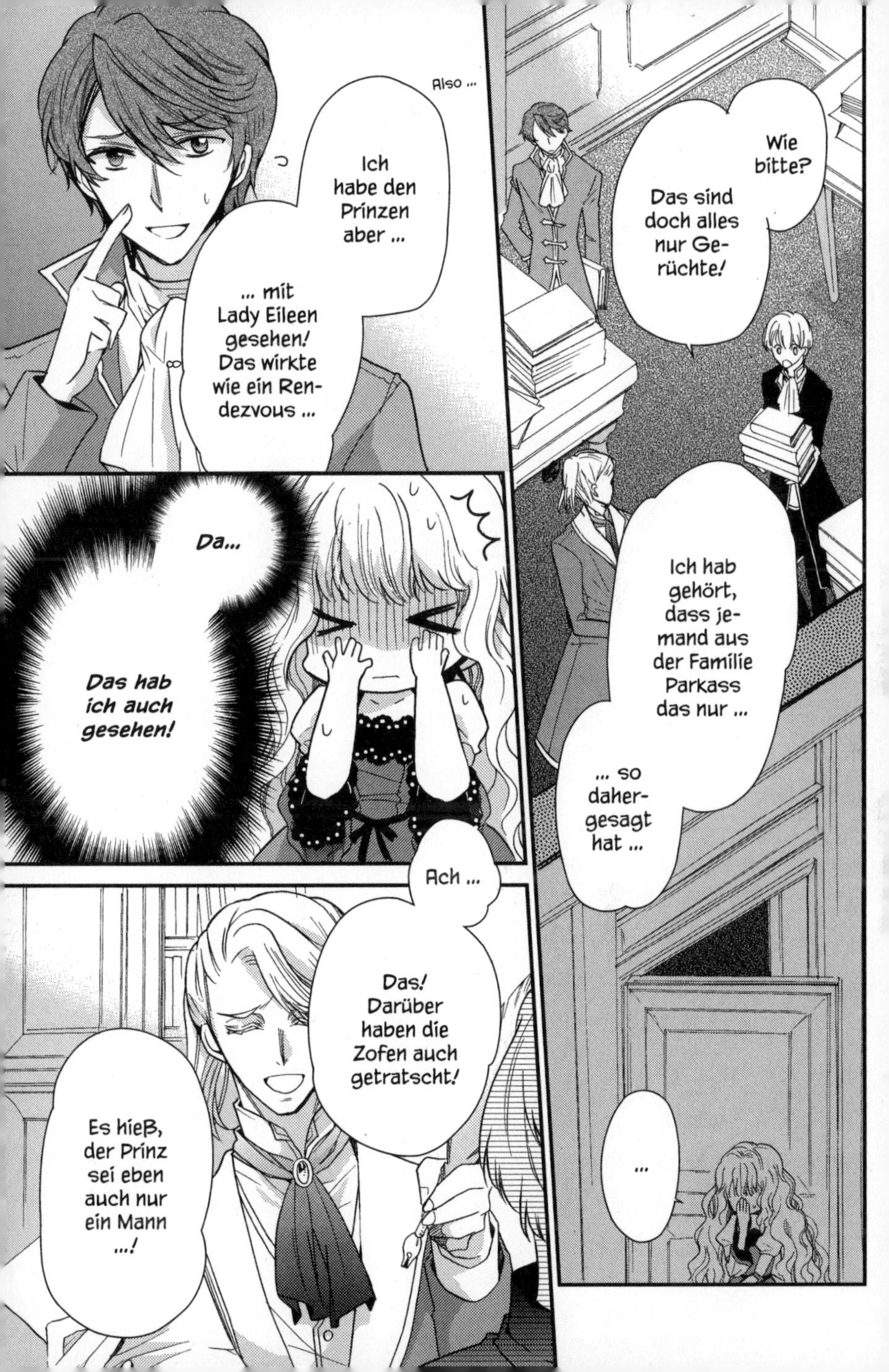

Wie bitte?
Das sind doch alles nur Gerüchte!
Ich hab gehört, dass jemand aus der Familie Parkass das nur ...
... so dahergesagt hat ...
...
Also ...
Ich habe den Prinzen aber ...
... mit Lady Eileen gesehen! Das wirkte wie ein Rendezvous ...
Da...
Das hab ich auch gesehen!
Ach ...
Das! Darüber haben die Zofen auch getratscht!
Es hieß, der Prinz sei eben auch nur ein Mann ...!

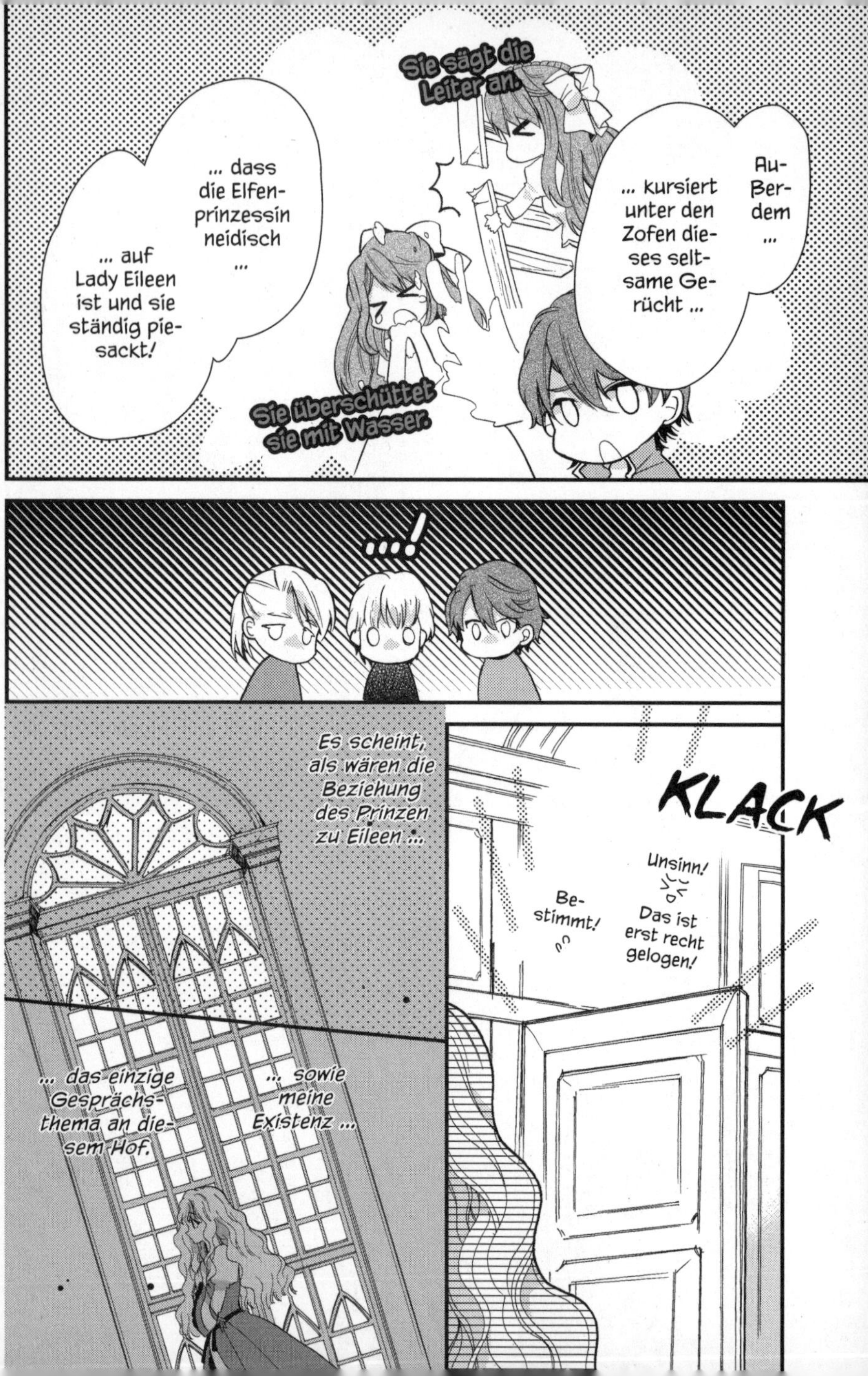

Außerdem ...
... kursiert unter den Zofen dieses seltsame Gerücht ...
Sie sägt die Leiter an.
... dass die Elfenprinzessin neidisch ...
... auf Lady Eileen ist und sie ständig piesackt!
Sie überschüttet sie mit Wasser.
...!
KLACK
Unsinn! Das ist erst recht gelogen!
Bestimmt!
Es scheint, als wären die Beziehung des Prinzen zu Eileen ...
... sowie meine Existenz ...
... das einzige Gesprächsthema an diesem Hof.

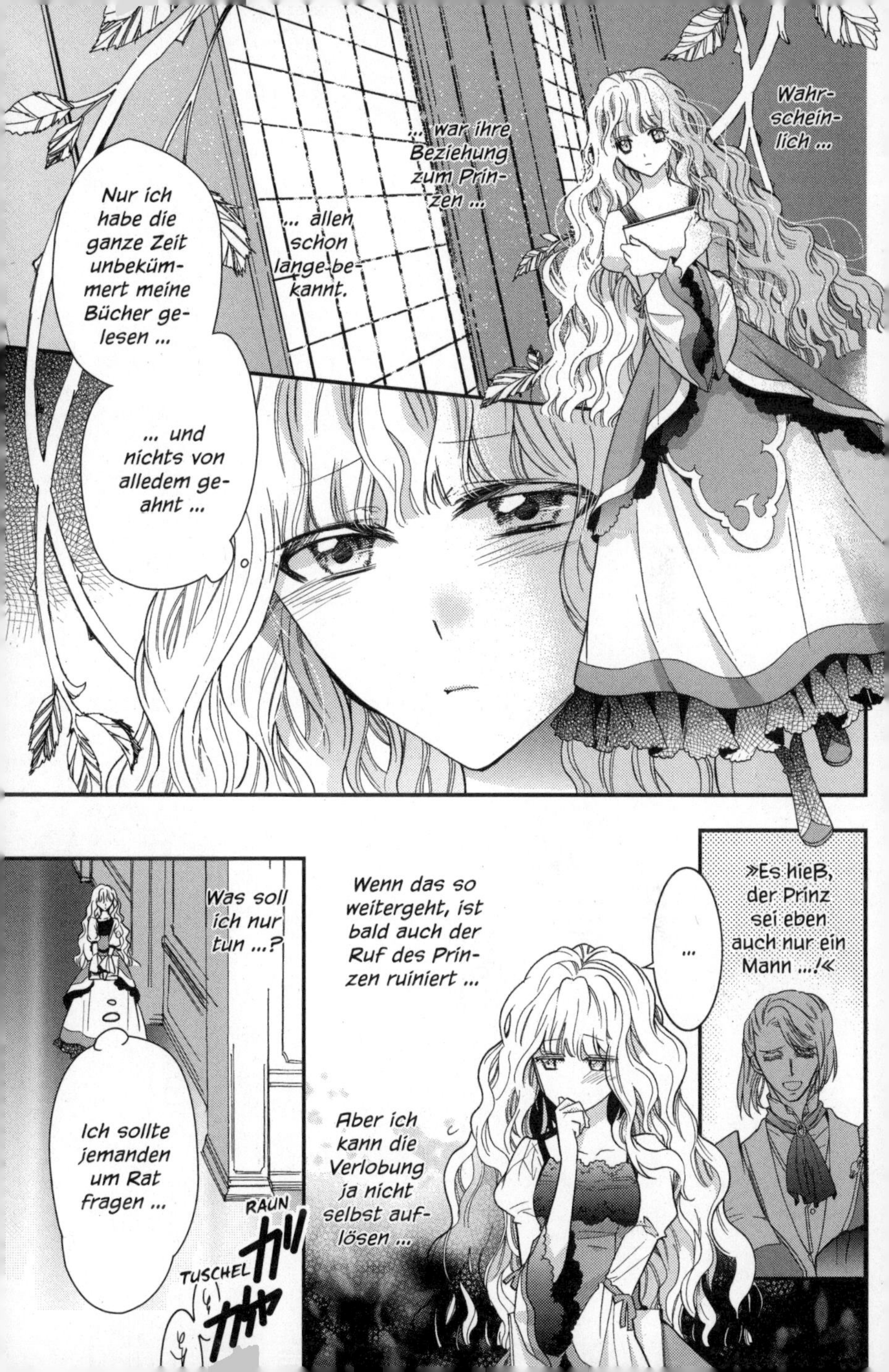

Wahrscheinlich ...
... war ihre Beziehung zum Prinzen ...
... allen schon lange bekannt.
Nur ich habe die ganze Zeit unbekümmert meine Bücher gelesen ...
... und nichts von alledem geahnt ...
»Es hieß, der Prinz sei eben auch nur ein Mann ...!«
...
Wenn das so weitergeht, ist bald auch der Ruf des Prinzen ruiniert ...
Aber ich kann die Verlobung ja nicht selbst auflösen ...
Was soll ich nur tun ...?
Ich sollte jemanden um Rat fragen ...
RAUN
TUSCHEL

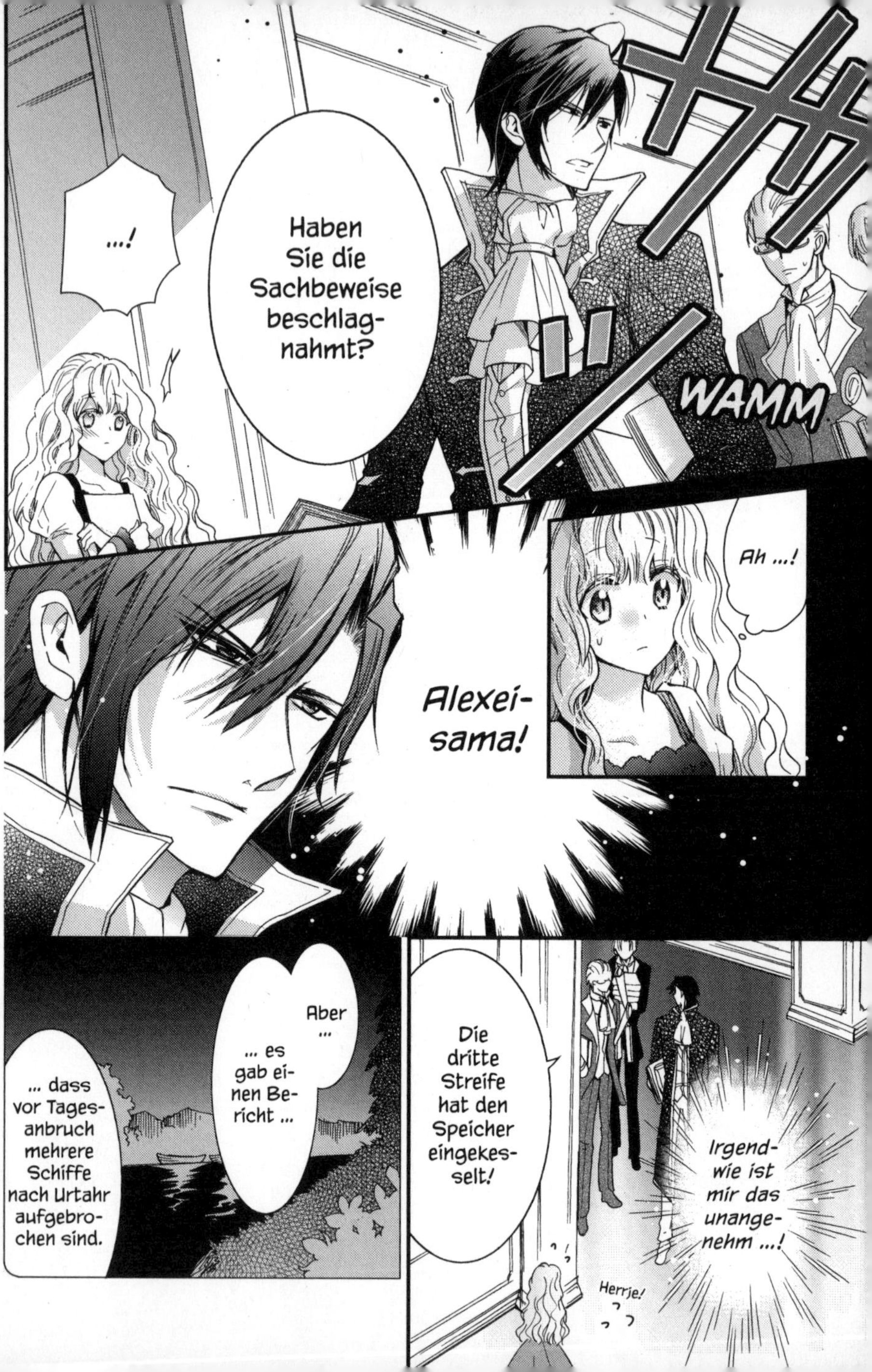
WAMM
Haben Sie die Sachbeweise beschlag-nahmt?
…!
Ah …!
Alexei-sama!
Die dritte Streife hat den Speicher eingekes-selt!
Irgend-wie ist mir das unange-nehm …!
Herrje!
Aber …
… es gab ei-nen Be-richt …
… dass vor Tages-anbruch mehrere Schiffe nach Urtahr aufgebro-chen sind.

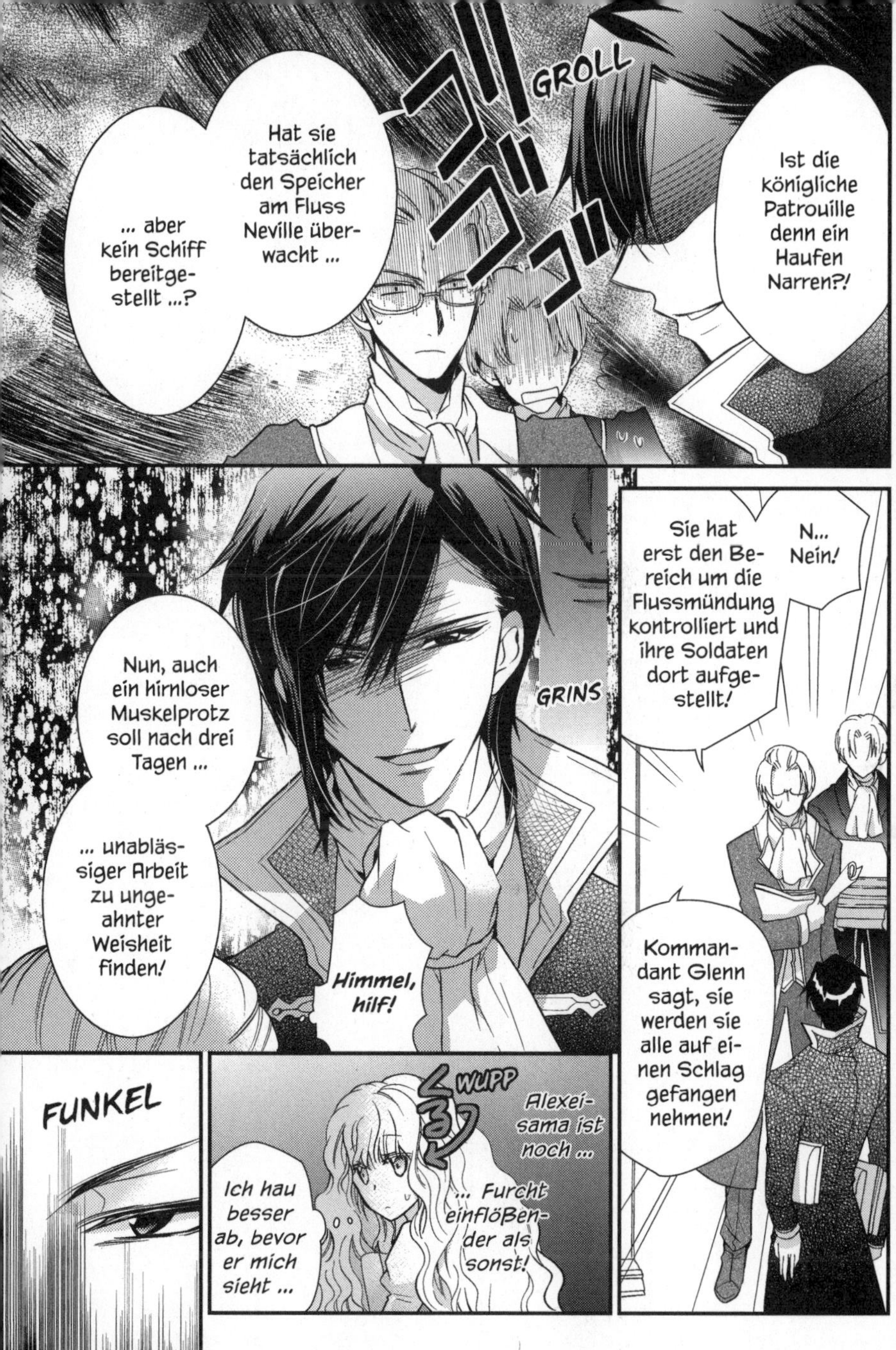
Ist die königliche Patrouille denn ein Haufen Narren?!
GROLL
Hat sie tatsächlich den Speicher am Fluss Neville überwacht ...
... aber kein Schiff bereitgestellt ...?
N... Nein!
Sie hat erst den Bereich um die Flussmündung kontrolliert und ihre Soldaten dort aufgestellt!
Kommandant Glenn sagt, sie werden sie alle auf einen Schlag gefangen nehmen!
GRINS
Nun, auch ein hirnloser Muskelprotz soll nach drei Tagen ...
... unablässiger Arbeit zu ungeahnter Weisheit finden!
Himmel, hilf!
Alexei-sama ist noch ...
... Furcht einflößender als sonst!
WUPP
Ich hau besser ab, bevor er mich sieht ...
FUNKEL

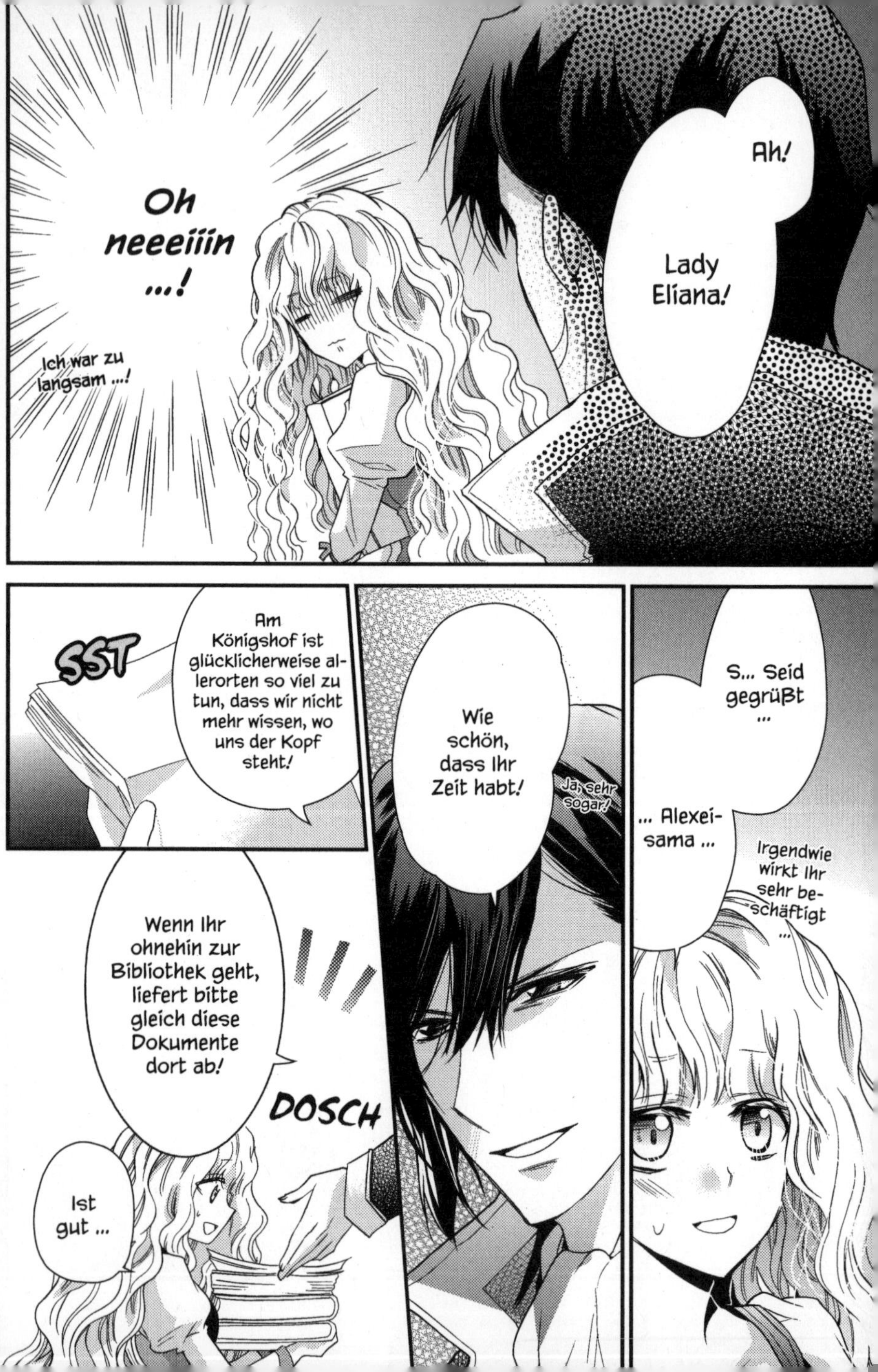

Ah!
Lady Eliana!
Oh neeeiiin ...!
Ich war zu langsam ...!
S... Seid gegrüßt ...
... Alexei-sama ...
Irgendwie wirkt Ihr sehr beschäftigt ...
Wie schön, dass Ihr Zeit habt!
Ja, sehr sogar!
SST
Am Königshof ist glücklicherweise allerorten so viel zu tun, dass wir nicht mehr wissen, wo uns der Kopf steht!
Wenn Ihr ohnehin zur Bibliothek geht, liefert bitte gleich diese Dokumente dort ab!
DOSCH
Ist gut ...

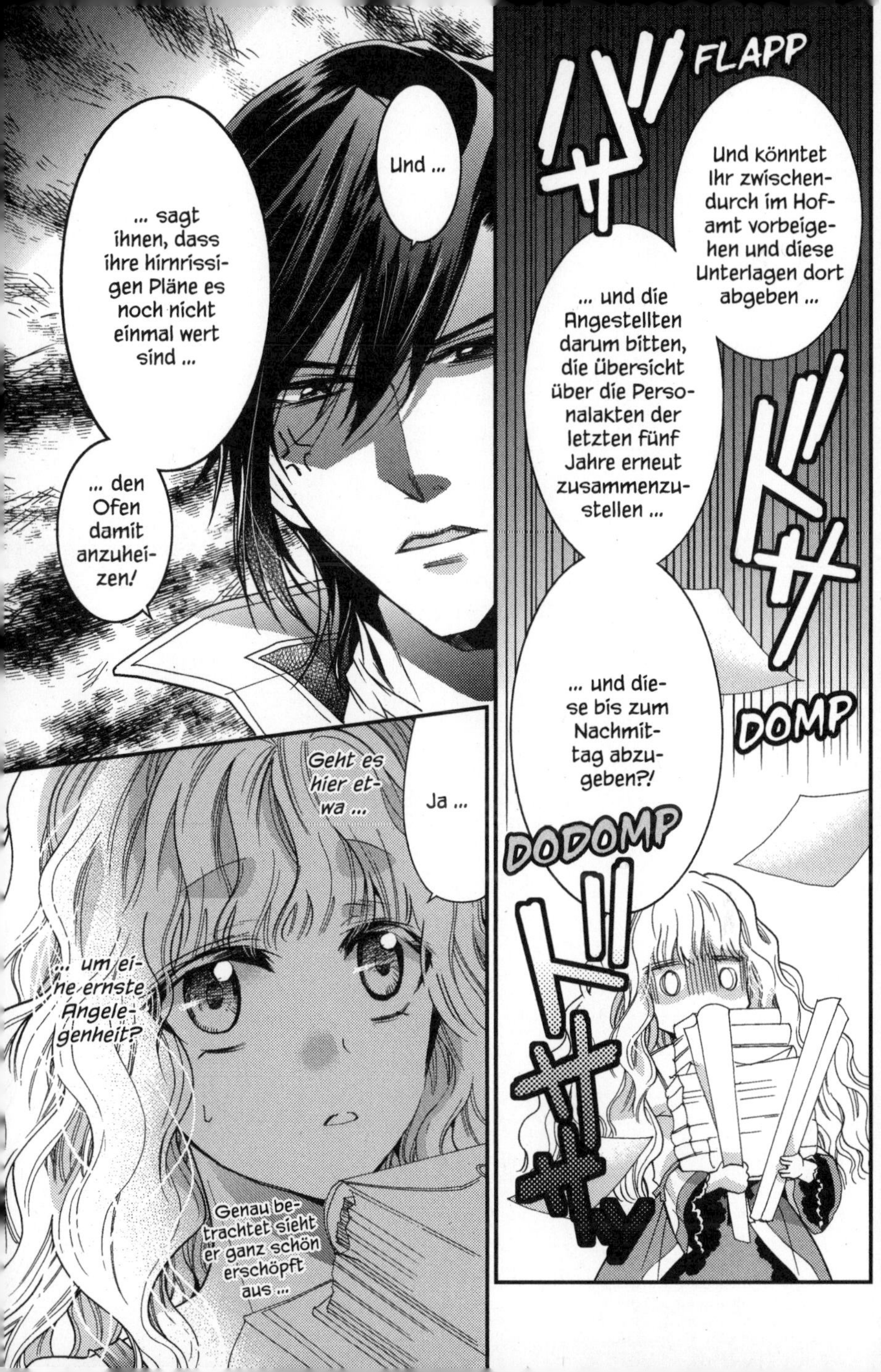
FLAPP
Und könntet Ihr zwischendurch im Hofamt vorbeigehen und diese Unterlagen dort abgeben ...
... und die Angestellten darum bitten, die übersicht über die Personalakten der letzten fünf Jahre erneut zusammenzustellen ...
... und diese bis zum Nachmittag abzugeben?!
DOMP
DODOMP
Und ...
... sagt ihnen, dass ihre hirnrissigen Pläne es noch nicht einmal wert sind ...
... den Ofen damit anzuheizen!
Geht es hier etwa ...
Ja ...
... um eine ernste Angelegenheit?
Genau betrachtet sieht er ganz schön erschöpft aus ...

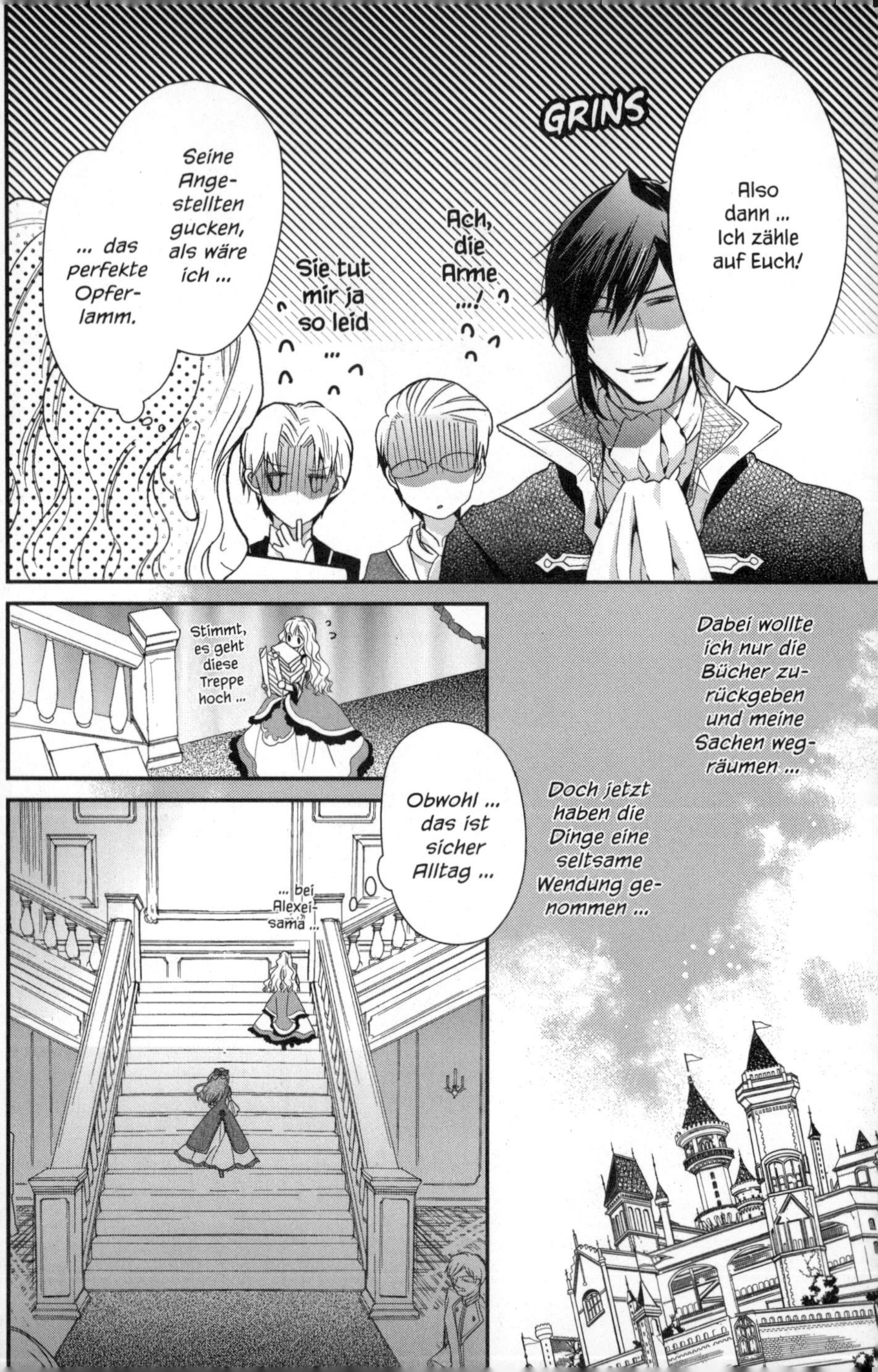
GRINS
Also dann ... Ich zähle auf Euch!
Ach, die Arme ...!
Sie tut mir ja so leid ...
Seine Angestellten gucken, als wäre ich ...
... das perfekte Opferlamm.
Dabei wollte ich nur die Bücher zurückgeben und meine Sachen wegräumen ...
Doch jetzt haben die Dinge eine seltsame Wendung genommen ...
Stimmt, es geht diese Treppe hoch ...
Obwohl ... das ist sicher Alltag ...
... bei Alexei-sama ...

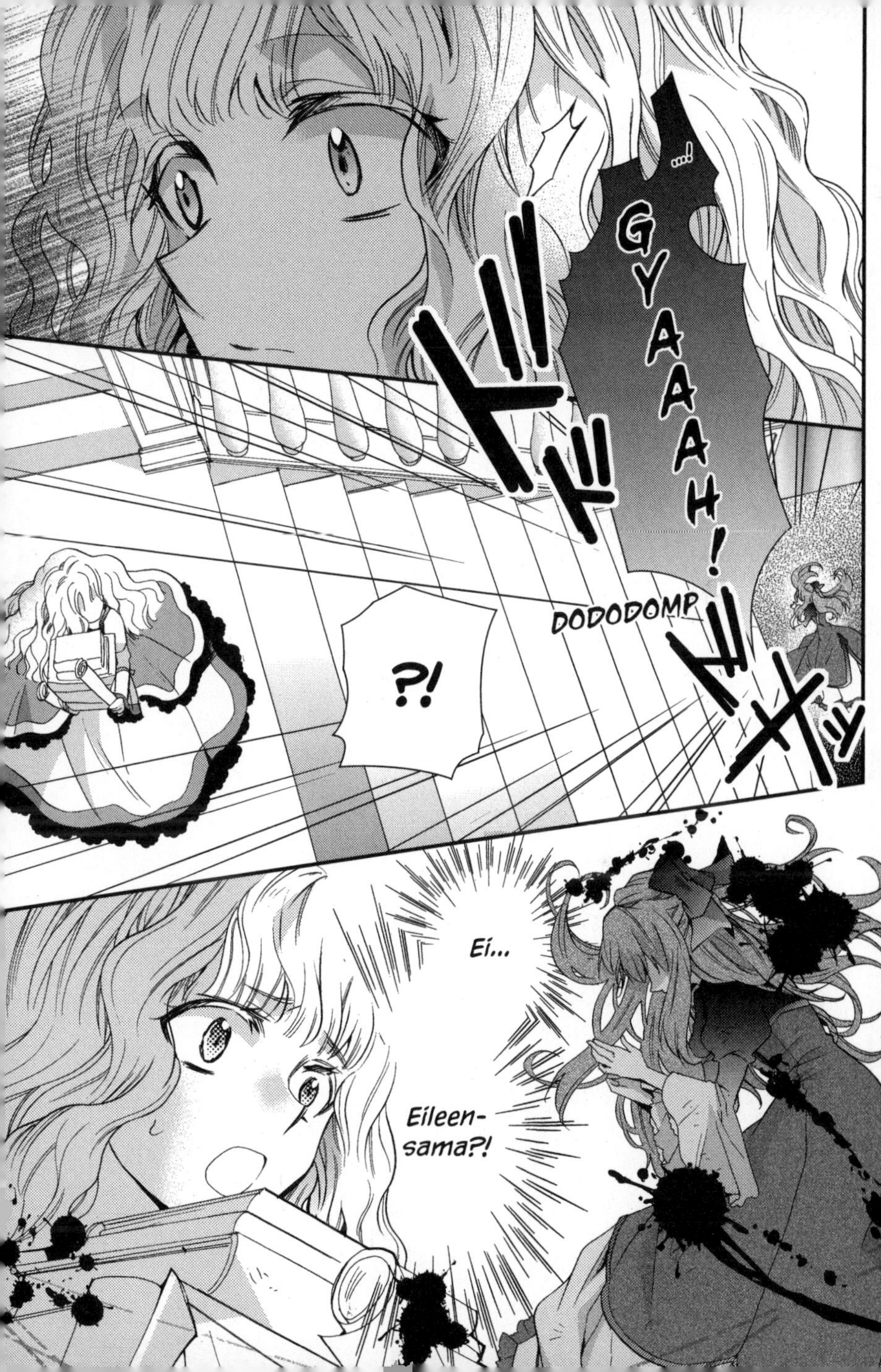
...!
GYAAAH!
DODODOMP
?!
Ei...
Eileen-sama?!

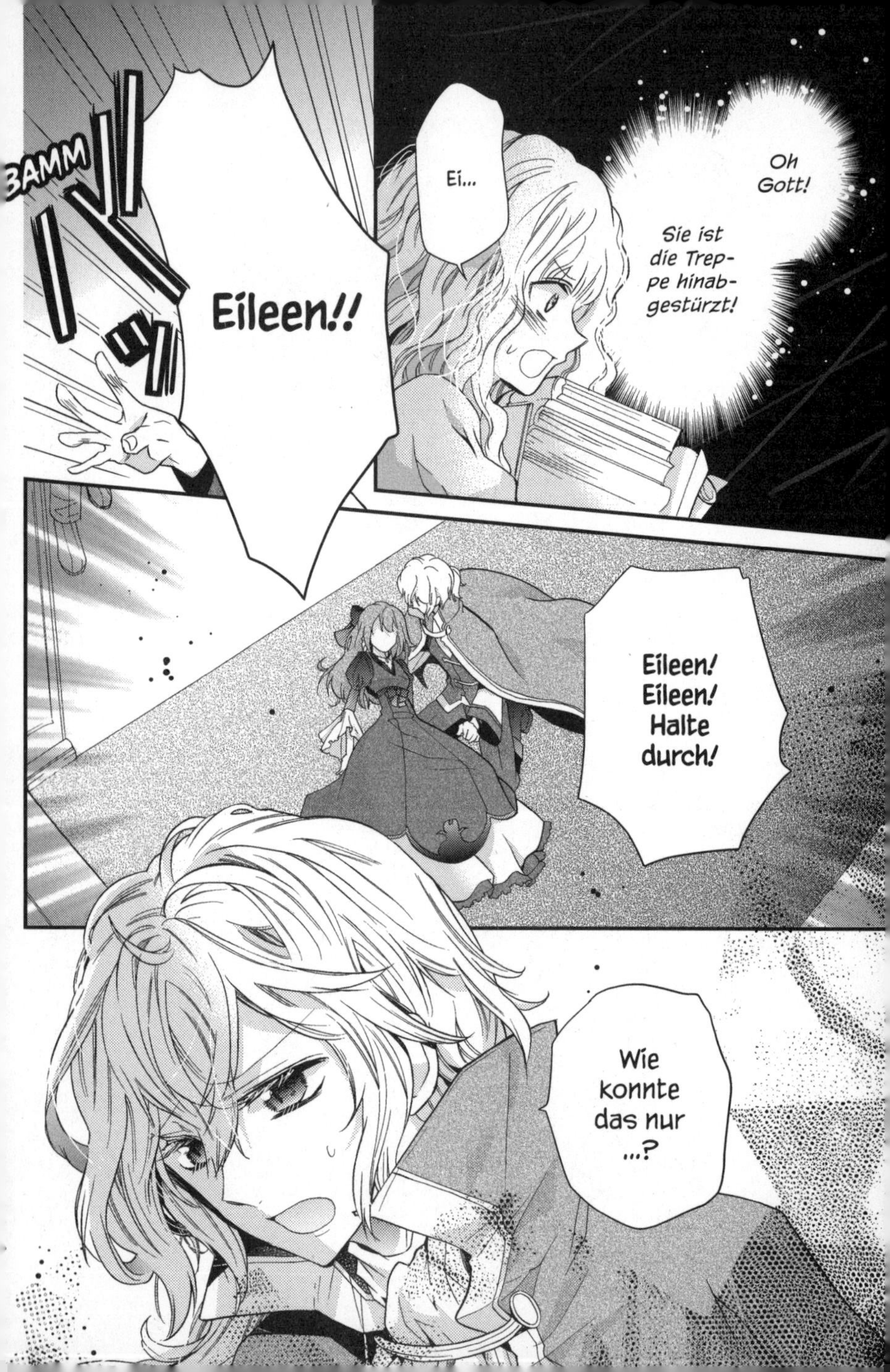
Oh Gott!
Sie ist die Treppe hinabgestürzt!
Ei...
BAMM
Eileen!!
Eileen! Eileen! Halte durch!
Wie konnte das nur ...?

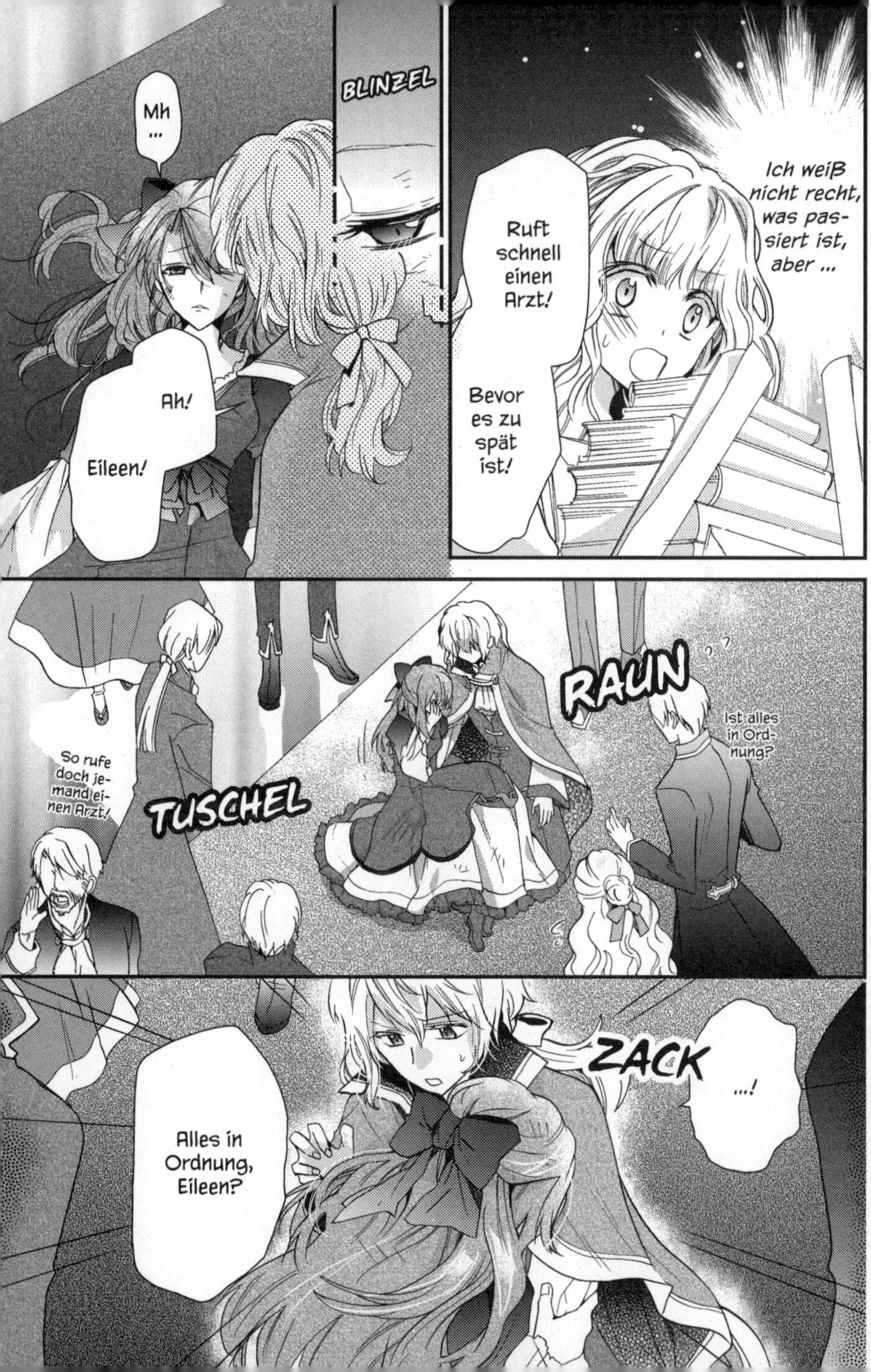

Ich weiß nicht recht, was passiert ist, aber ...
Ruft schnell einen Arzt!
Bevor es zu spät ist!
BLINZEL
Mh ...
Ah!
Eileen!
RAUN
Ist alles in Ordnung?
TUSCHEL
So rufe doch jemand einen Arzt!
ZACK
...!
Alles in Ordnung, Eileen?

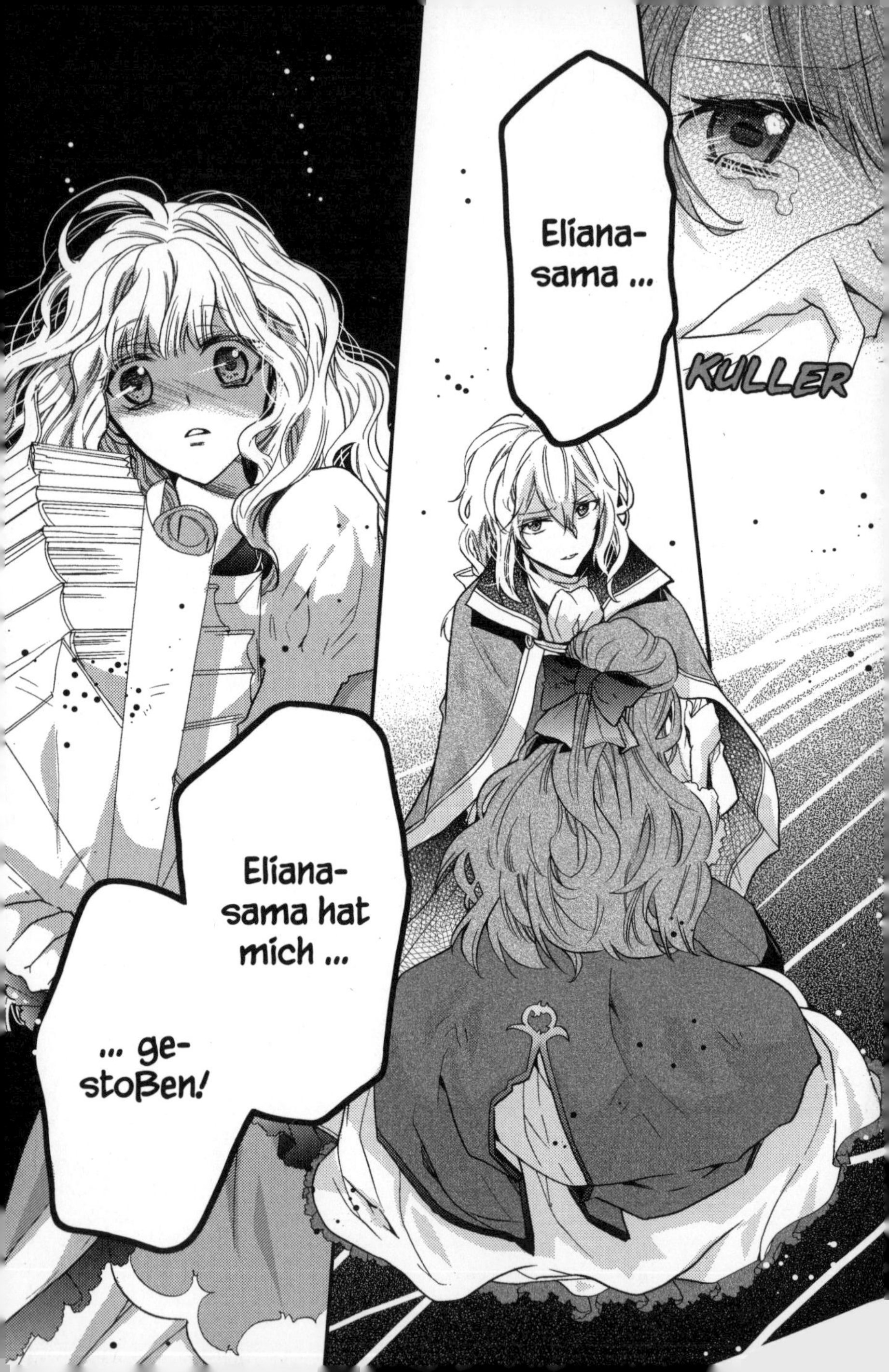
Eliana-sama ...
KULLER
Eliana-sama hat mich ...
... ge-stoßen!

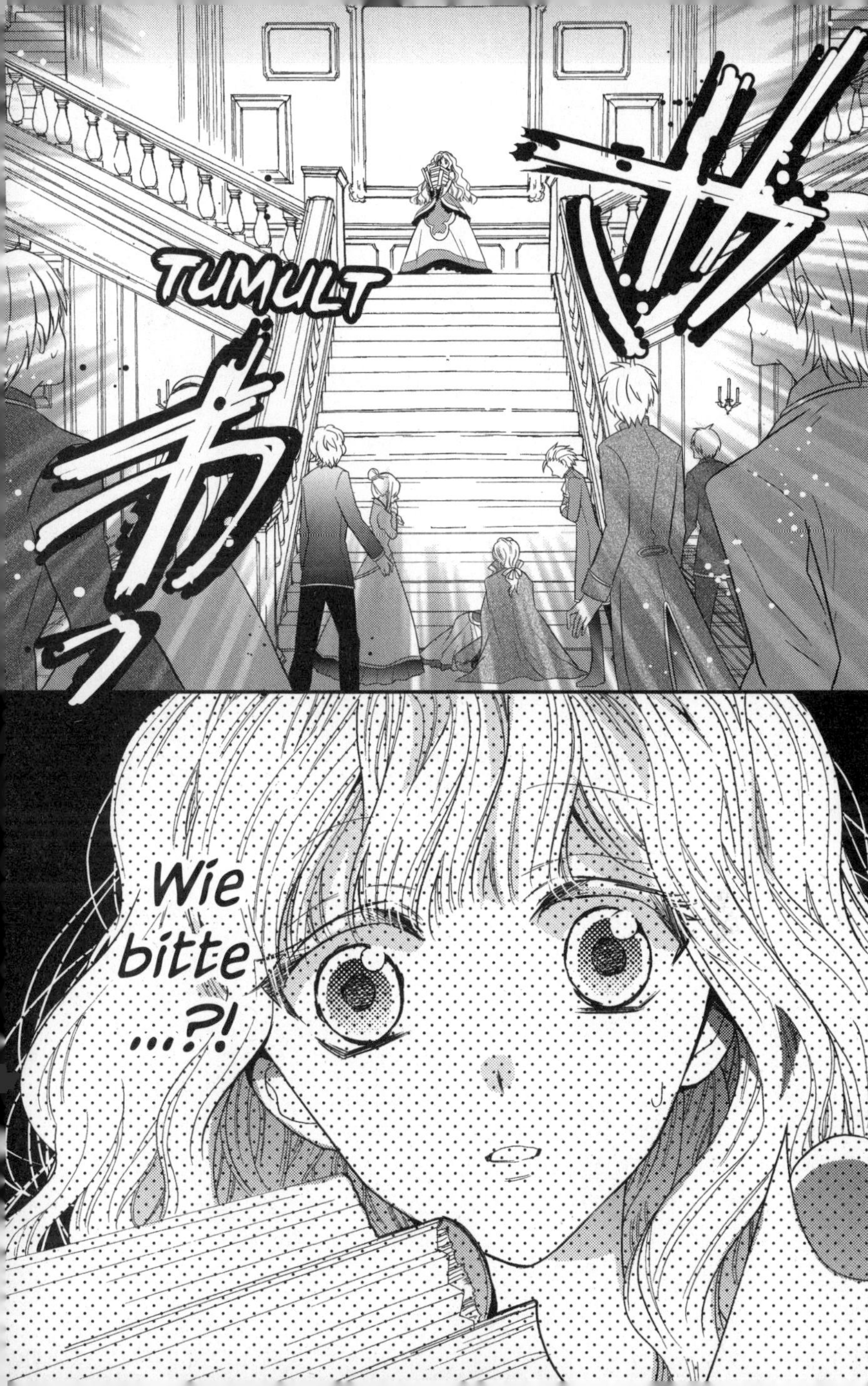
TUMULT
ザワ
ガッ
Wie bitte ...?!

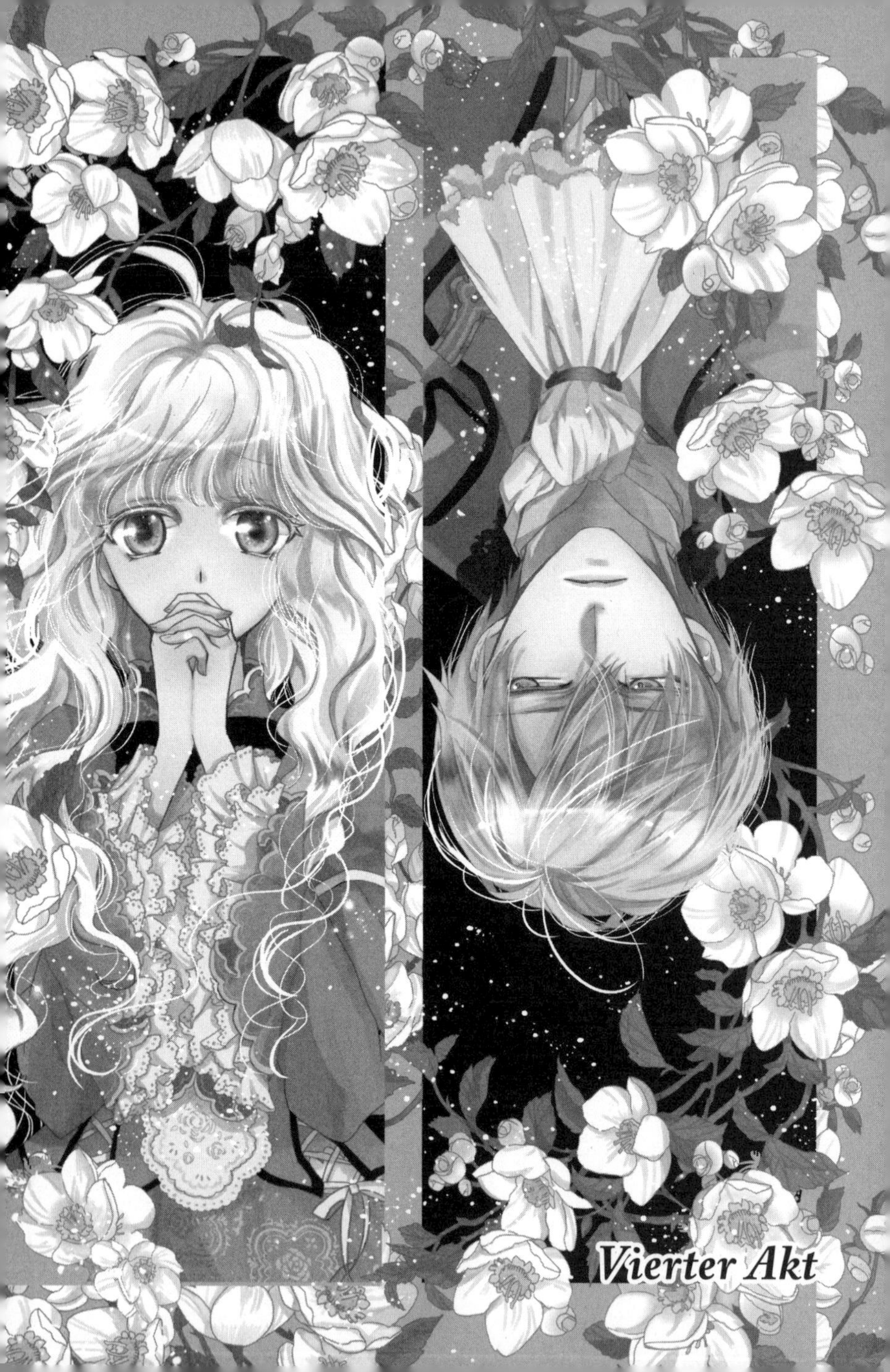
Vierter Akt

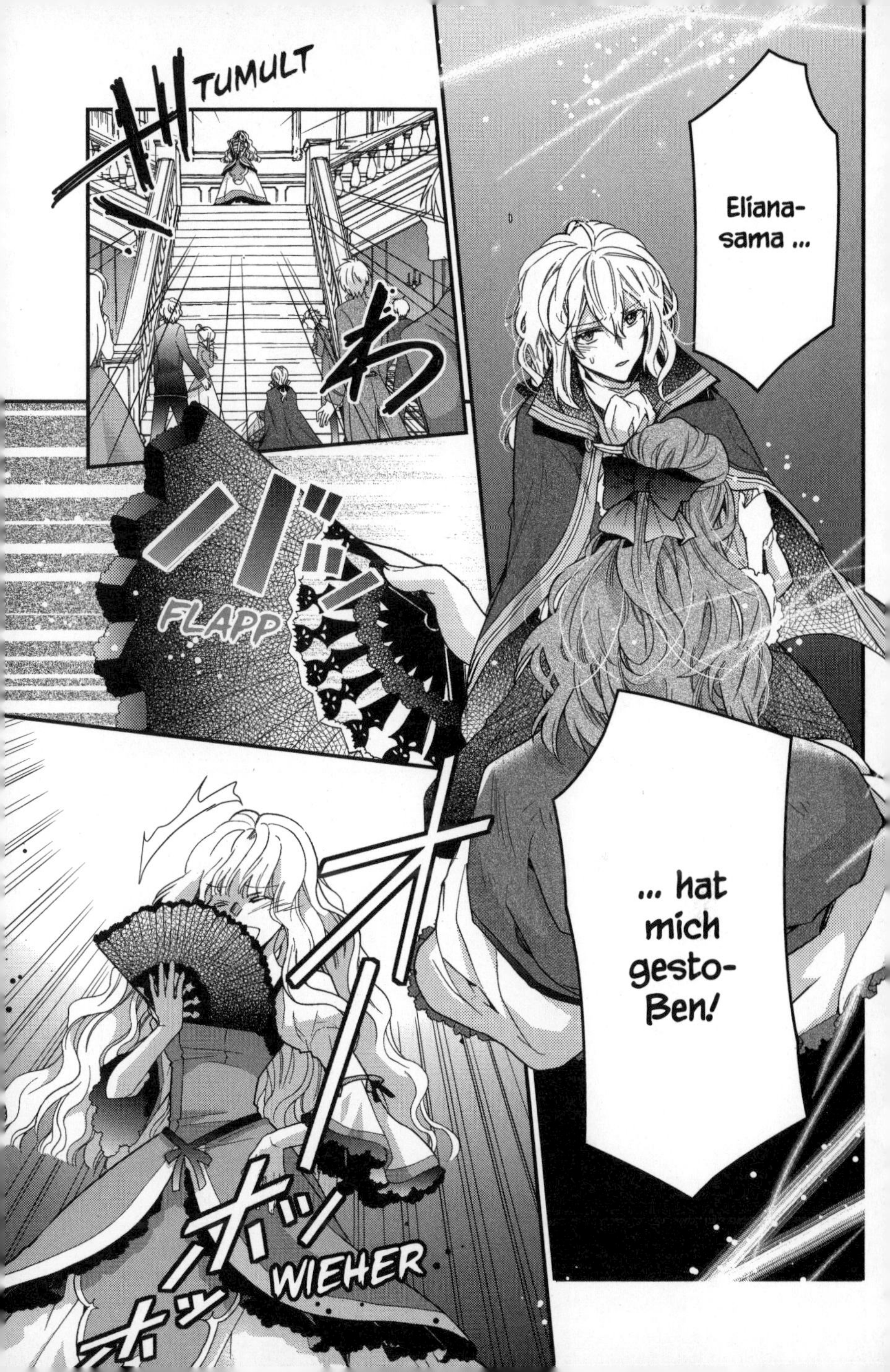
Eliana-
sama ...
TUMULT
FLAPP
... hat
mich
gesto-
ßen!
WIEHER

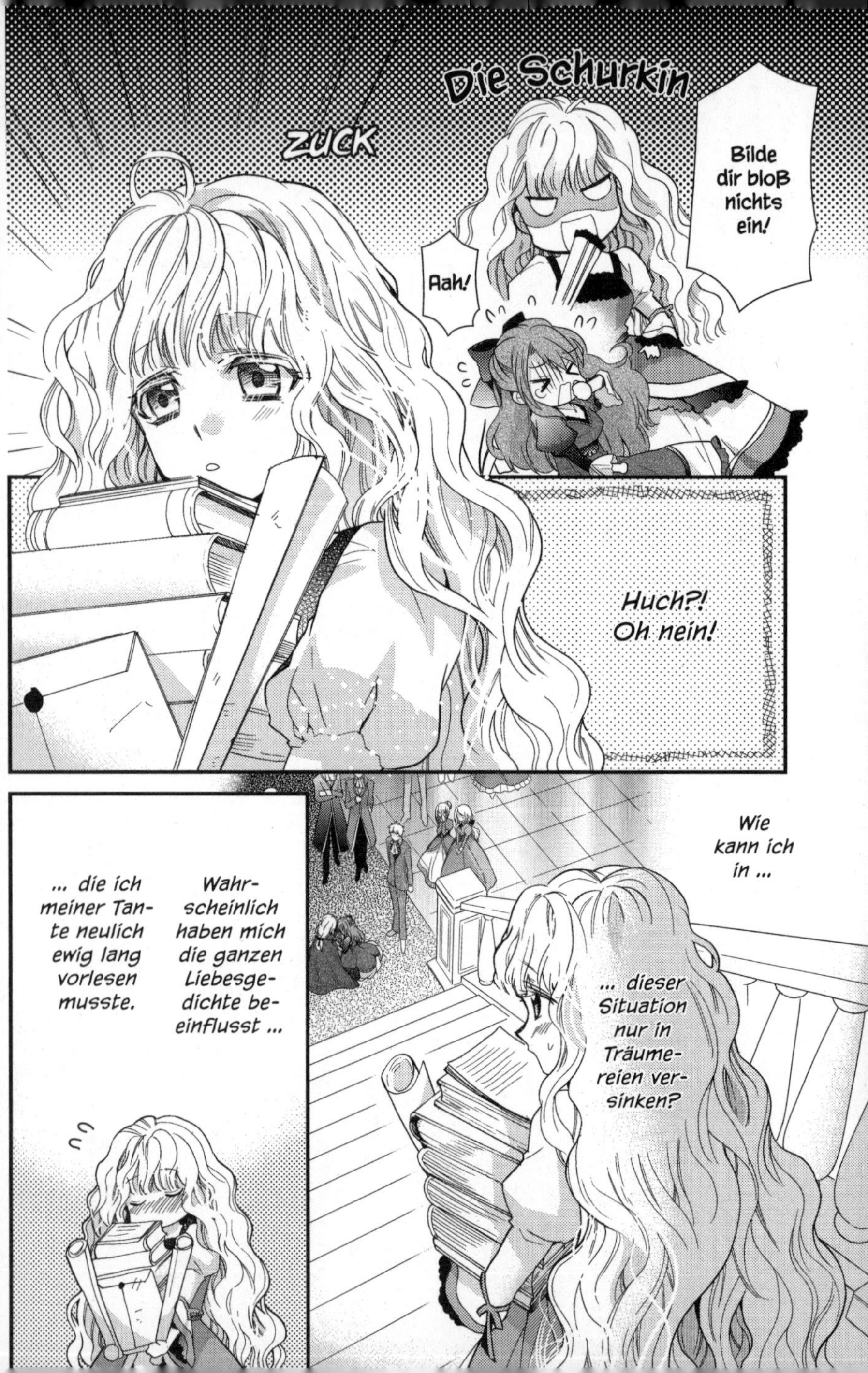

Die Schurkin
Bilde dir bloß nichts ein!
ZUCK
Aah!
Huch?! Oh nein!
Wie kann ich in ...
... dieser Situation nur in Träumereien versinken?
Wahrscheinlich haben mich die ganzen Liebesgedichte beeinflusst ...
... die ich meiner Tante neulich ewig lang vorlesen musste.

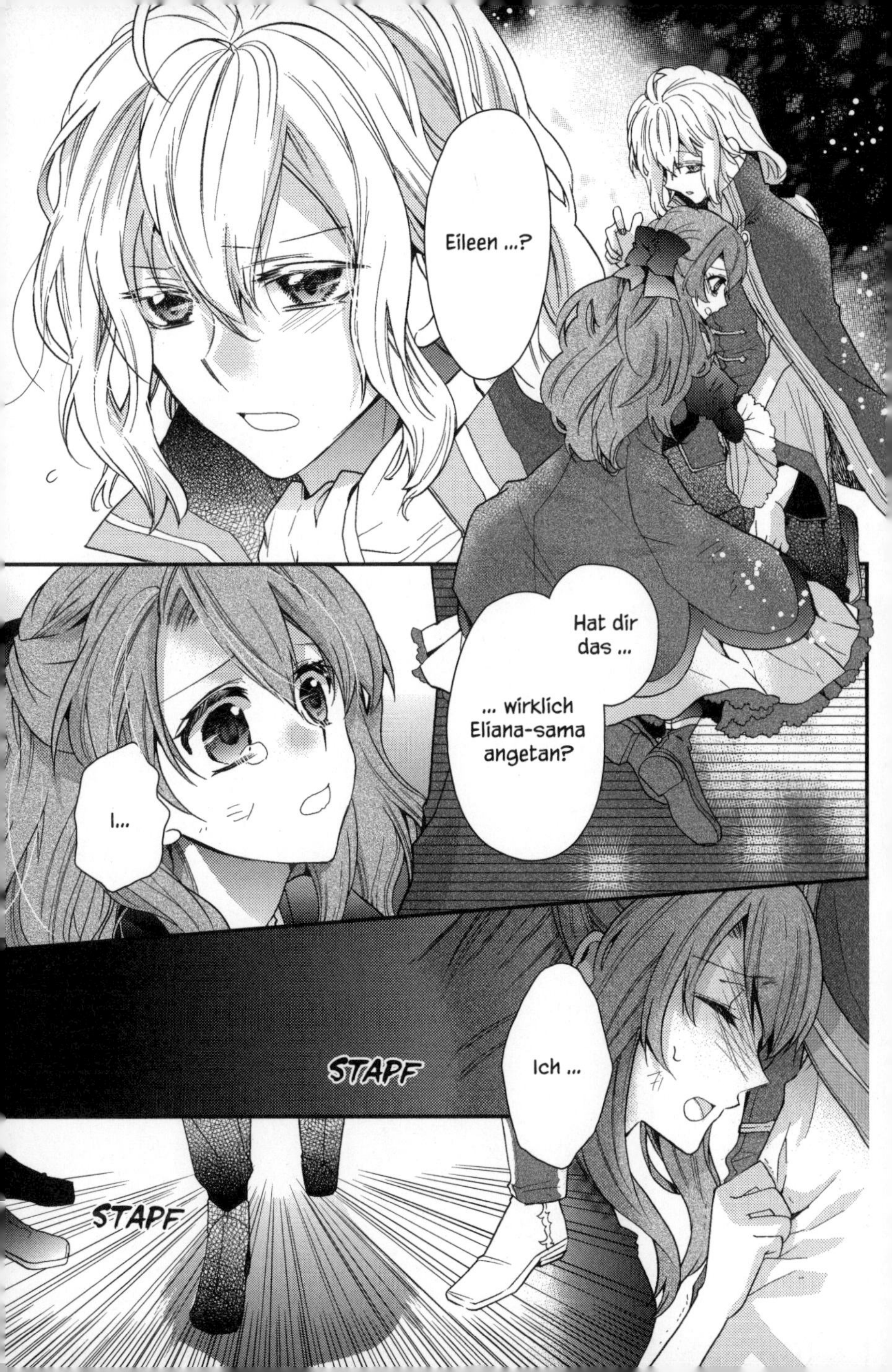
Eileen ...?
Hat dir das ...
... wirklich Eliana-sama angetan?
I...
Ich ...
STAPF
STAPF

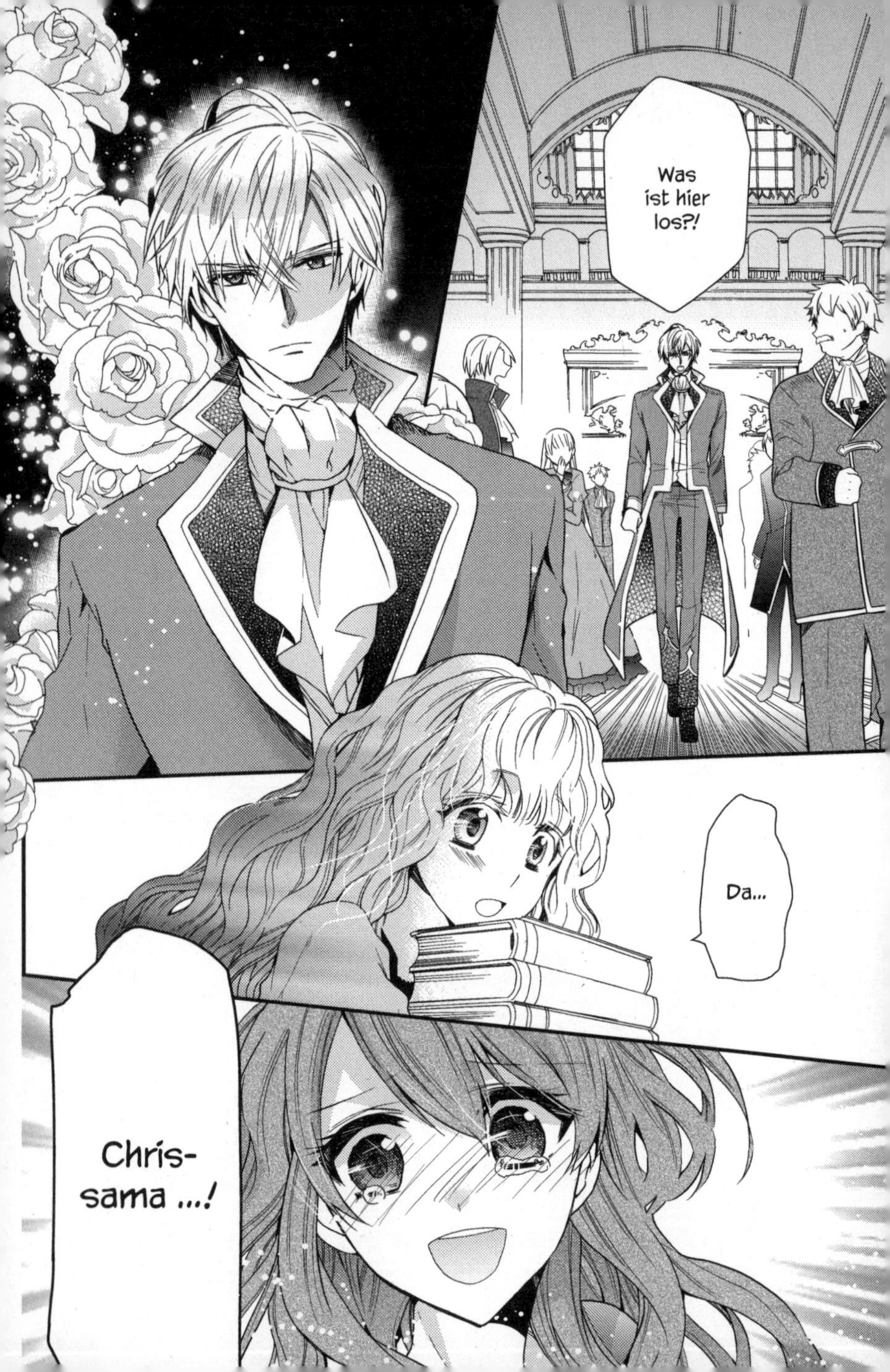
Was ist hier los?!
Da...
Chris-sama ...!

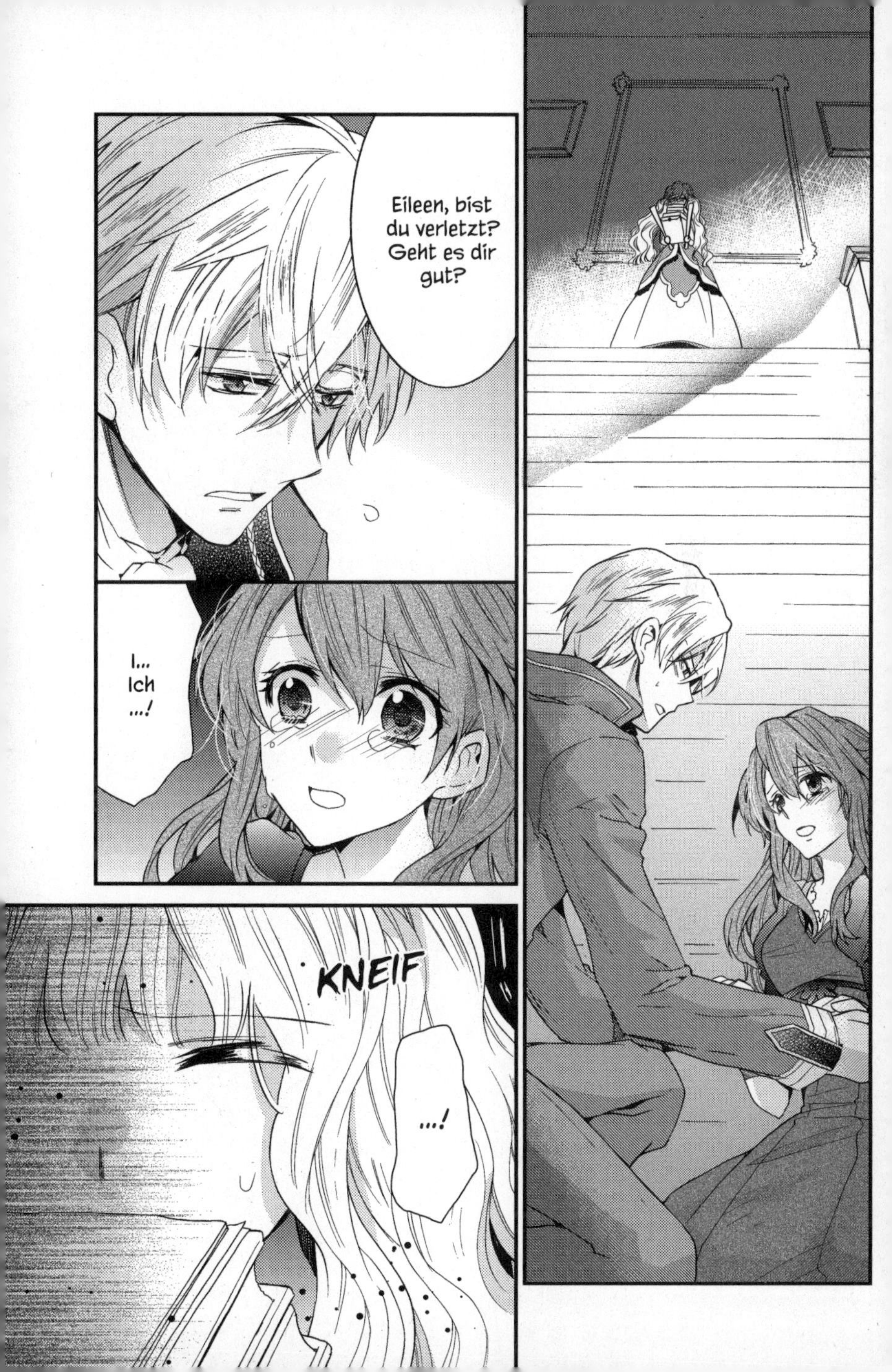
Eileen, bist du verletzt? Geht es dir gut?
I... Ich ...!
KNEIF
...!

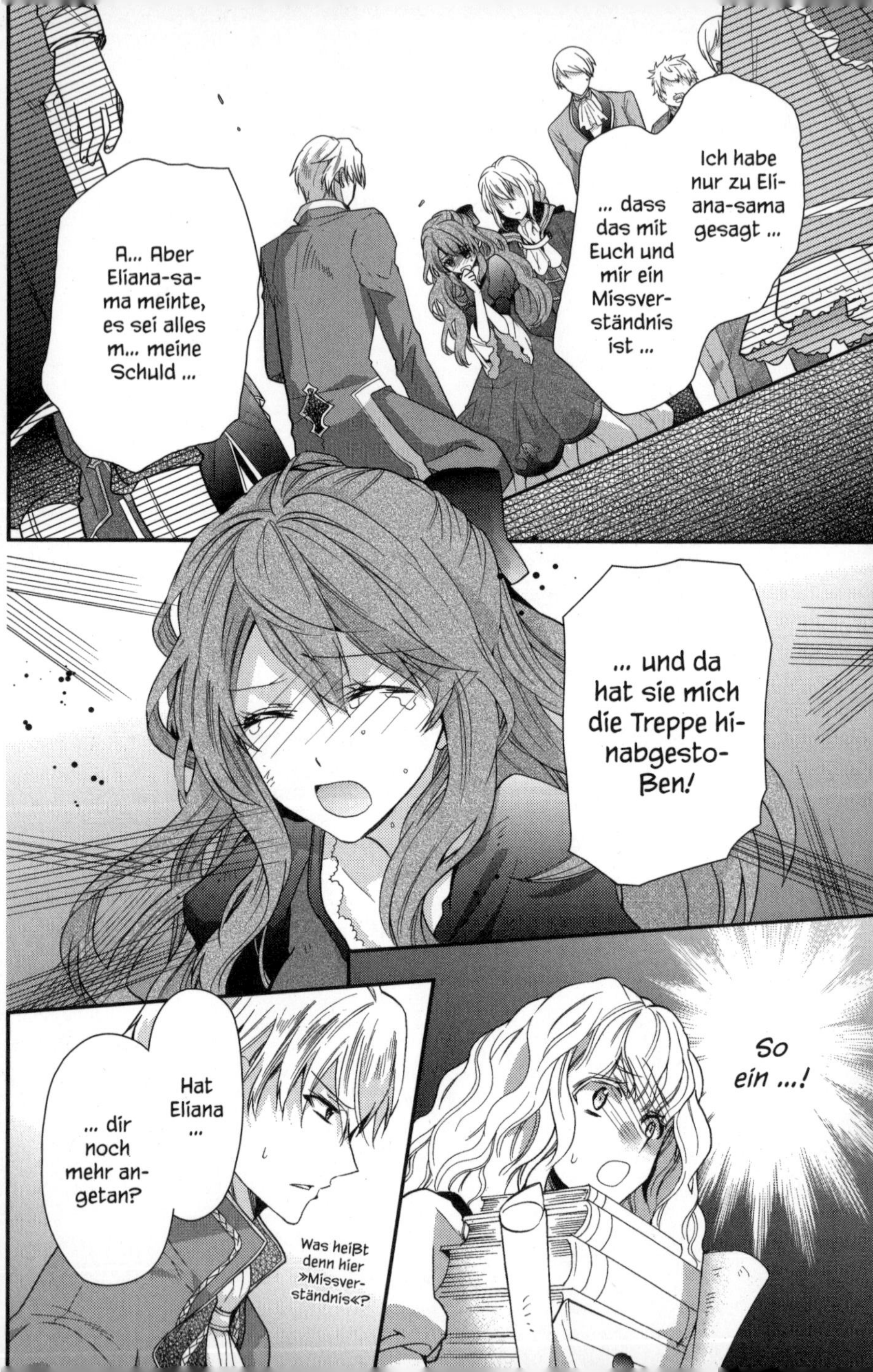

Ich habe nur zu Eliana-sama gesagt ...
... dass das mit Euch und mir ein Missverständnis ist ...
A... Aber Eliana-sama meinte, es sei alles m... meine Schuld ...
... und da hat sie mich die Treppe hinabgestoßen!
So ein ...!
Was heißt denn hier »Missverständnis«?
Hat Eliana ...
... dir noch mehr angetan?

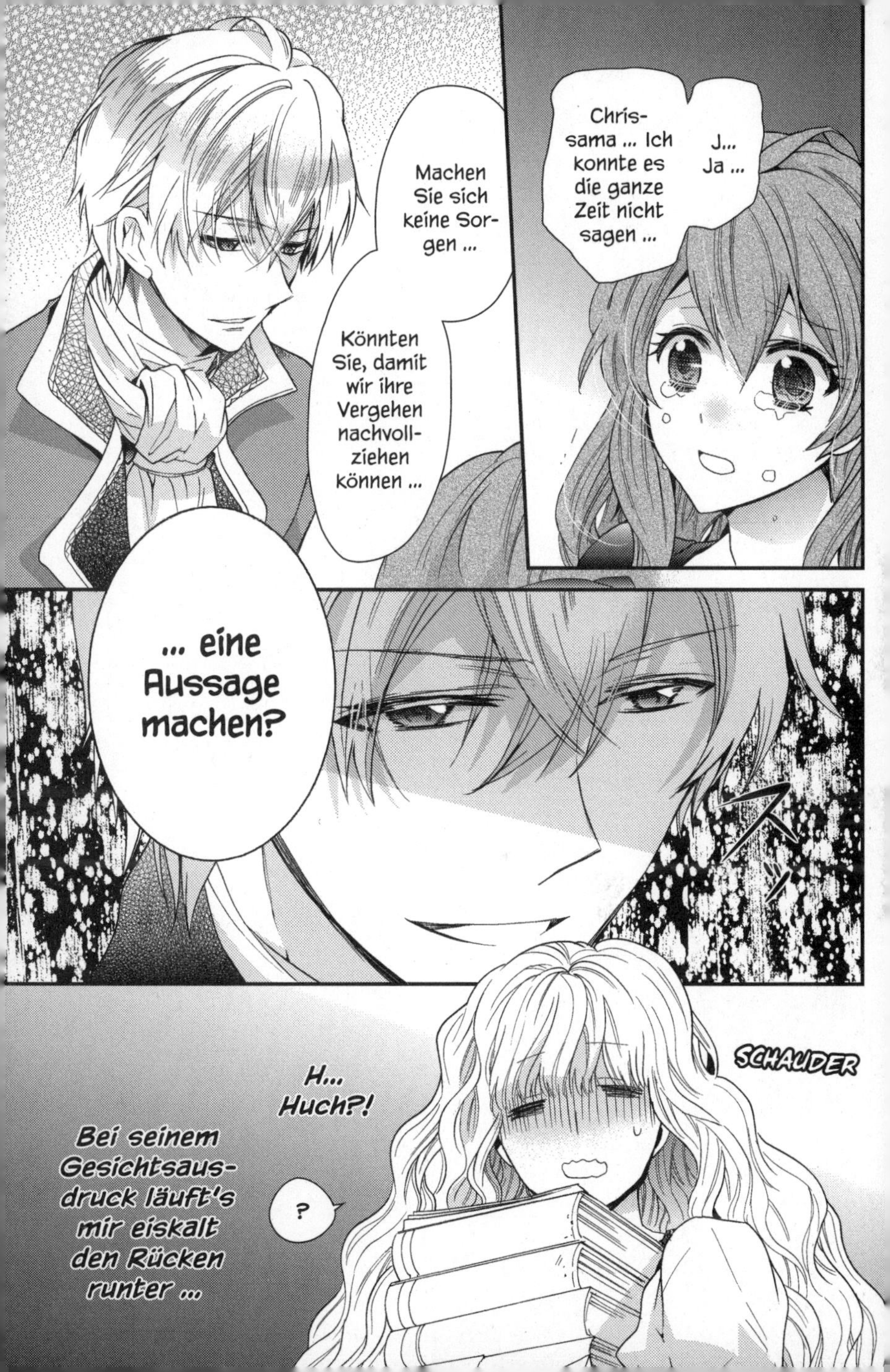
J... Ja ...
Chris-sama ... Ich konnte es die ganze Zeit nicht sagen ...
Machen Sie sich keine Sorgen ...
Könnten Sie, damit wir ihre Vergehen nachvollziehen können ...
... eine Aussage machen?
SCHAUDER
H... Huch?!
?
Bei seinem Gesichtsausdruck läuft's mir eiskalt den Rücken runter ...

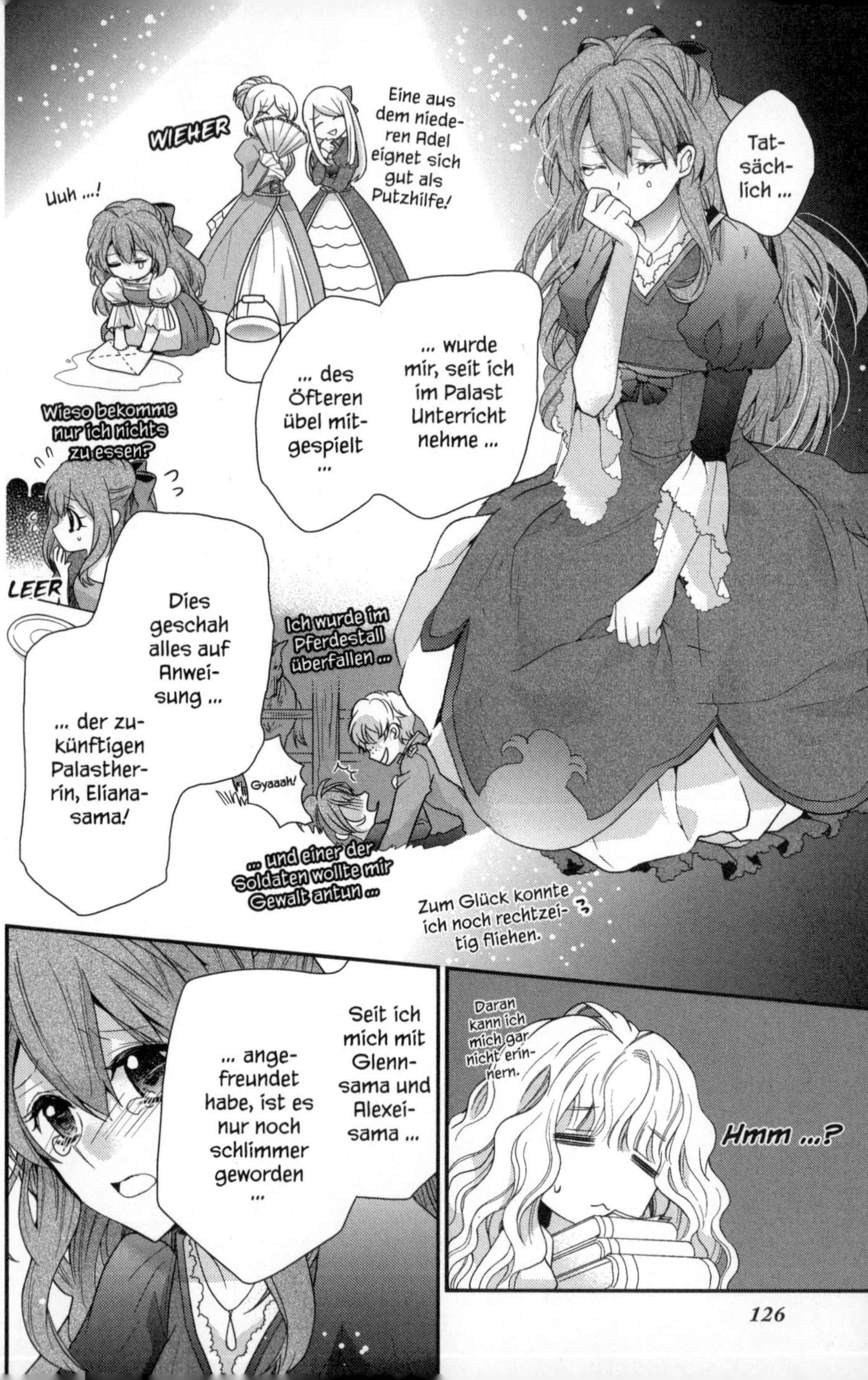
Tatsächlich ...
... wurde mir, seit ich im Palast Unterricht nehme ...
... des Öfteren übel mitgespielt ...
Eine aus dem niederen Adel eignet sich gut als Putzhilfe!
WIEHER
Uuh ...!
Wieso bekomme nur ich nichts zu essen?
LEER
Dies geschah alles auf Anweisung ...
... der zukünftigen Palastherrin, Eliana-sama!
Ich wurde im Pferdestall überfallen ...
Gyaaah!
... und einer der Soldaten wollte mir Gewalt antun ...
Zum Glück konnte ich noch rechtzeitig fliehen.
Daran kann ich mich gar nicht erinnern.
Hmm ...?
Seit ich mich mit Glenn-sama und Alexei-sama ...
... angefreundet habe, ist es nur noch schlimmer geworden ...

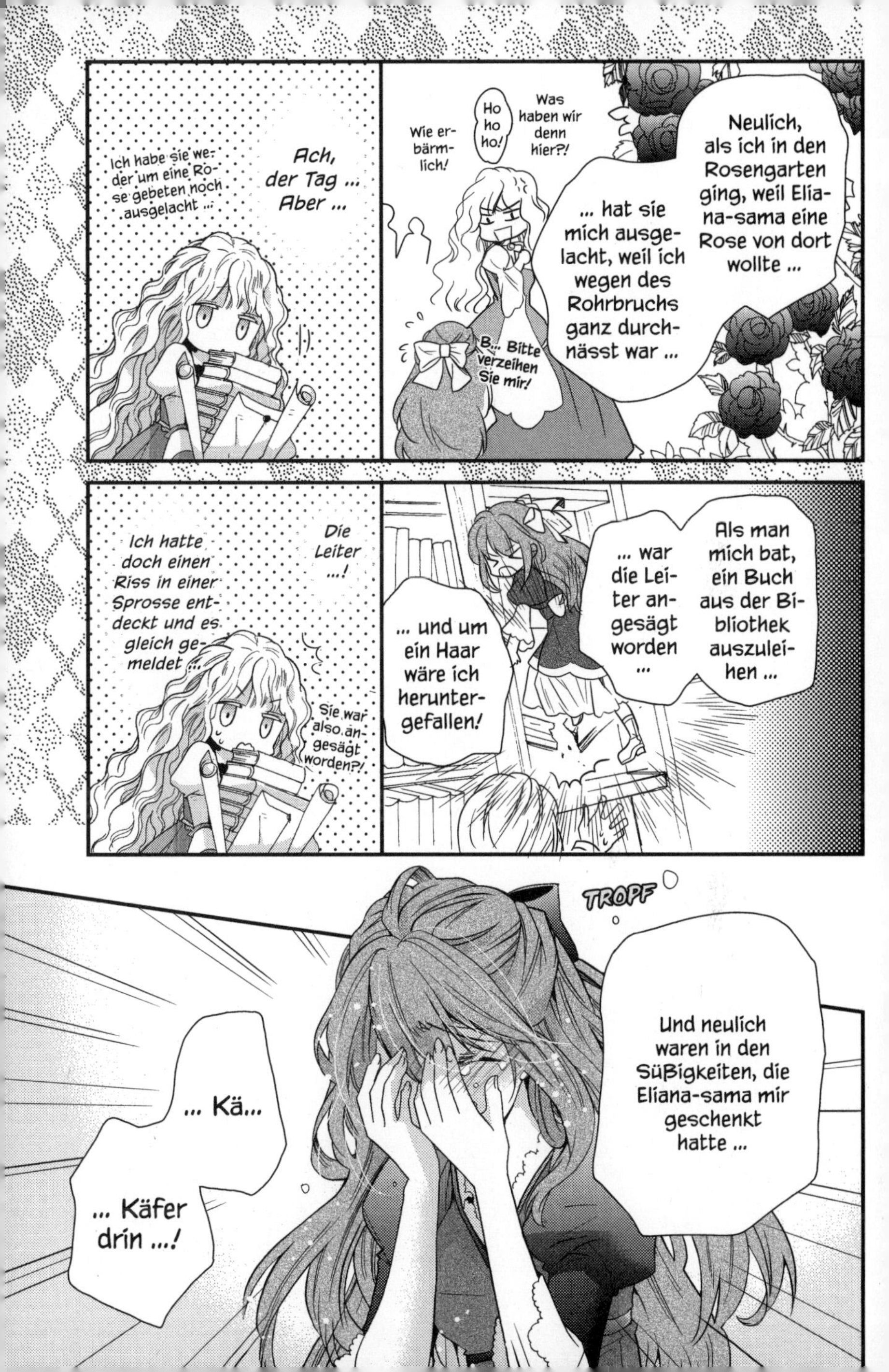

Neulich, als ich in den Rosengarten ging, weil Eliana-sama eine Rose von dort wollte ...
... hat sie mich ausgelacht, weil ich wegen des Rohrbruchs ganz durchnässt war ...
Was haben wir denn hier?!
Ho ho ho!
Wie erbärmlich!
B... Bitte verzeihen Sie mir!
Ach, der Tag ... Aber ...
Ich habe sie weder um eine Rose gebeten noch ausgelacht ...
Als man mich bat, ein Buch aus der Bibliothek auszuleihen ...
... war die Leiter angesägt worden ...
... und um ein Haar wäre ich heruntergefallen!
Die Leiter ...!
Ich hatte doch einen Riss in einer Sprosse entdeckt und es gleich gemeldet ...
Sie war also angesägt worden?!
TROPF
Und neulich waren in den Süßigkeiten, die Eliana-sama mir geschenkt hatte ...
... Kä...
... Käfer drin ...!

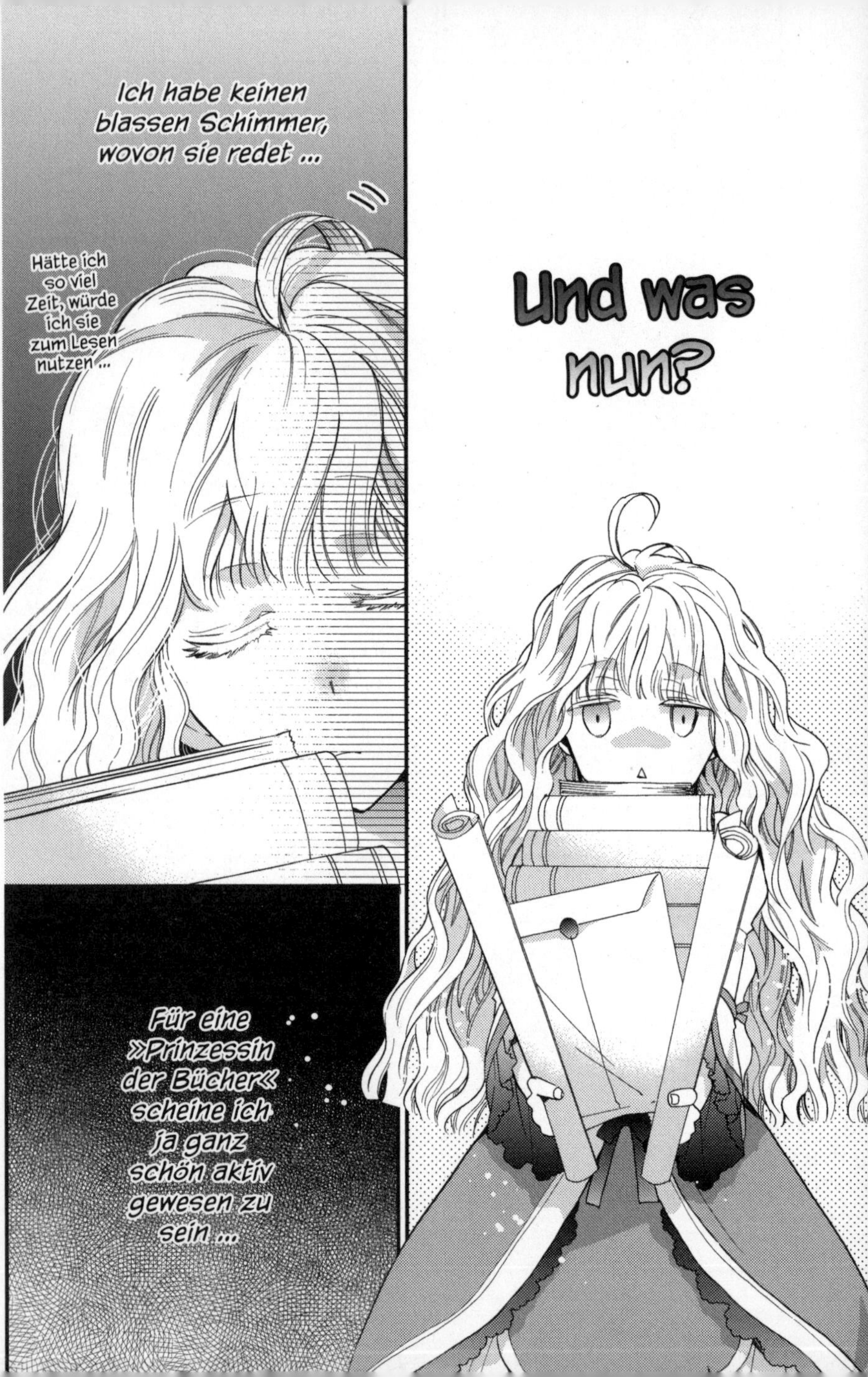
Und was nun?
Ich habe keinen blassen Schimmer, wovon sie redet ...
Hätte ich so viel Zeit, würde ich sie zum Lesen nutzen ...
Für eine »Prinzessin der Bücher« scheine ich ja ganz schön aktiv gewesen zu sein ...

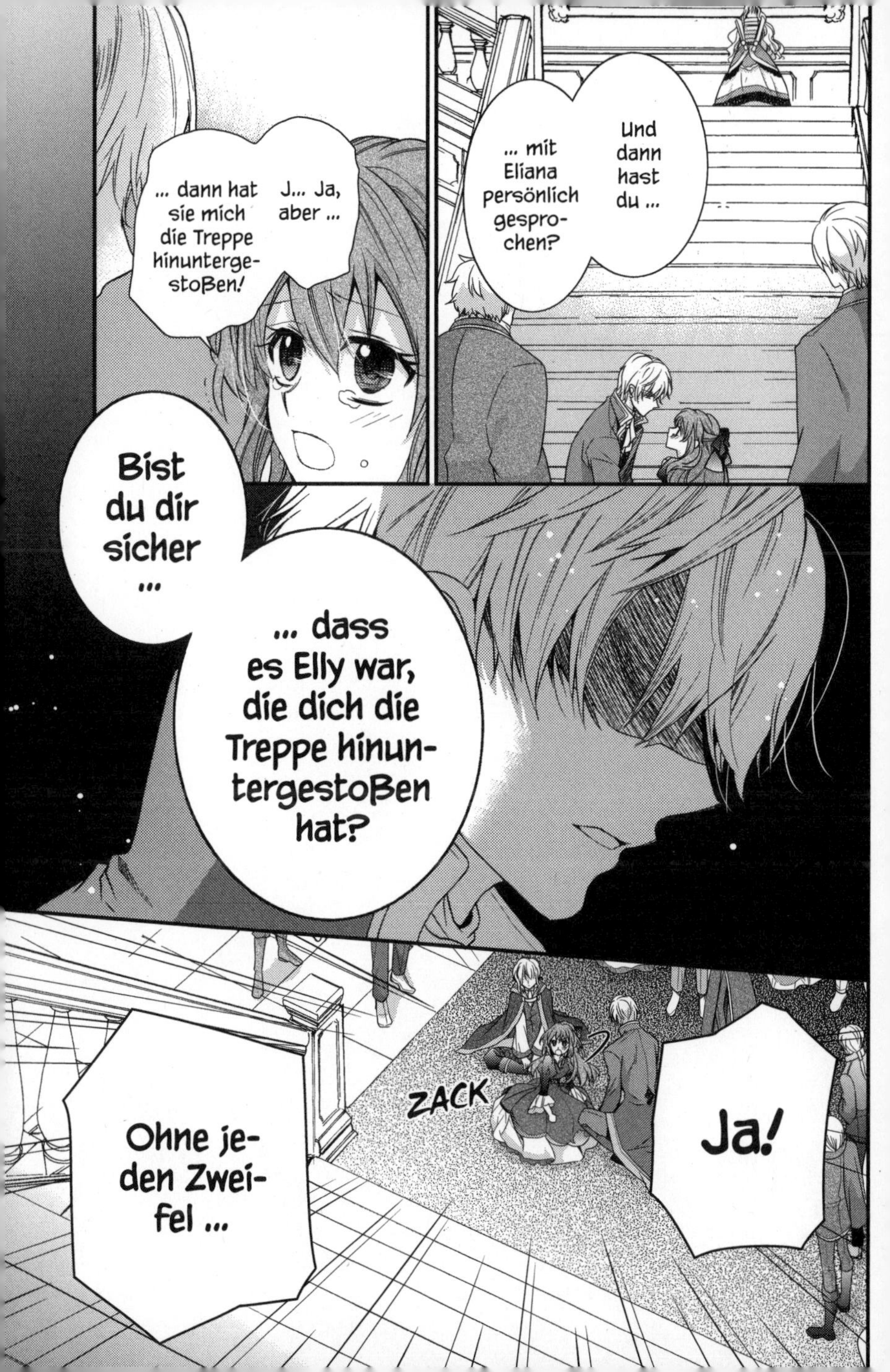
Und dann hast du ...
... mit Eliana persönlich gesprochen?
J... Ja, aber ...
... dann hat sie mich die Treppe hinuntergestoßen!
Bist du dir sicher ...
... dass es Elly war, die dich die Treppe hinuntergestoßen hat?
Ja!
ZACK
Ohne jeden Zweifel ...

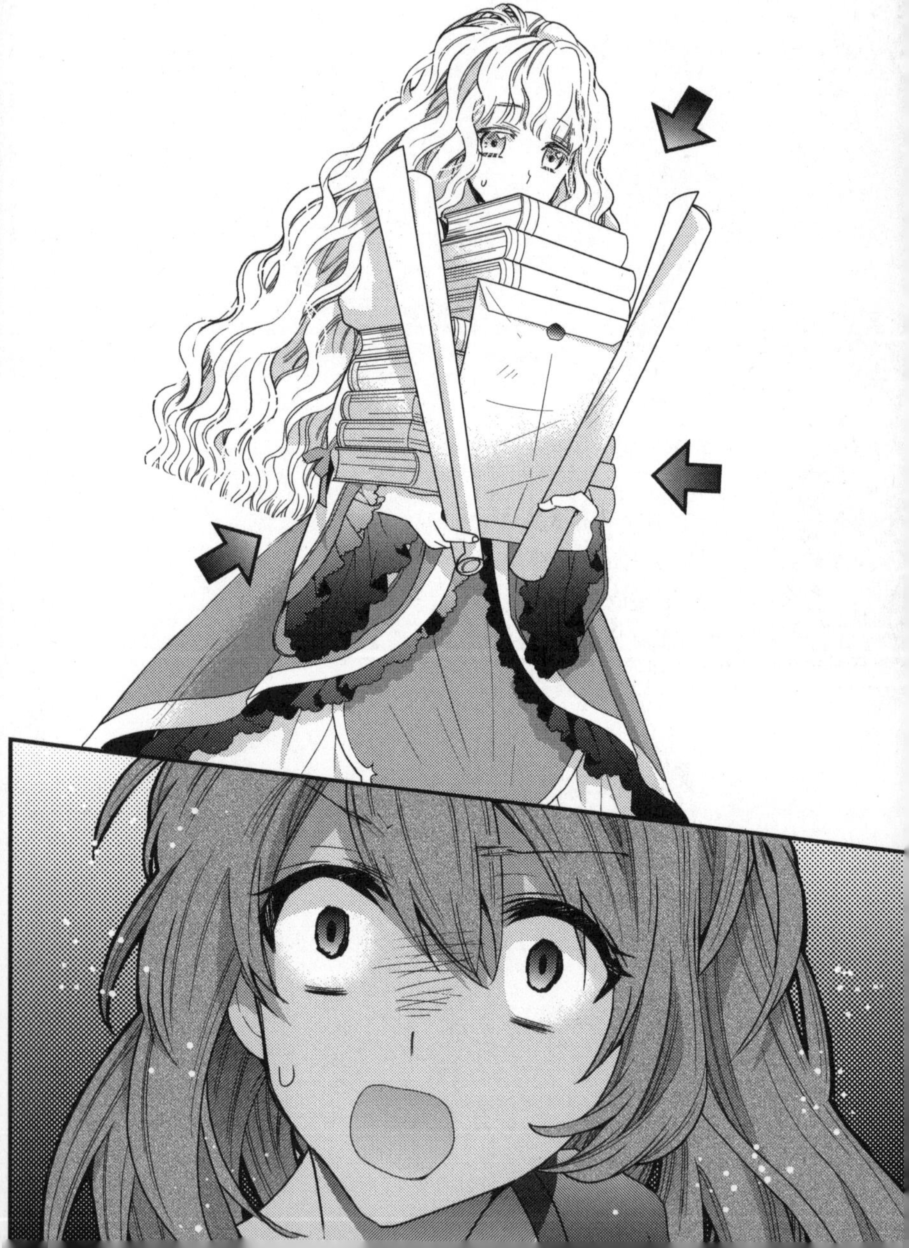

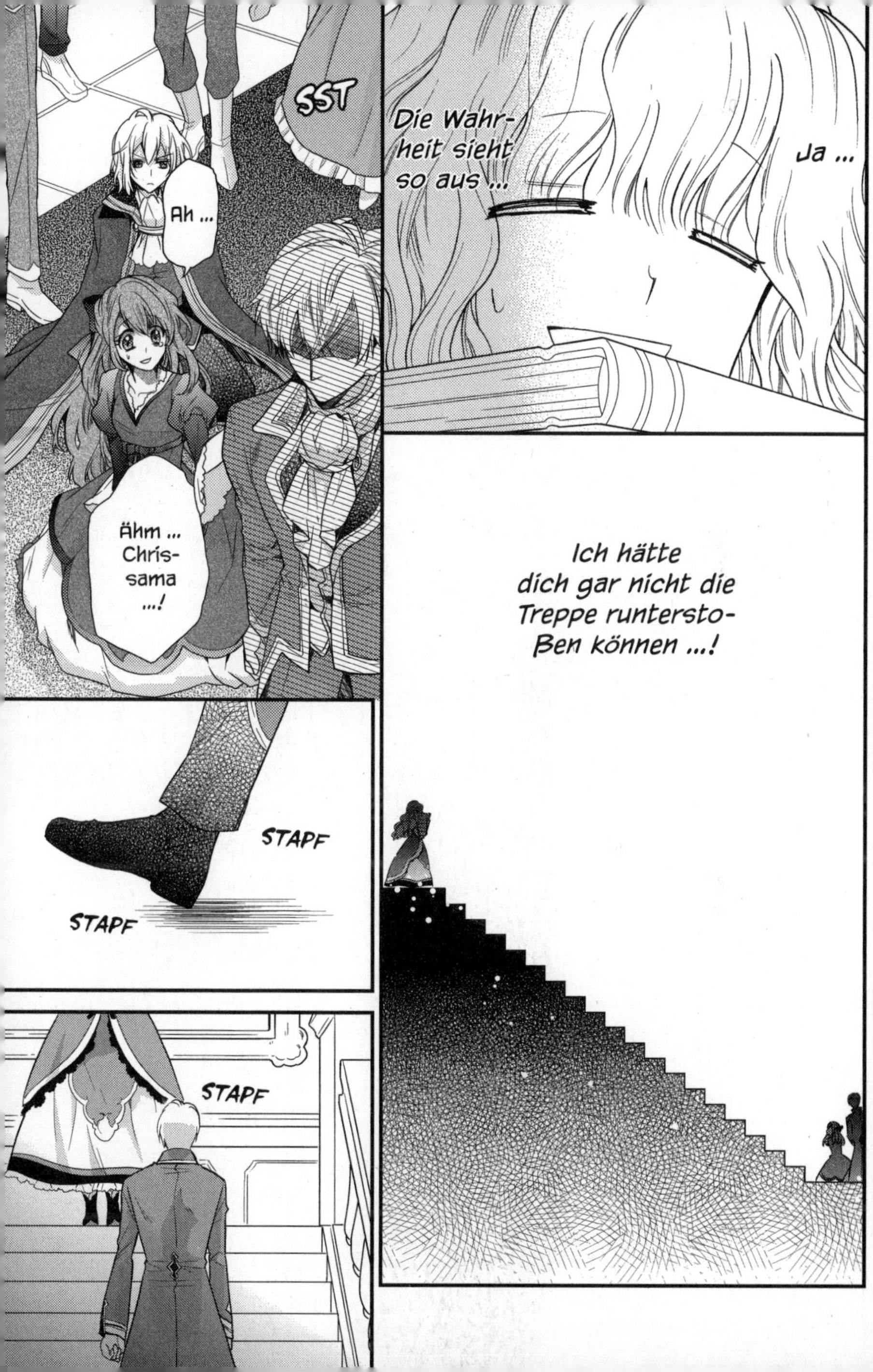
Die Wahrheit sieht so aus ...
Ja ...
SST
Ah ...
Ähm ... Chrissama ...!
Ich hätte dich gar nicht die Treppe runterstoßen können ...!
STAPF
STAPF
STAPF

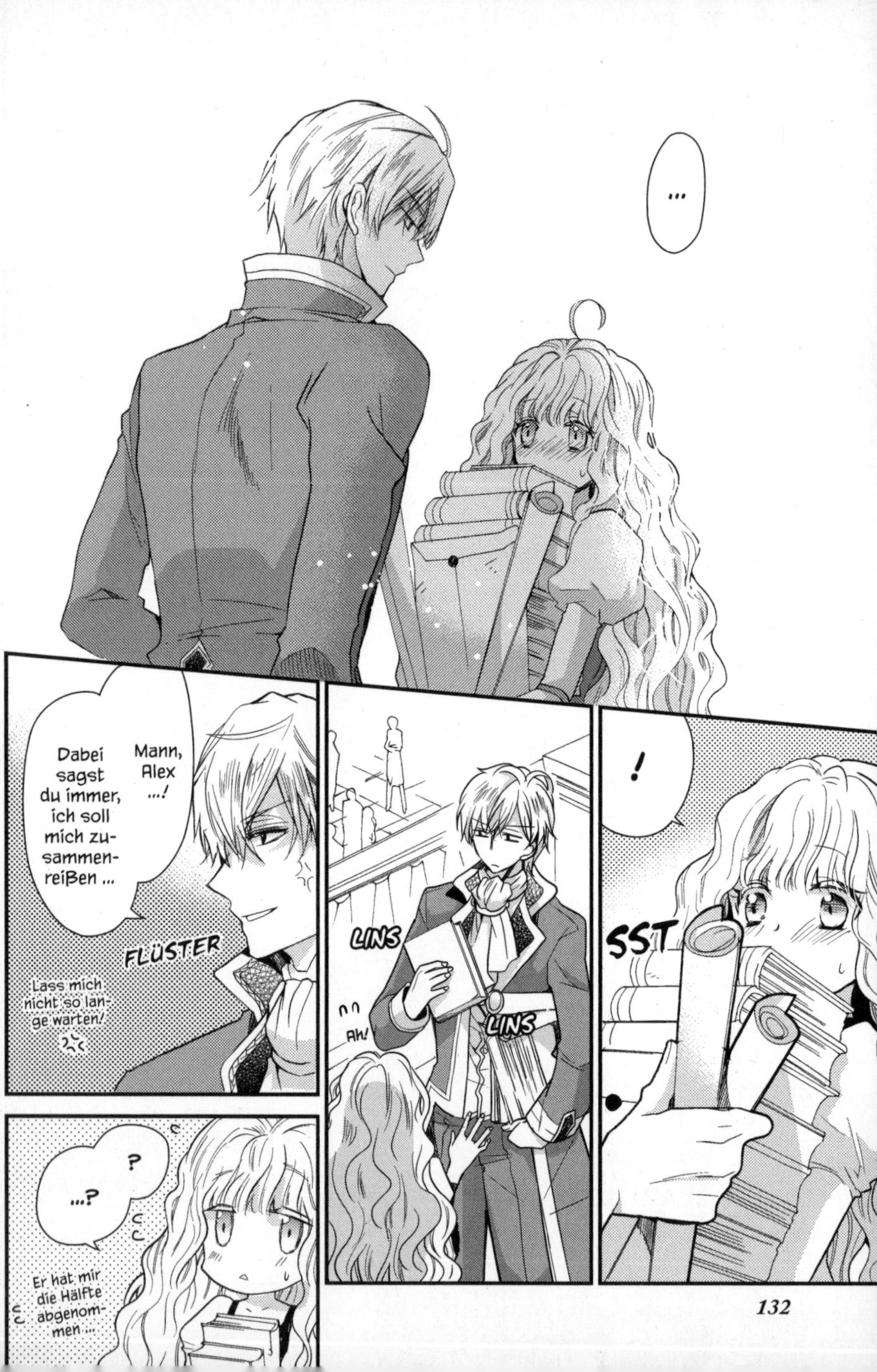
...
!
SST
LINS
LINS
Ah!
Mann, Alex ...!
Dabei sagst du immer, ich soll mich zusammenreißen ...
FLÜSTER
Lass mich nicht so lange warten!
?
...?
Er hat mir die Hälfte abgenommen ...

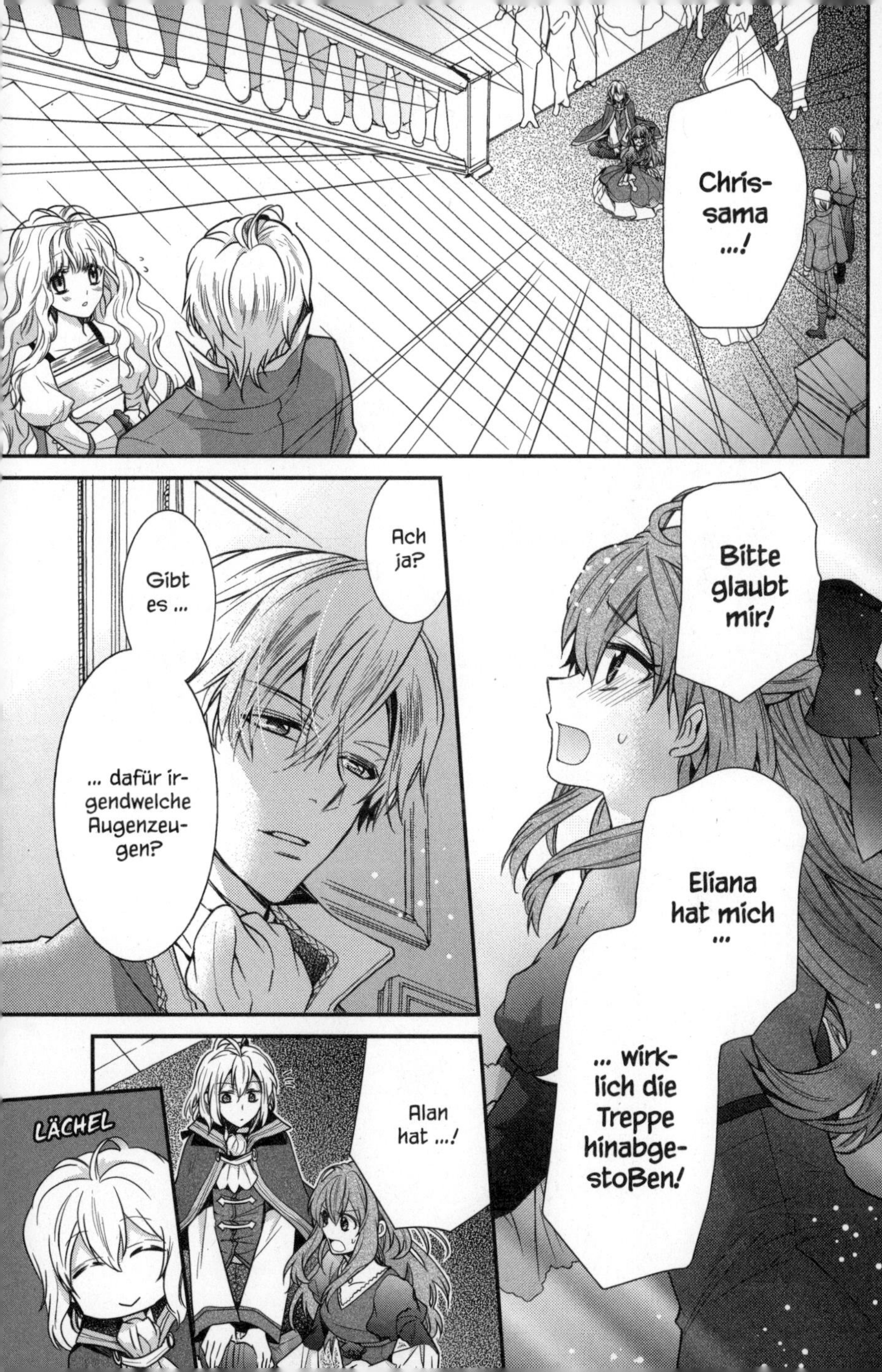
Chris-sama ...!
Bitte glaubt mir!
Eliana hat mich ...
... wirklich die Treppe hinabgestoßen!
Ach ja?
Gibt es ...
... dafür irgendwelche Augenzeugen?
Alan hat ...!
LÄCHEL

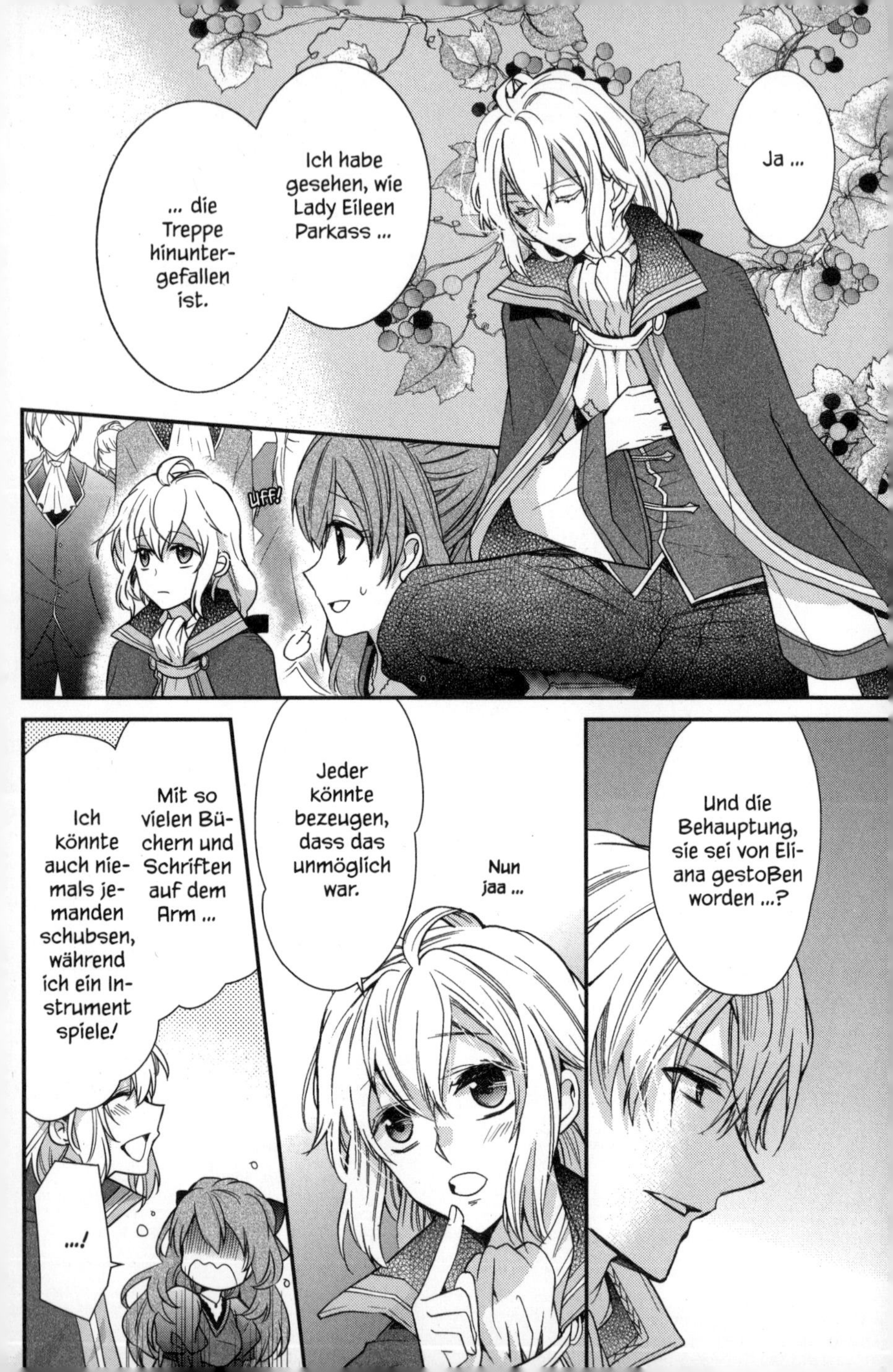
Ja ...
Ich habe gesehen, wie Lady Eileen Parkass ...
... die Treppe hinuntergefallen ist.
Uff!
Und die Behauptung, sie sei von Eliana gestoßen worden ...?
Nun jaa ...
Jeder könnte bezeugen, dass das unmöglich war.
Mit so vielen Büchern und Schriften auf dem Arm ...
Ich könnte auch niemals jemanden schubsen, während ich ein Instrument spiele!
...!

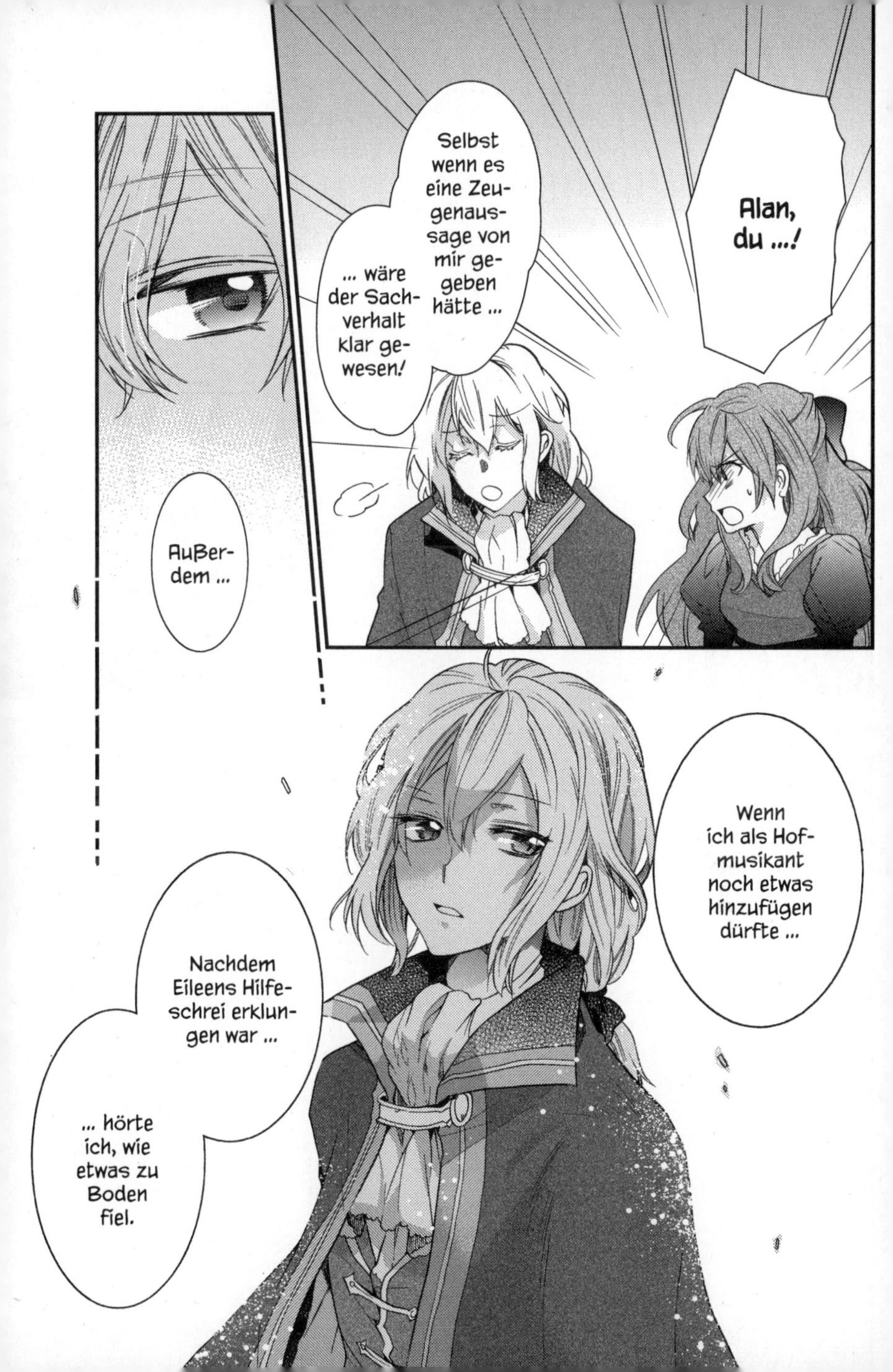
Alan, du ...!
Selbst wenn es eine Zeugenaussage von mir gegeben hätte ...
... wäre der Sachverhalt klar gewesen!
Außerdem ...
Wenn ich als Hofmusikant noch etwas hinzufügen dürfte ...
Nachdem Eileens Hilfeschrei erklungen war ...
... hörte ich, wie etwas zu Boden fiel.

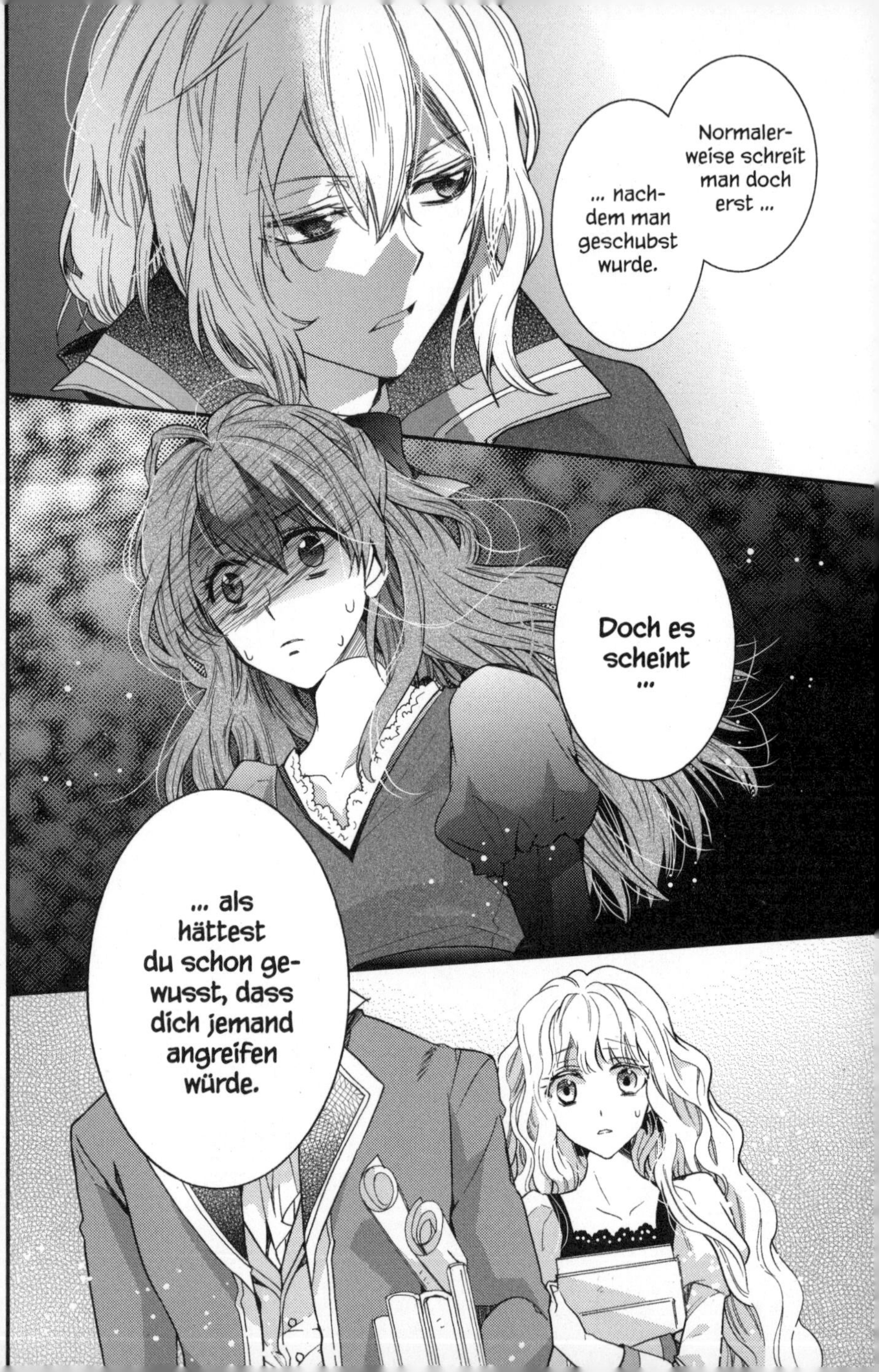
Normalerweise schreit man doch erst ...
... nachdem man geschubst wurde.
Doch es scheint ...
... als hättest du schon gewusst, dass dich jemand angreifen würde.

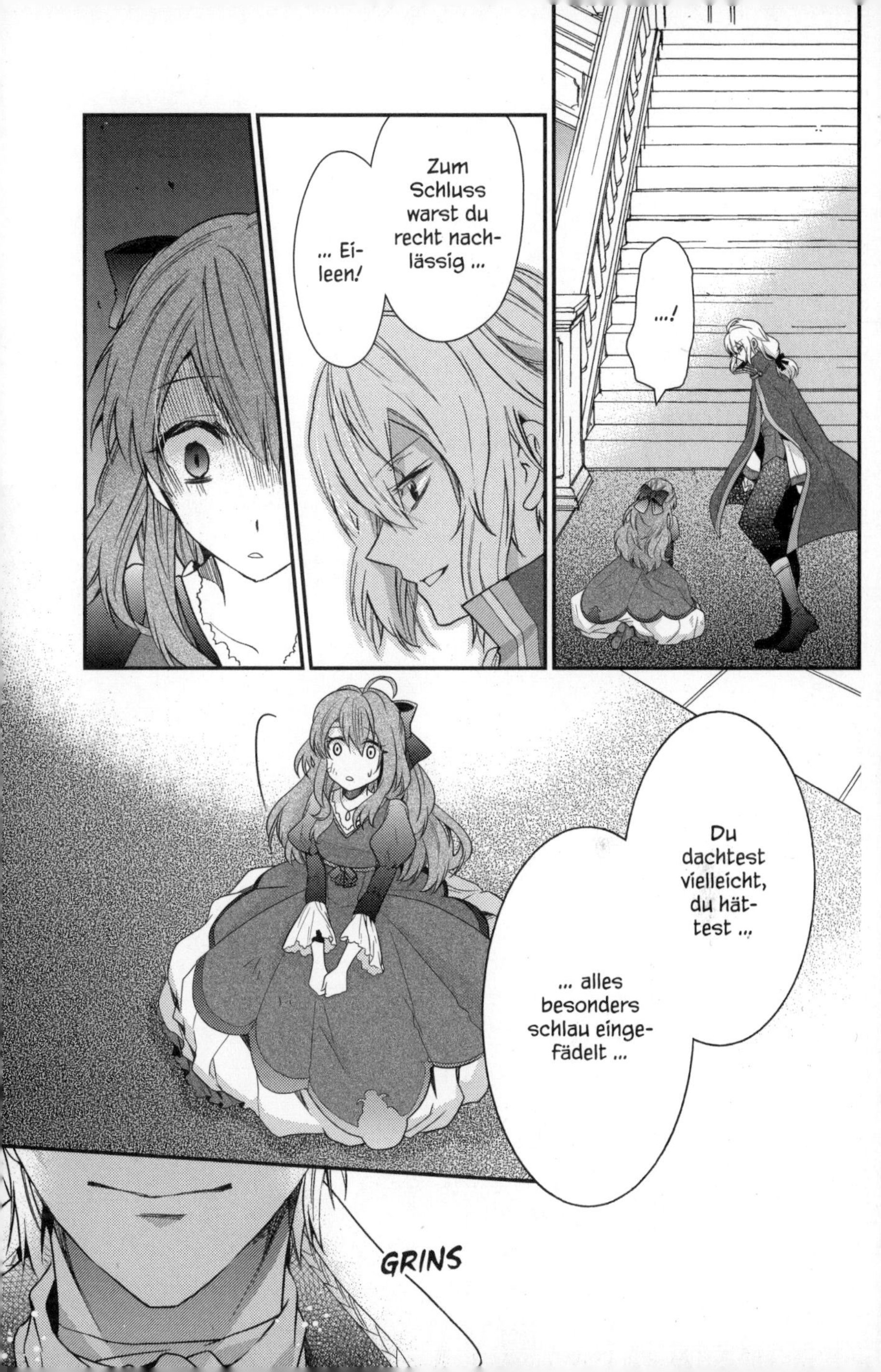
...!
Zum Schluss warst du recht nach-lässig ...
... Ei-leen!
Du dachtest vielleicht, du hät-test ...
... alles besonders schlau einge-fädelt ...
GRINS

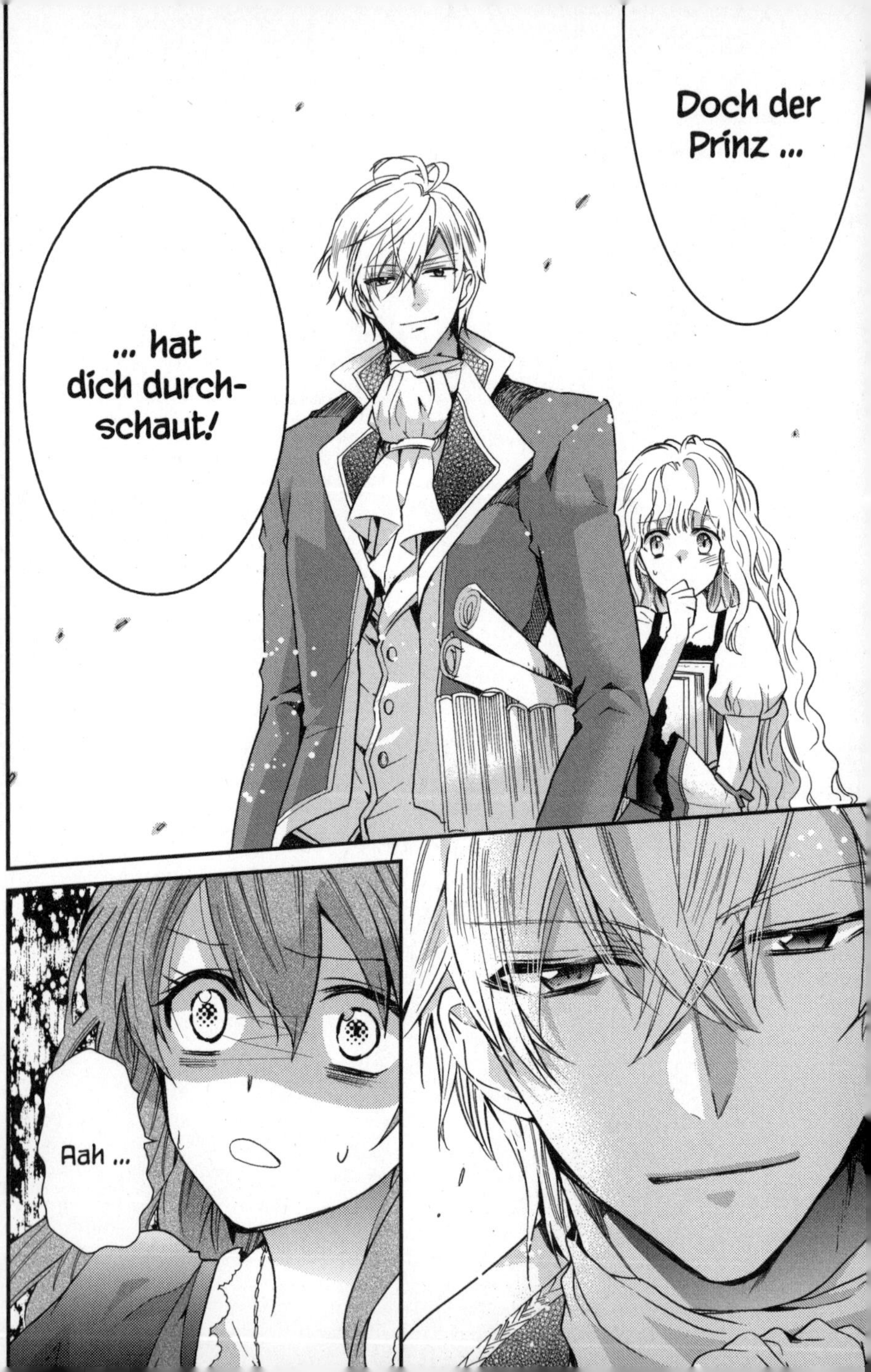
Doch der Prinz ...
... hat dich durchschaut!
Aah ...

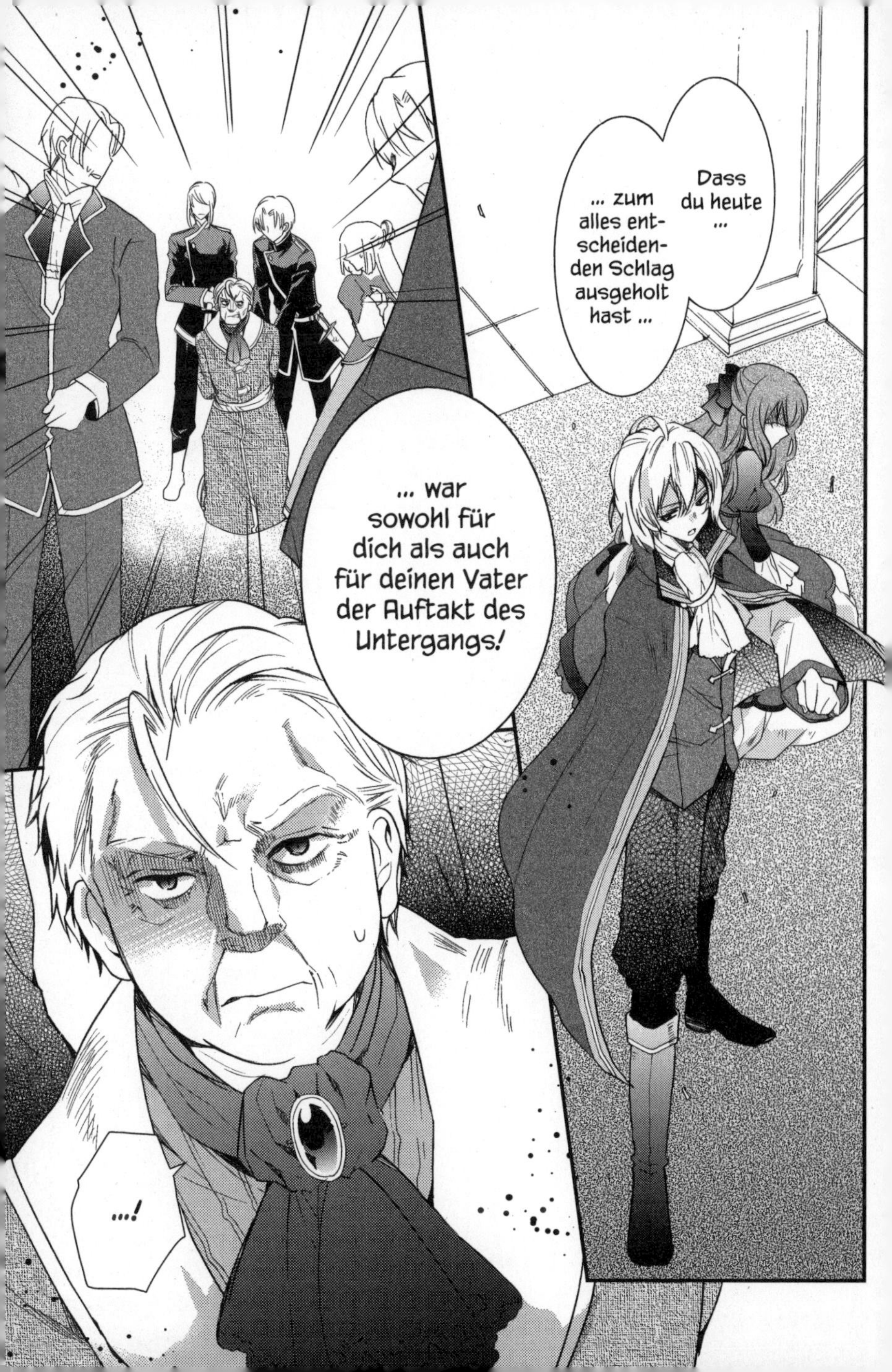
Dass du heute ...
... zum alles entscheidenden Schlag ausgeholt hast ...
... war sowohl für dich als auch für deinen Vater der Auftakt des Untergangs!
...!

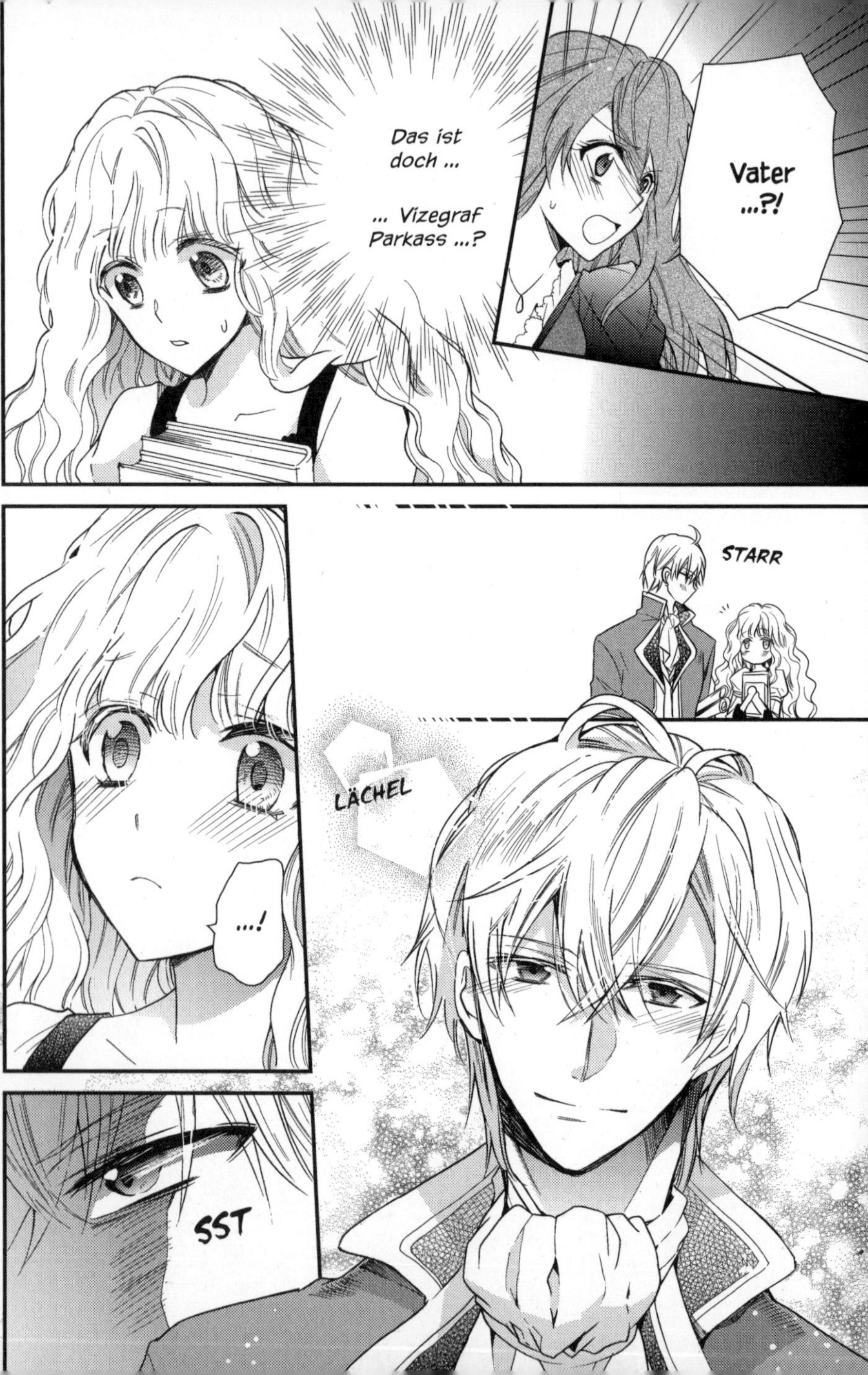
Vater ...?!
Das ist doch ...
... Vizegraf Parkass ...?
STARR
...!
LÄCHEL
SST

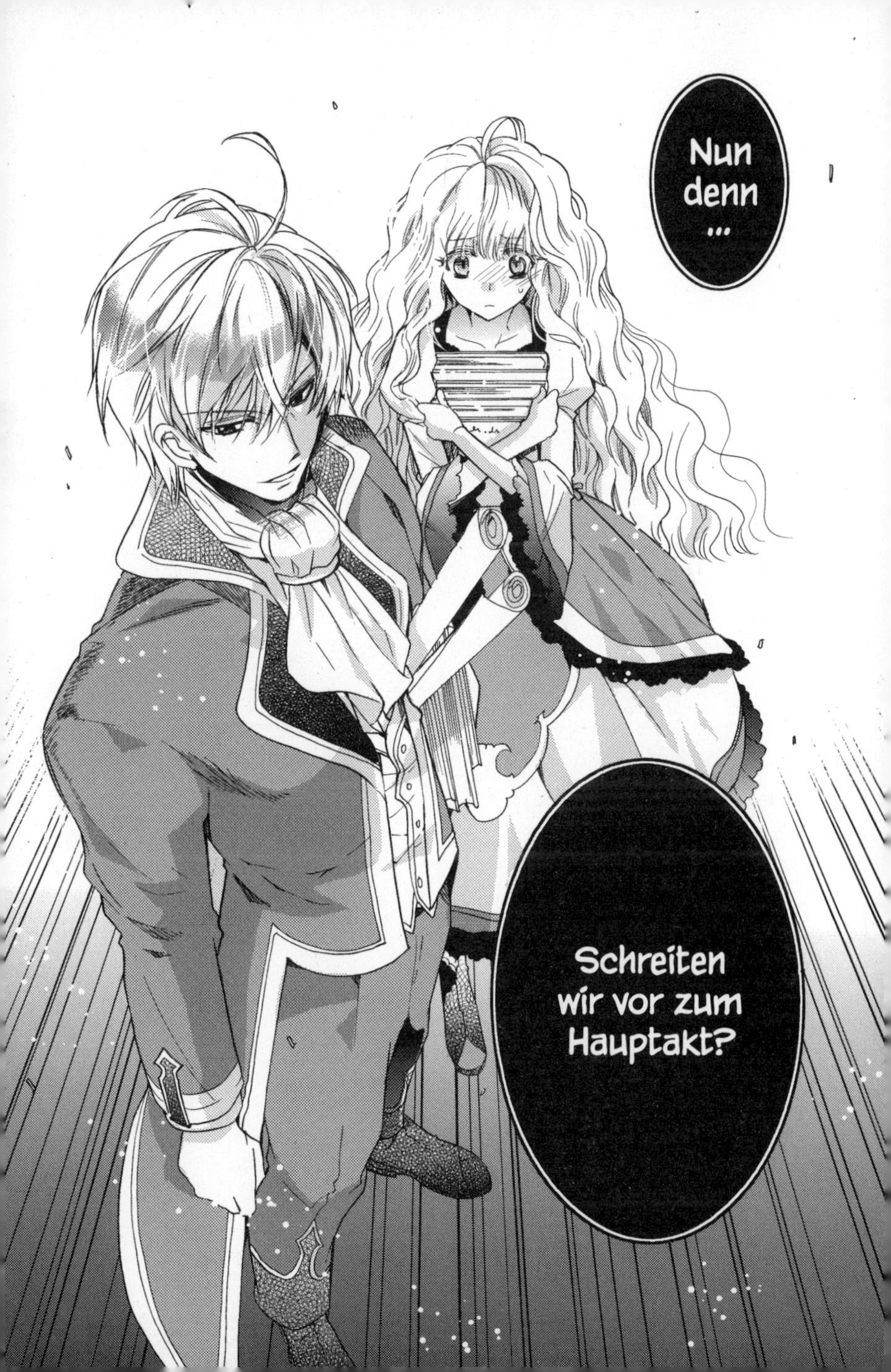
Nun denn ...
Schreiten wir vor zum Hauptakt?

Eliana

Prinzessin der Bücher

Zeichnungen: Yui Kikuta
Text: Yui
Character Design: Satsuki Sheena

Fünfter Akt

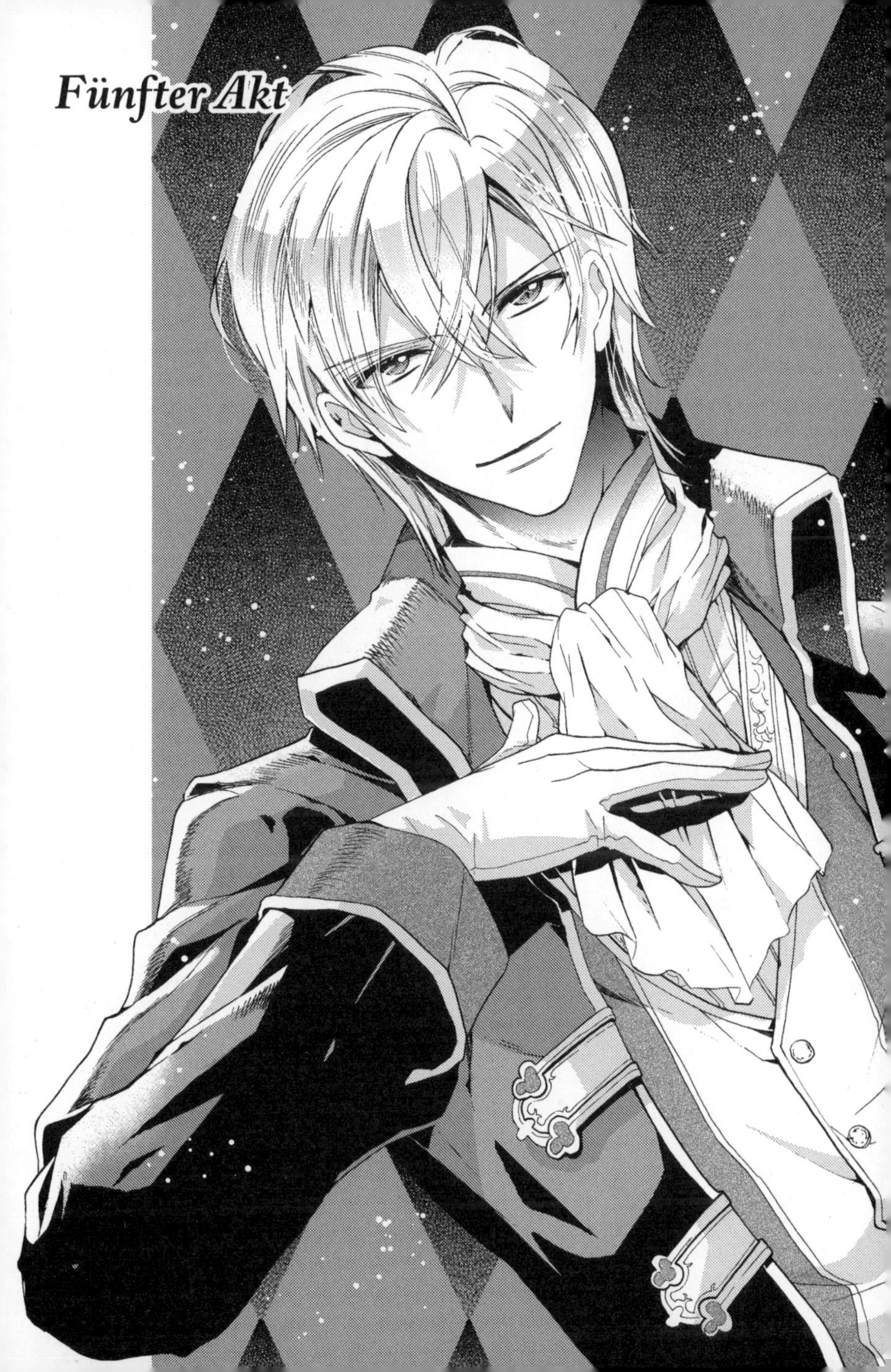

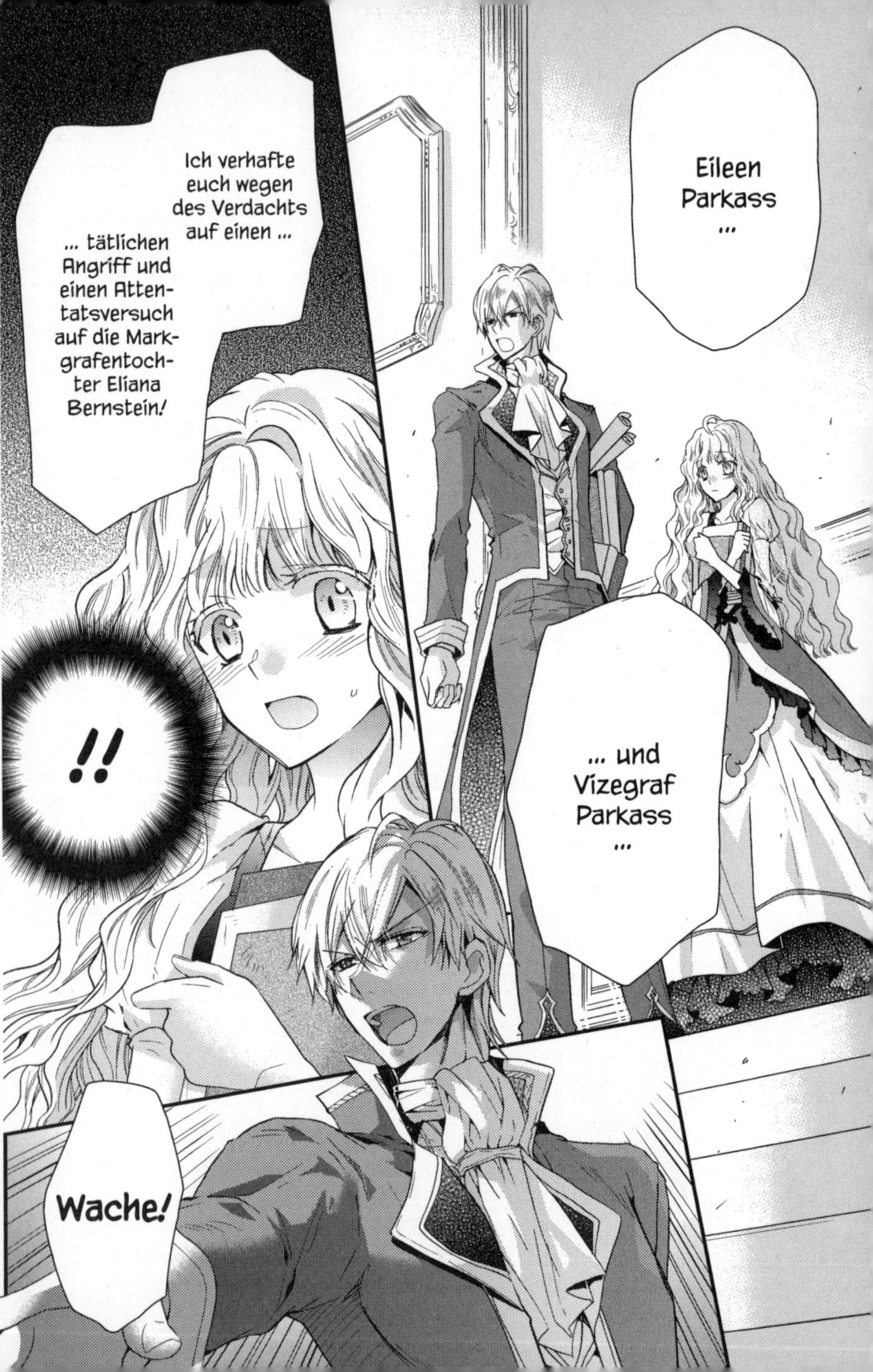
Eileen Parkass ...
... und Vizegraf Parkass ...
Ich verhafte euch wegen des Verdachts auf einen ...
... tätlichen Angriff und einen Attentatsversuch auf die Markgrafentochter Eliana Bernstein!
!!
Wache!

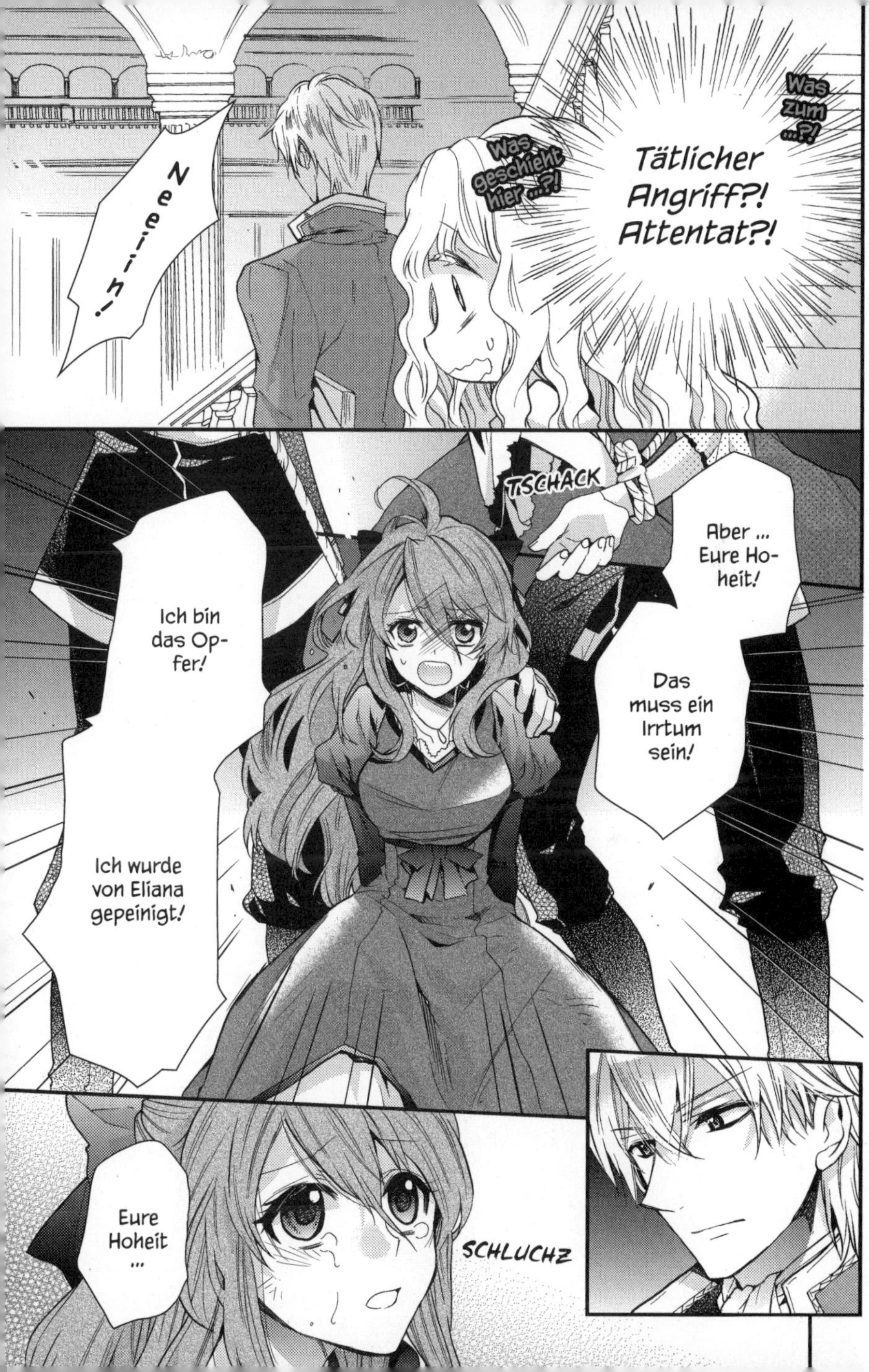
Was zum ...?!
Tätlicher Angriff?! Attentat?!
Was geschieht hier ...?!
Neeiin!
TSCHACK
Aber ... Eure Hoheit!
Das muss ein Irrtum sein!
Ich bin das Opfer!
Ich wurde von Eliana gepeinigt!
SCHLUCHZ
Eure Hoheit ...

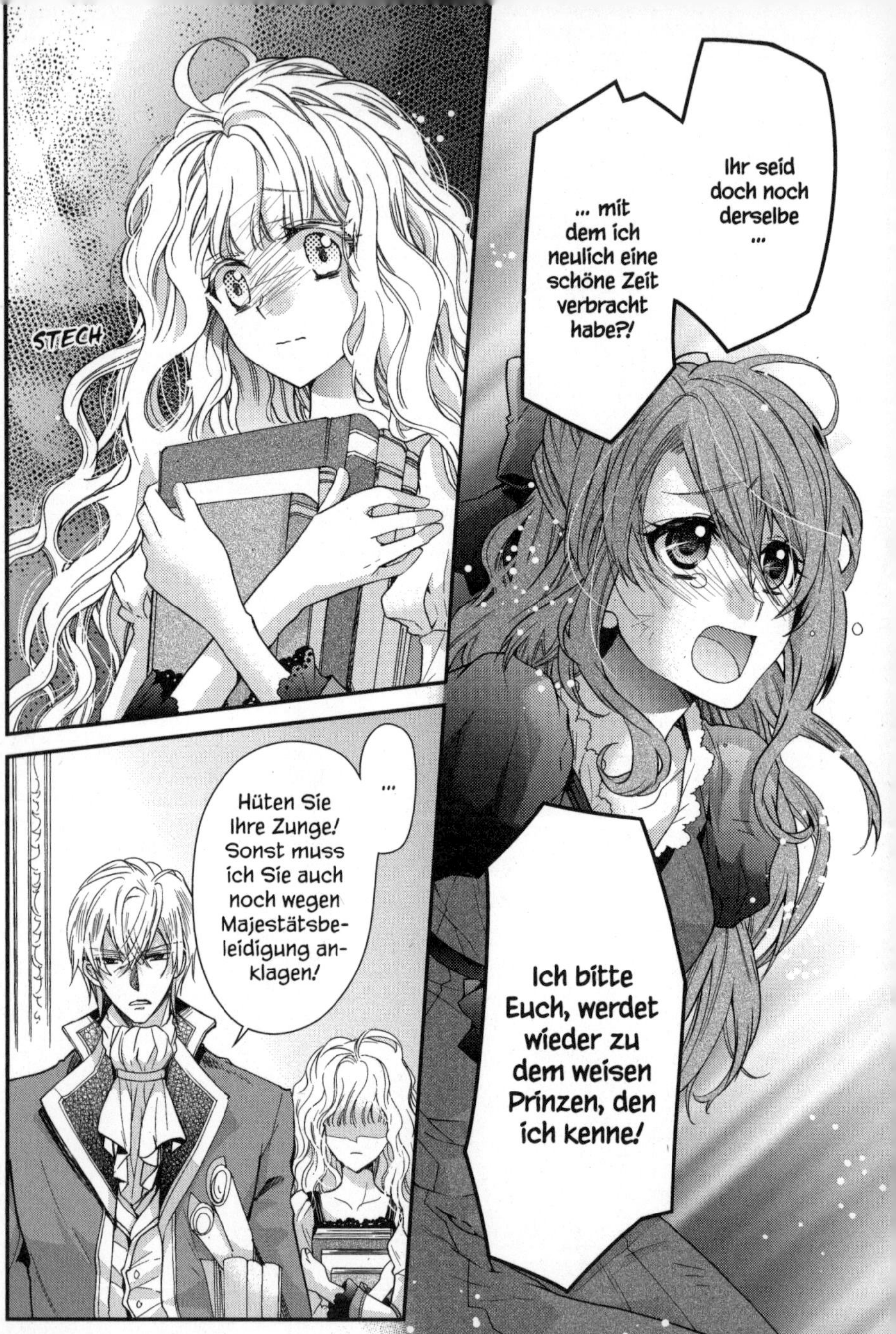
Ihr seid doch noch derselbe ...
... mit dem ich neulich eine schöne Zeit verbracht habe?!
Ich bitte Euch, werdet wieder zu dem weisen Prinzen, den ich kenne!
STECH
...
Hüten Sie Ihre Zunge! Sonst muss ich Sie auch noch wegen Majestätsbeleidigung anklagen!

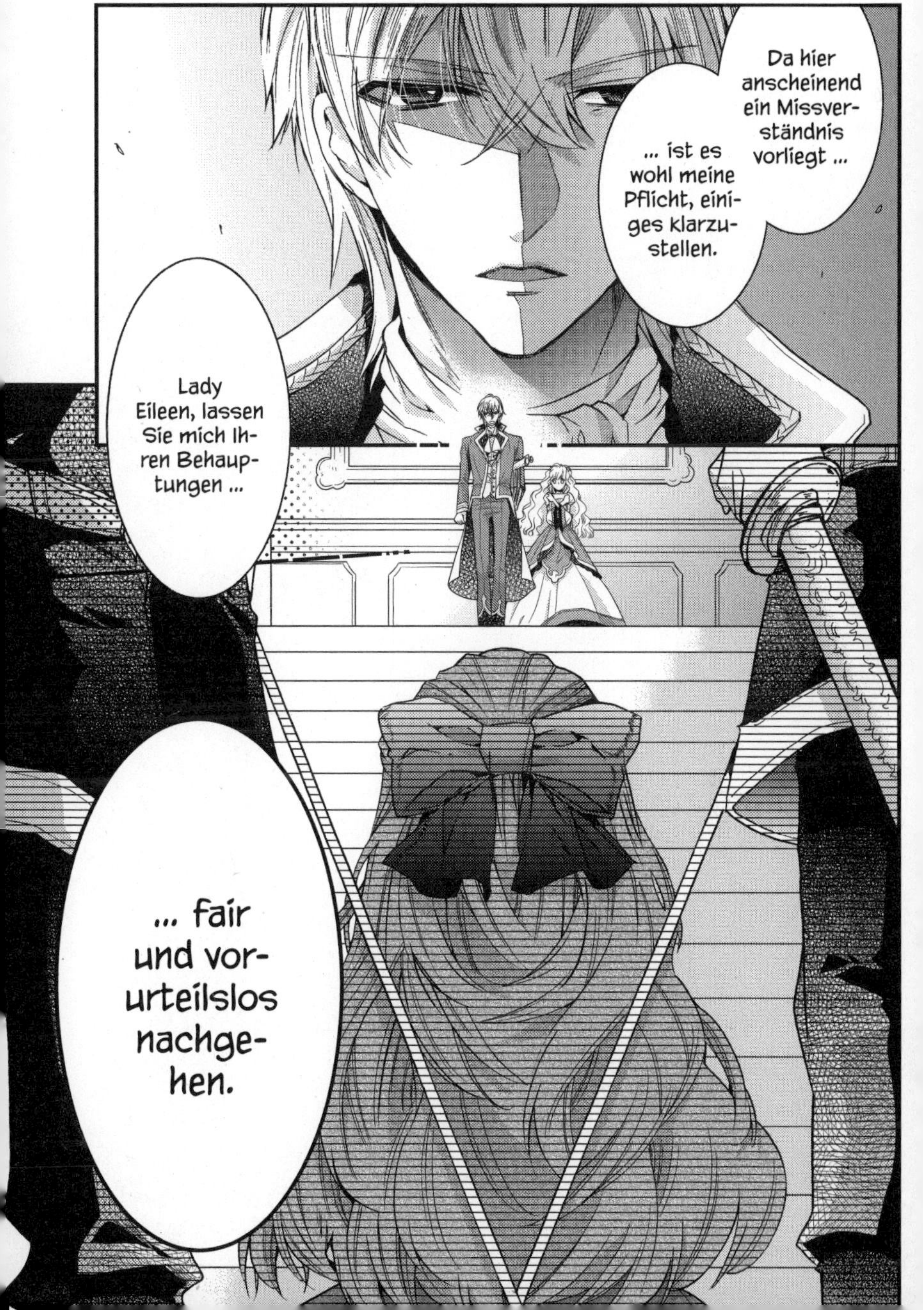
Da hier anscheinend ein Missverständnis vorliegt ...
... ist es wohl meine Pflicht, einiges klarzustellen.
Lady Eileen, lassen Sie mich Ihren Behauptungen ...
... fair und vorurteilslos nachgehen.

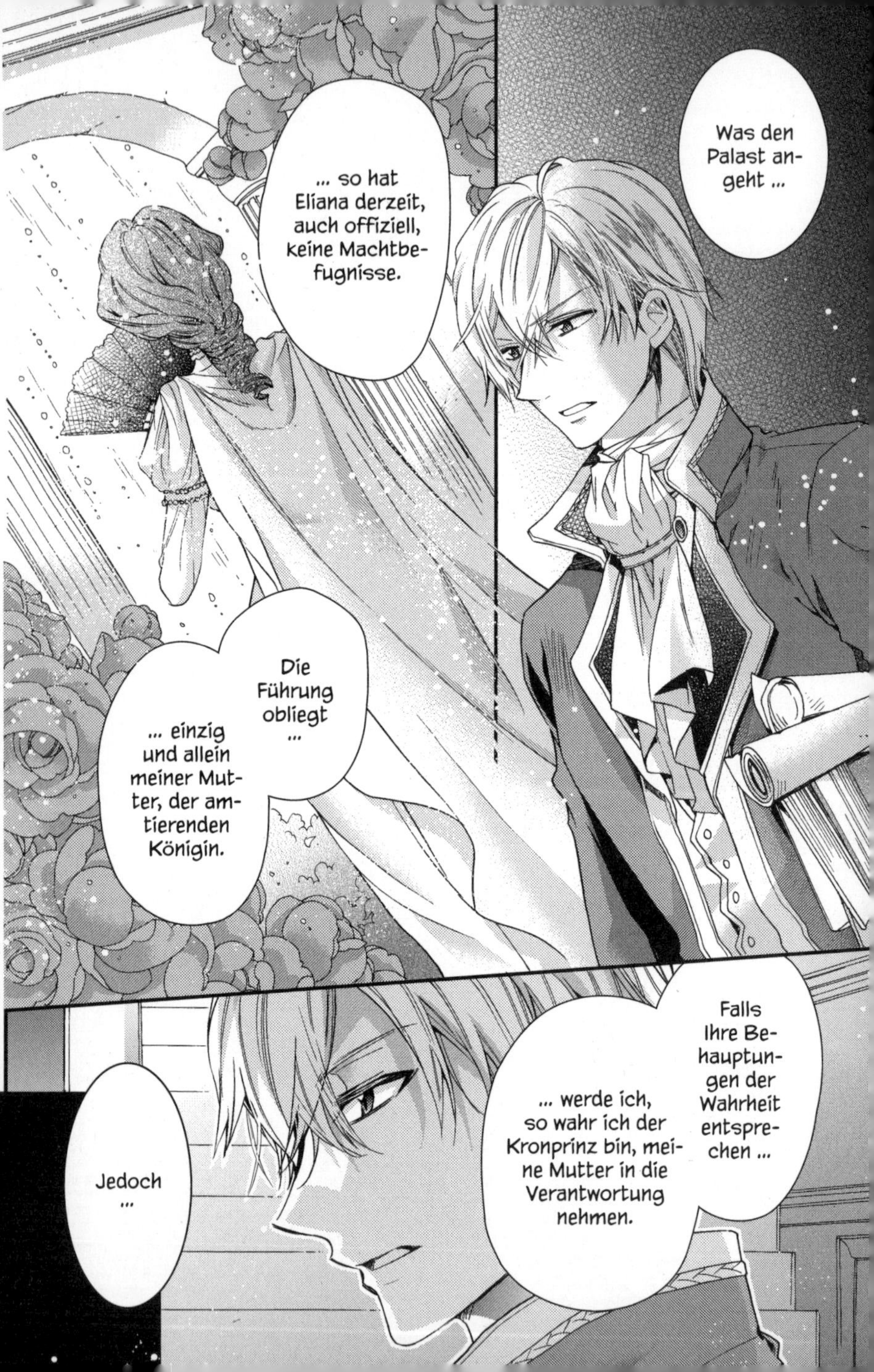
Was den Palast angeht ...
... so hat Eliana derzeit, auch offiziell, keine Machtbefugnisse.
Die Führung obliegt ...
... einzig und allein meiner Mutter, der amtierenden Königin.
Falls Ihre Behauptungen der Wahrheit entsprechen ...
... werde ich, so wahr ich der Kronprinz bin, meine Mutter in die Verantwortung nehmen.
Jedoch ...

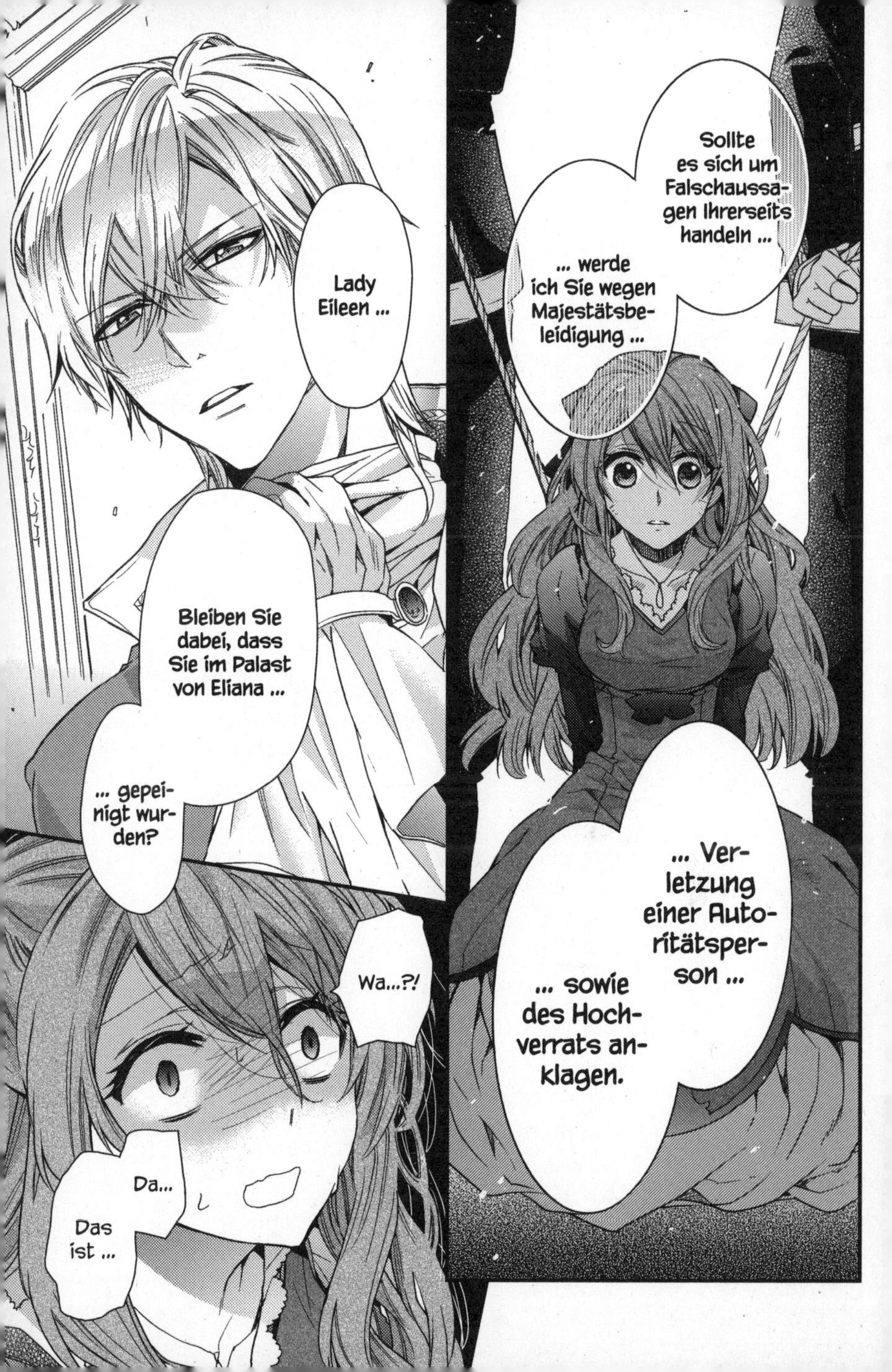

Lady Eileen ...
Bleiben Sie dabei, dass Sie im Palast von Eliana ...
... gepeinigt wurden?
Sollte es sich um Falschaussagen Ihrerseits handeln ...
... werde ich Sie wegen Majestätsbeleidigung ...
... Verletzung einer Autoritätsperson ...
... sowie des Hochverrats anklagen.
Wa...?!
Da...
Das ist ...

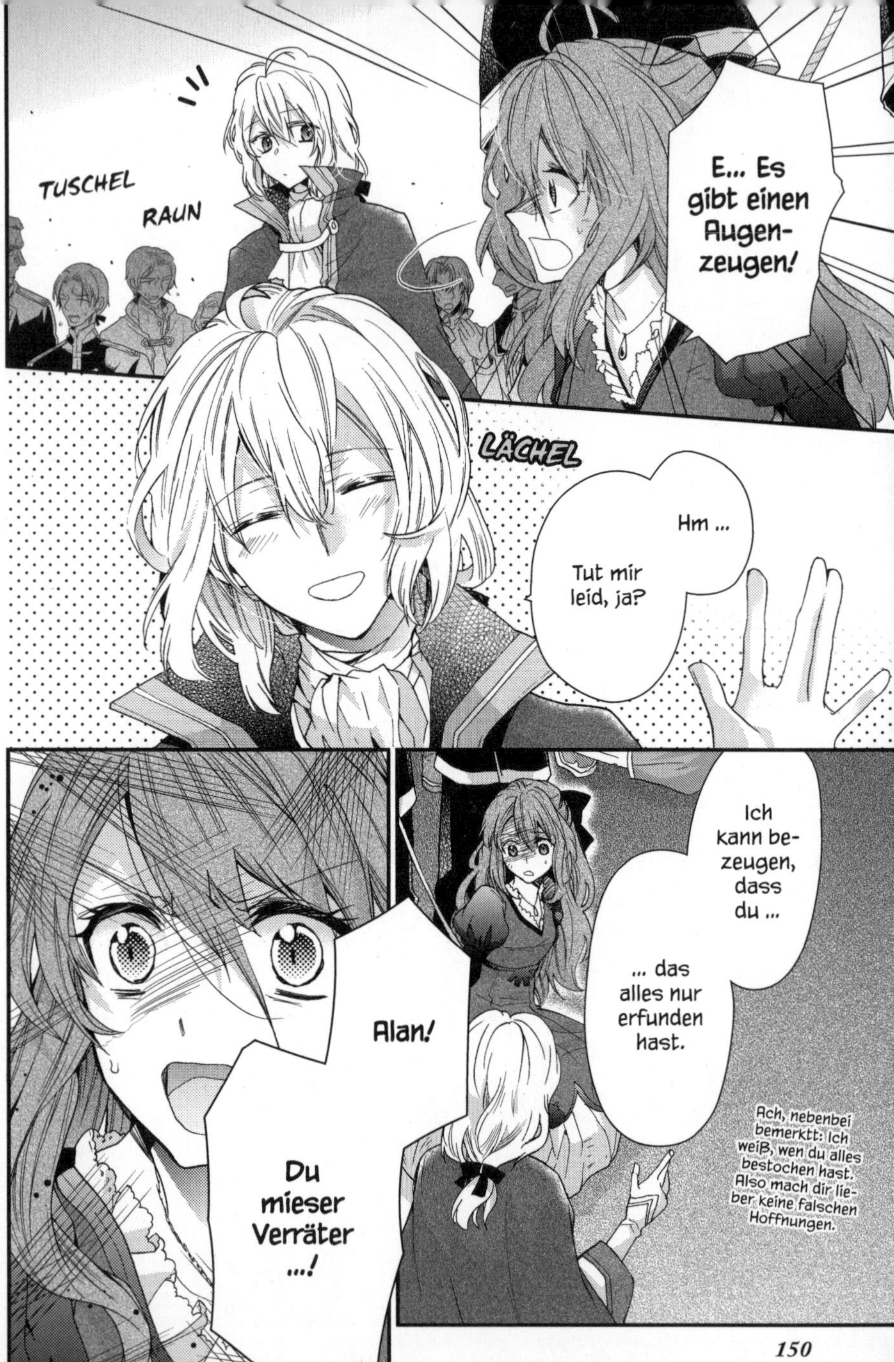
E... Es gibt einen Augen-zeugen!
TUSCHEL
RAUN
LÄCHEL
Hm ...
Tut mir leid, ja?
Ich kann be-zeugen, dass du ...
... das alles nur erfunden hast.
Ach, nebenbei bemerktt: Ich weiß, wen du alles bestochen hast. Also mach dir lie-ber keine falschen Hoffnungen.
Alan!
Du mieser Verräter ...!

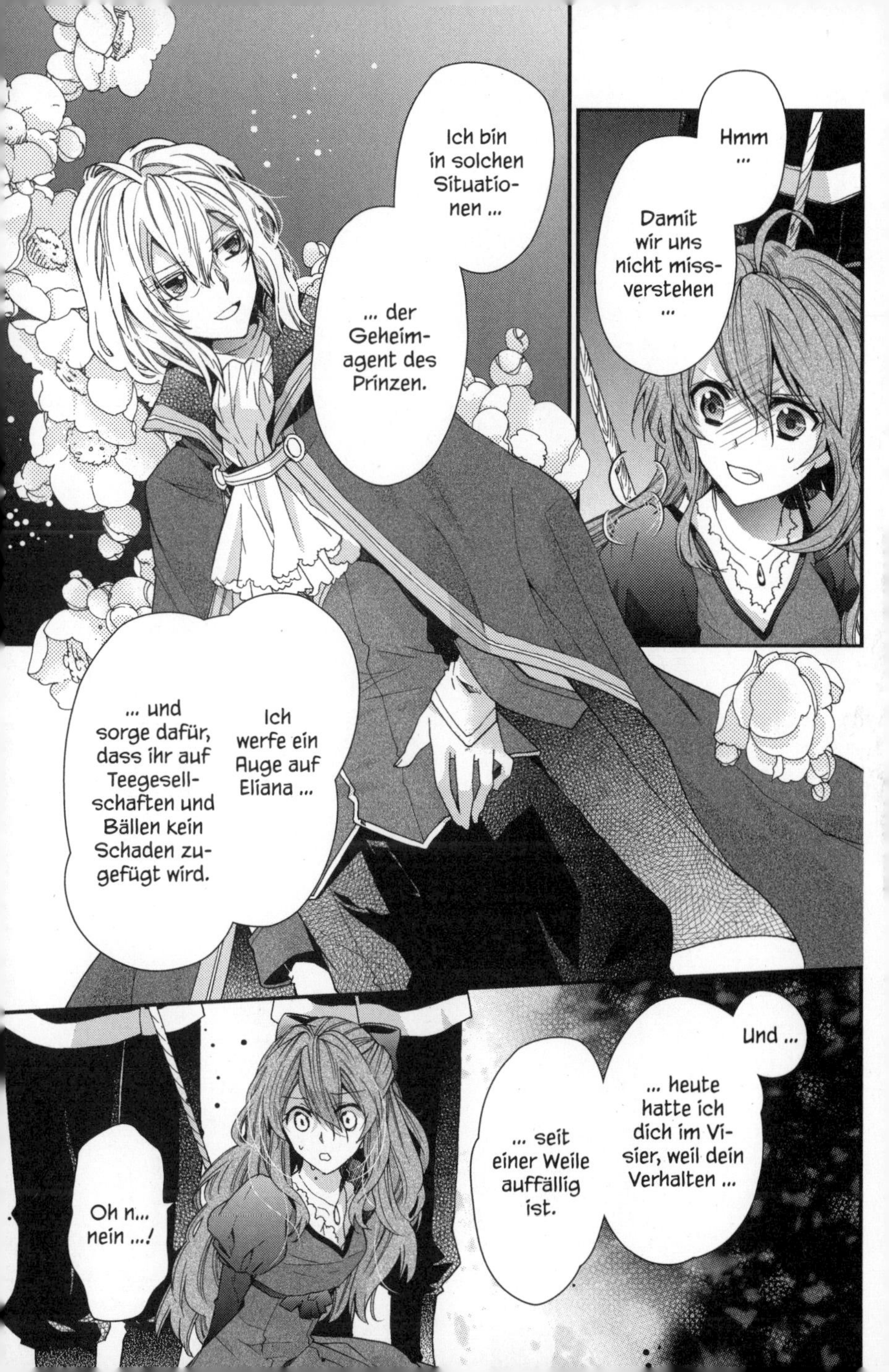
Hmm ...
Damit wir uns nicht missverstehen ...
Ich bin in solchen Situationen ...
... der Geheimagent des Prinzen.
Ich werfe ein Auge auf Eliana ...
... und sorge dafür, dass ihr auf Teegesellschaften und Bällen kein Schaden zugefügt wird.
Und ...
... heute hatte ich dich im Visier, weil dein Verhalten ...
... seit einer Weile auffällig ist.
Oh n... nein ...!

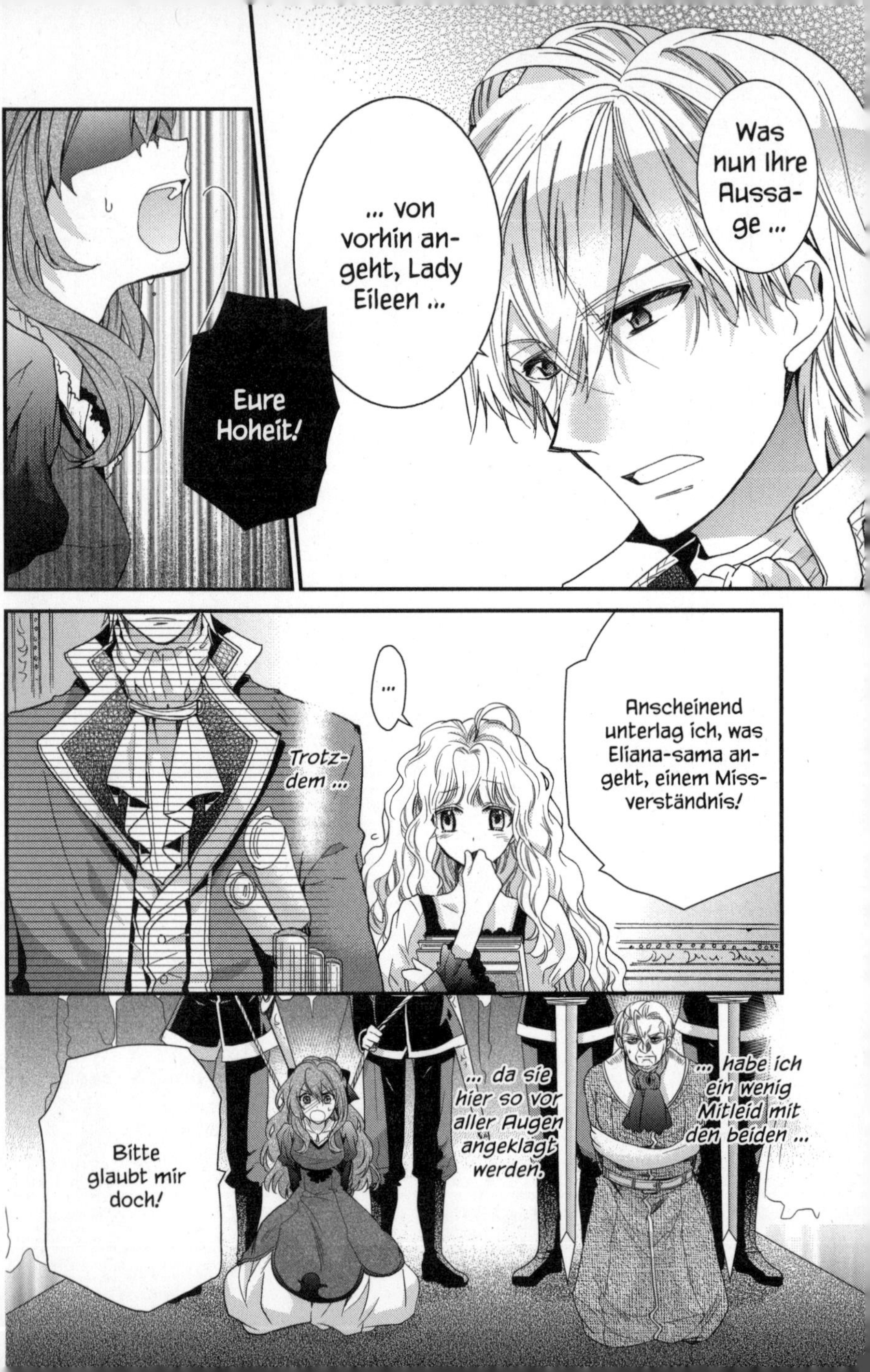
Was nun Ihre Aussage ...
... von vorhin angeht, Lady Eileen ...
Eure Hoheit!
Anscheinend unterlag ich, was Eliana-sama angeht, einem Missverständnis!
...
Trotzdem ...
... habe ich ein wenig Mitleid mit den beiden ...
... da sie hier so vor aller Augen angeklagt werden.
Bitte glaubt mir doch!

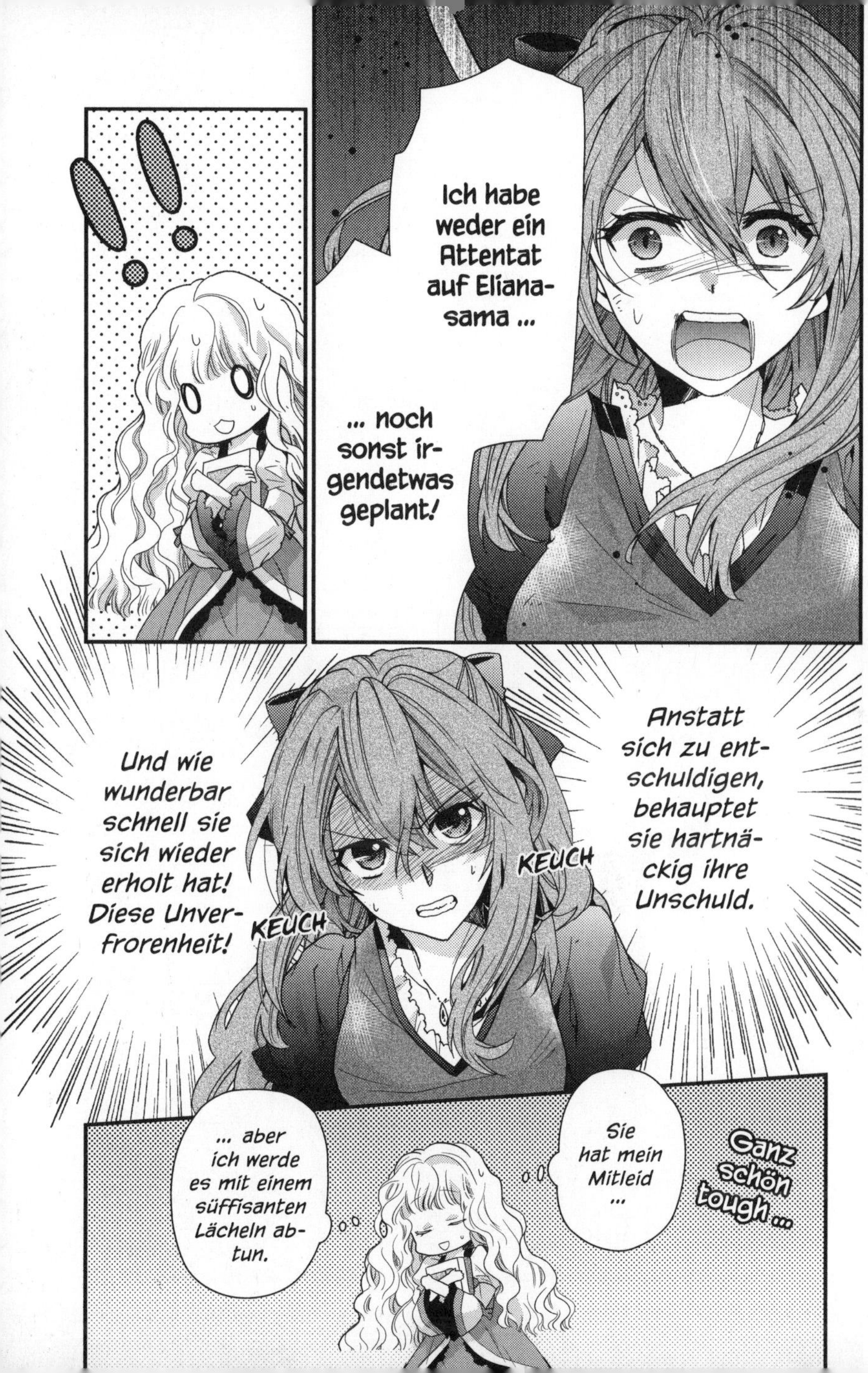
Ich habe weder ein Attentat auf Eliana-sama ...
... noch sonst irgendetwas geplant!
!!
Anstatt sich zu entschuldigen, behauptet sie hartnäckig ihre Unschuld.
KEUCH
KEUCH
Und wie wunderbar schnell sie sich wieder erholt hat! Diese Unverfrorenheit!
Ganz schön tough ...
Sie hat mein Mitleid ...
... aber ich werde es mit einem süffisanten Lächeln abtun.

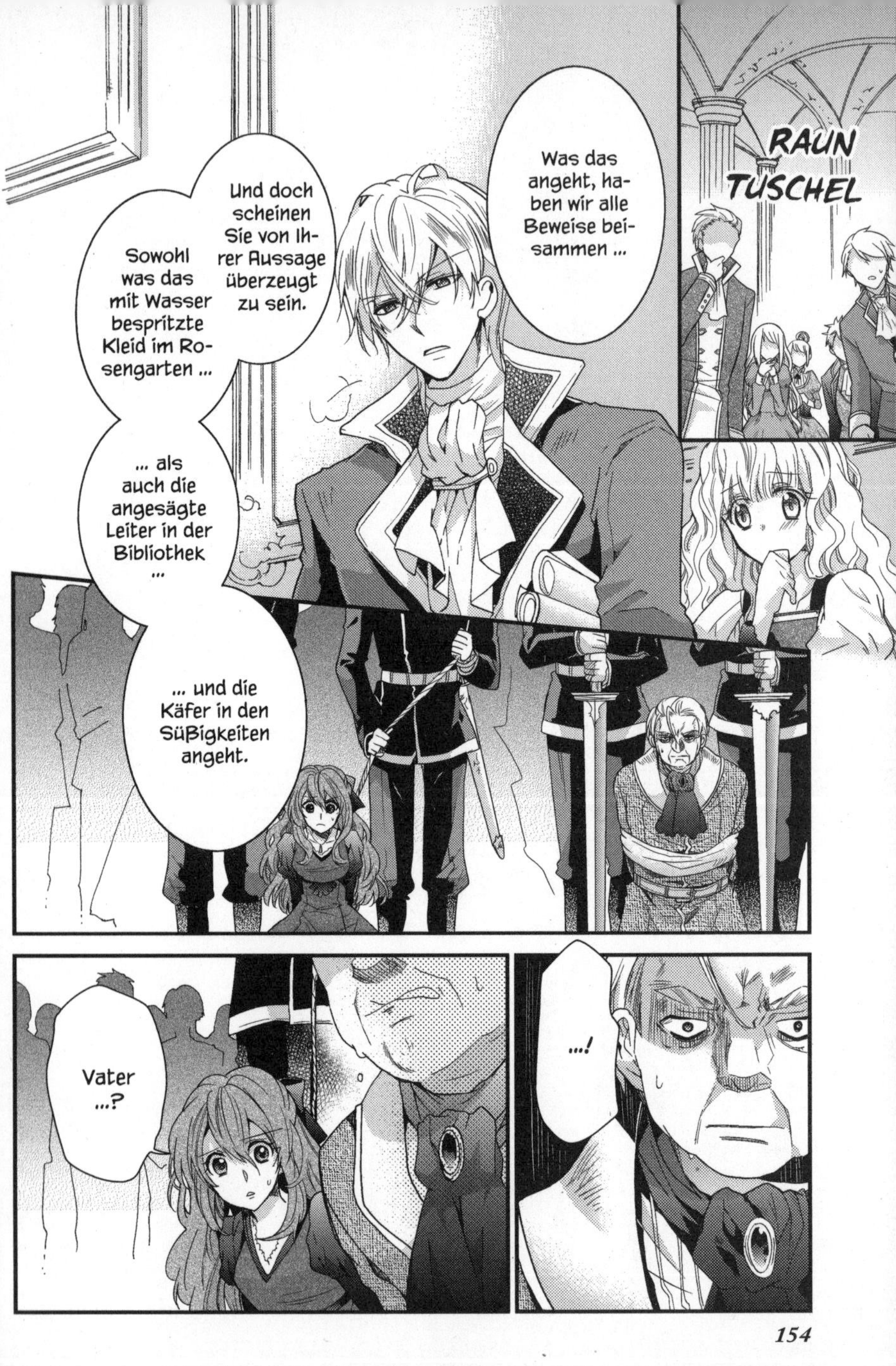
RAUN TUSCHEL
Was das angeht, haben wir alle Beweise beisammen ...
Und doch scheinen Sie von Ihrer Aussage überzeugt zu sein.
Sowohl was das mit Wasser bespritzte Kleid im Rosengarten ...
... als auch die angesägte Leiter in der Bibliothek ...
... und die Käfer in den Süßigkeiten angeht.
...!
Vater ...?

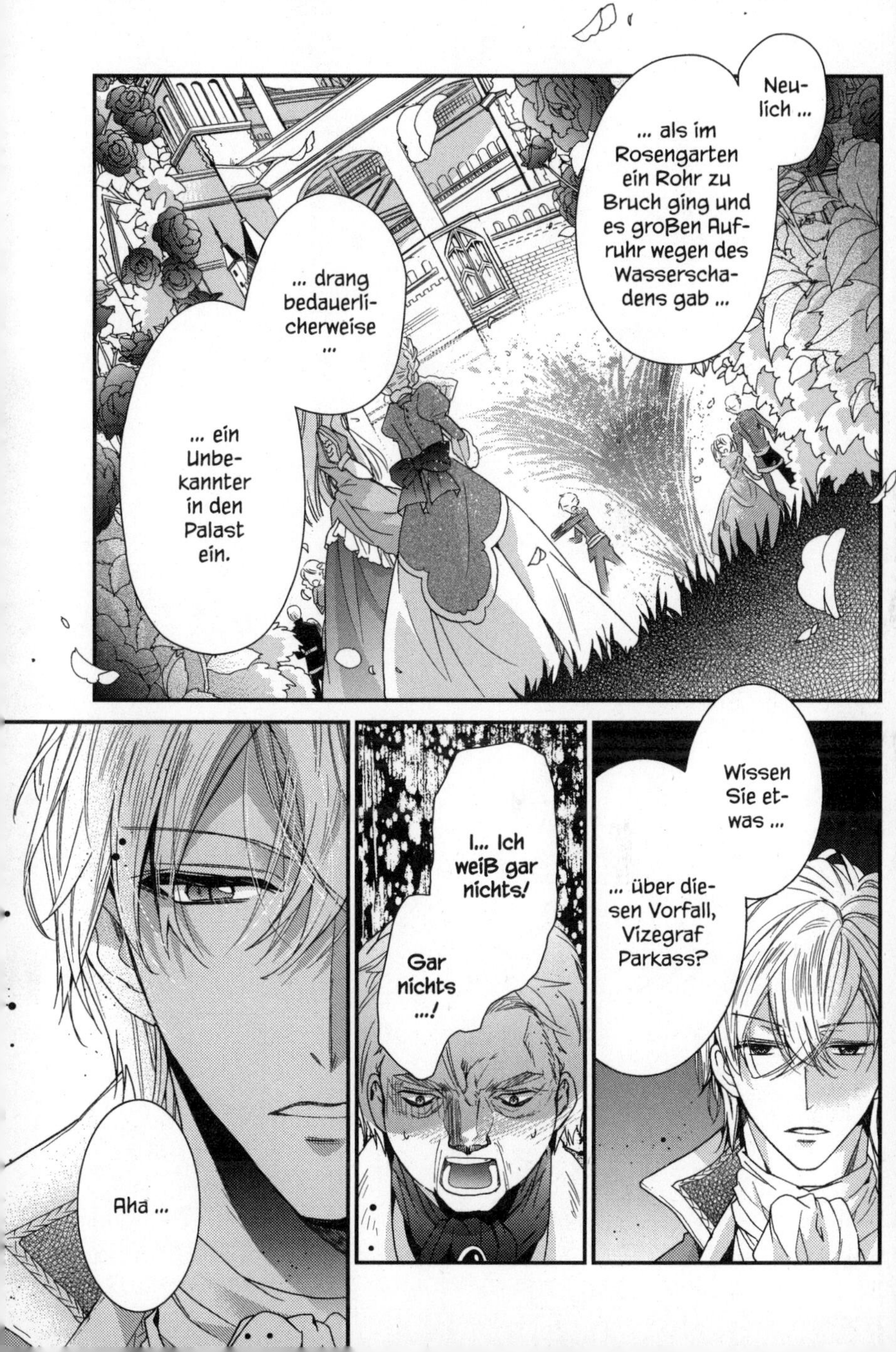
Neulich ...
... als im Rosengarten ein Rohr zu Bruch ging und es großen Aufruhr wegen des Wasserschadens gab ...
... drang bedauerlicherweise ...
... ein Unbekannter in den Palast ein.
Wissen Sie etwas ...
... über diesen Vorfall, Vizegraf Parkass?
I... Ich weiß gar nichts!
Gar nichts ...!
Aha ...

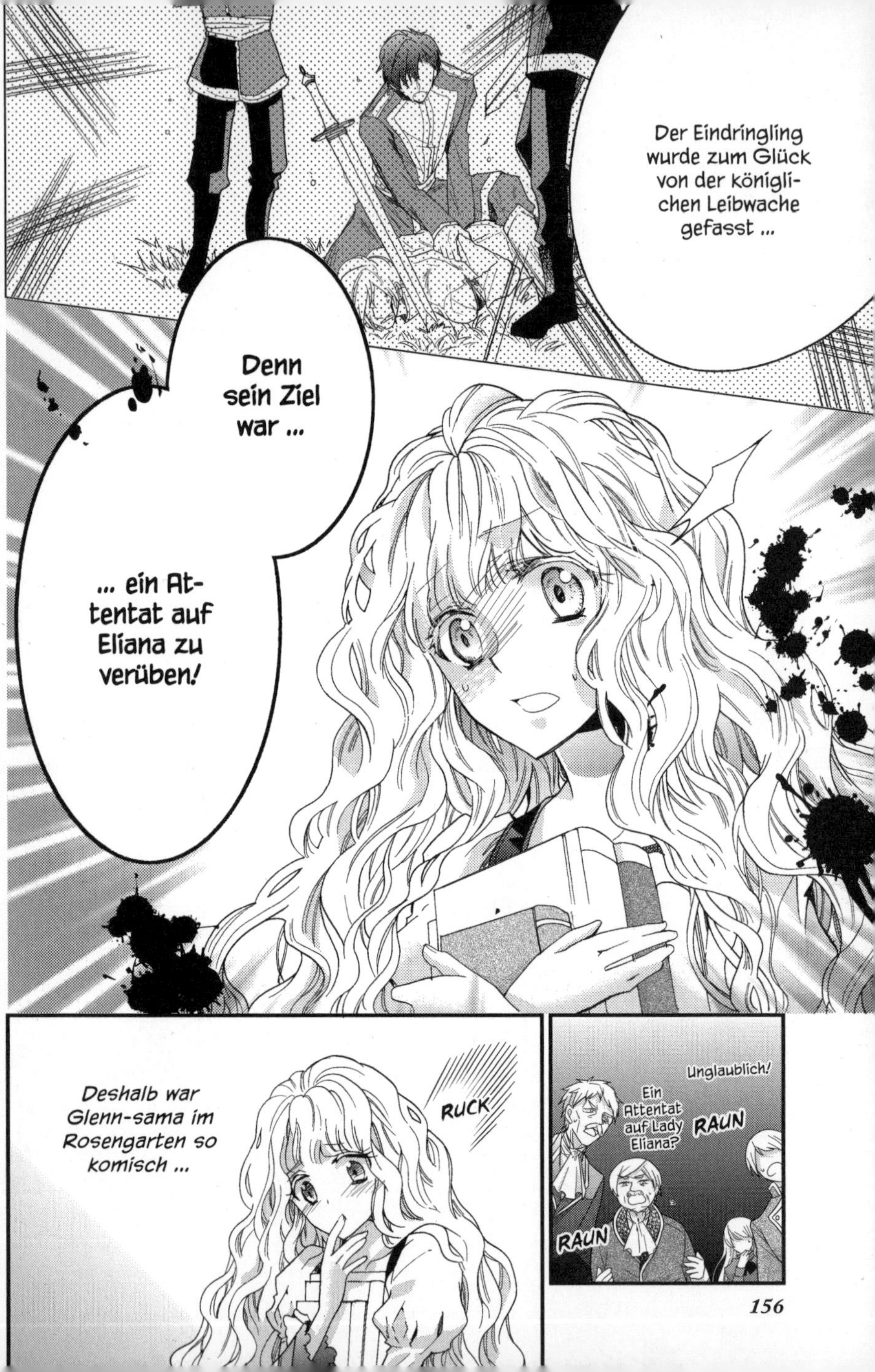
Der Eindringling wurde zum Glück von der königlichen Leibwache gefasst ...
Denn sein Ziel war ...
... ein Attentat auf Eliana zu verüben!
Unglaublich!
Ein Attentat auf Lady Eliana?
RAUN
RAUN
RUCK
Deshalb war Glenn-sama im Rosengarten so komisch ...

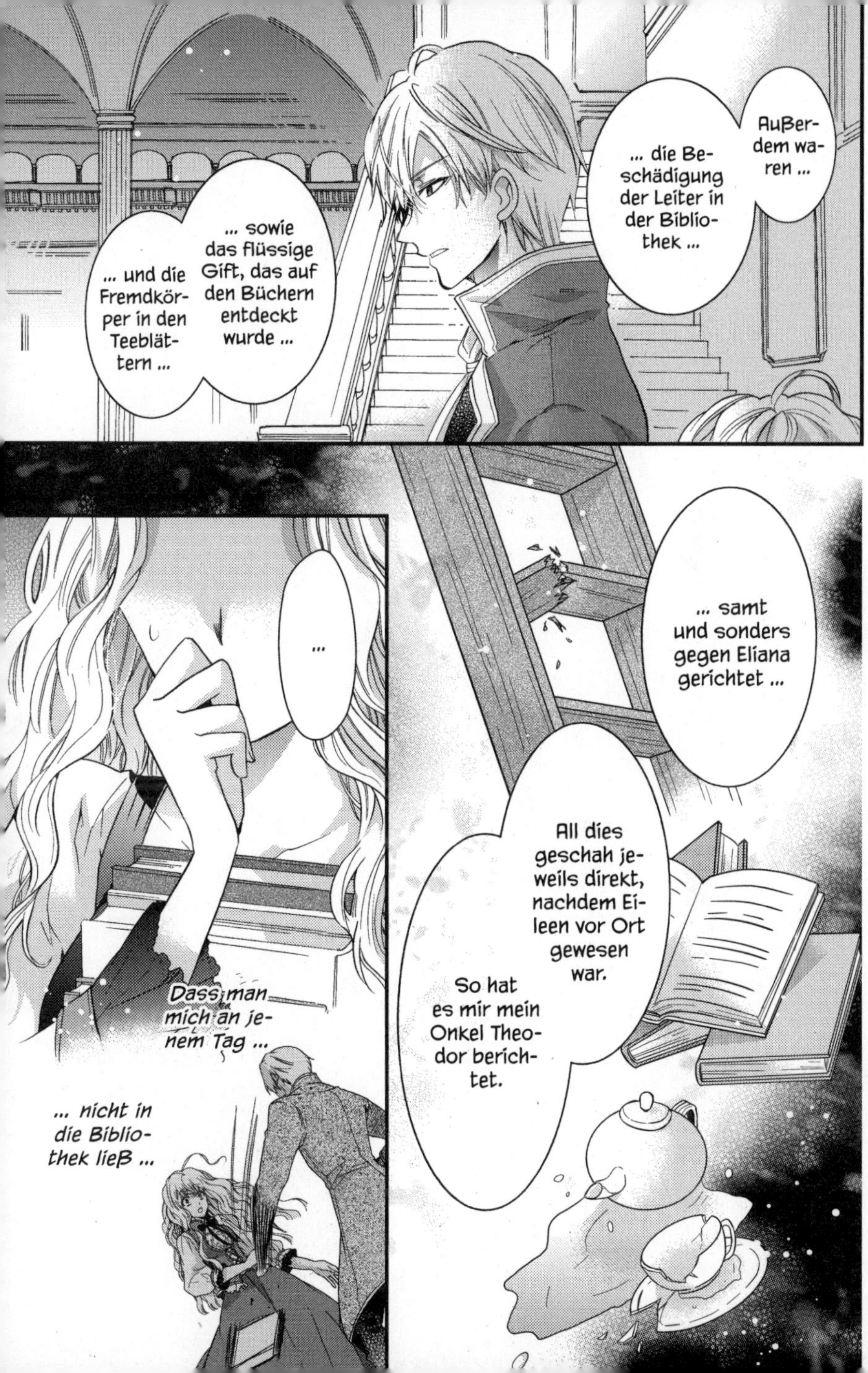
Außerdem waren ...
... die Beschädigung der Leiter in der Bibliothek ...
... sowie das flüssige Gift, das auf den Büchern entdeckt wurde ...
... und die Fremdkörper in den Teeblättern ...
... samt und sonders gegen Eliana gerichtet ...
All dies geschah jeweils direkt, nachdem Eileen vor Ort gewesen war.
So hat es mir mein Onkel Theodor berichtet.
...
Dass man mich an jenem Tag ...
... nicht in die Bibliothek ließ ...

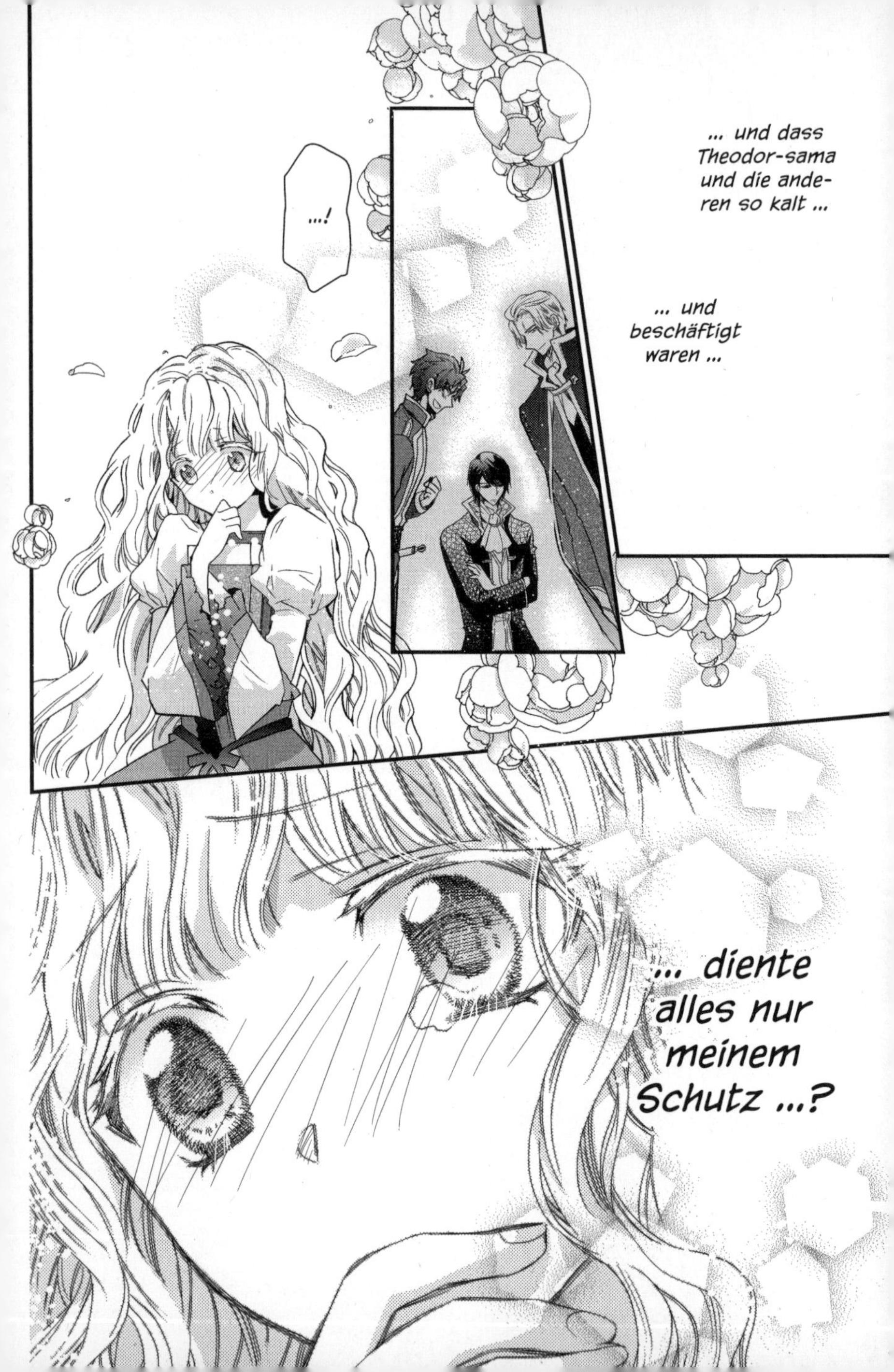
... und dass Theodor-sama und die anderen so kalt ...
... und beschäftigt waren ...
...!
... diente alles nur meinem Schutz ...?

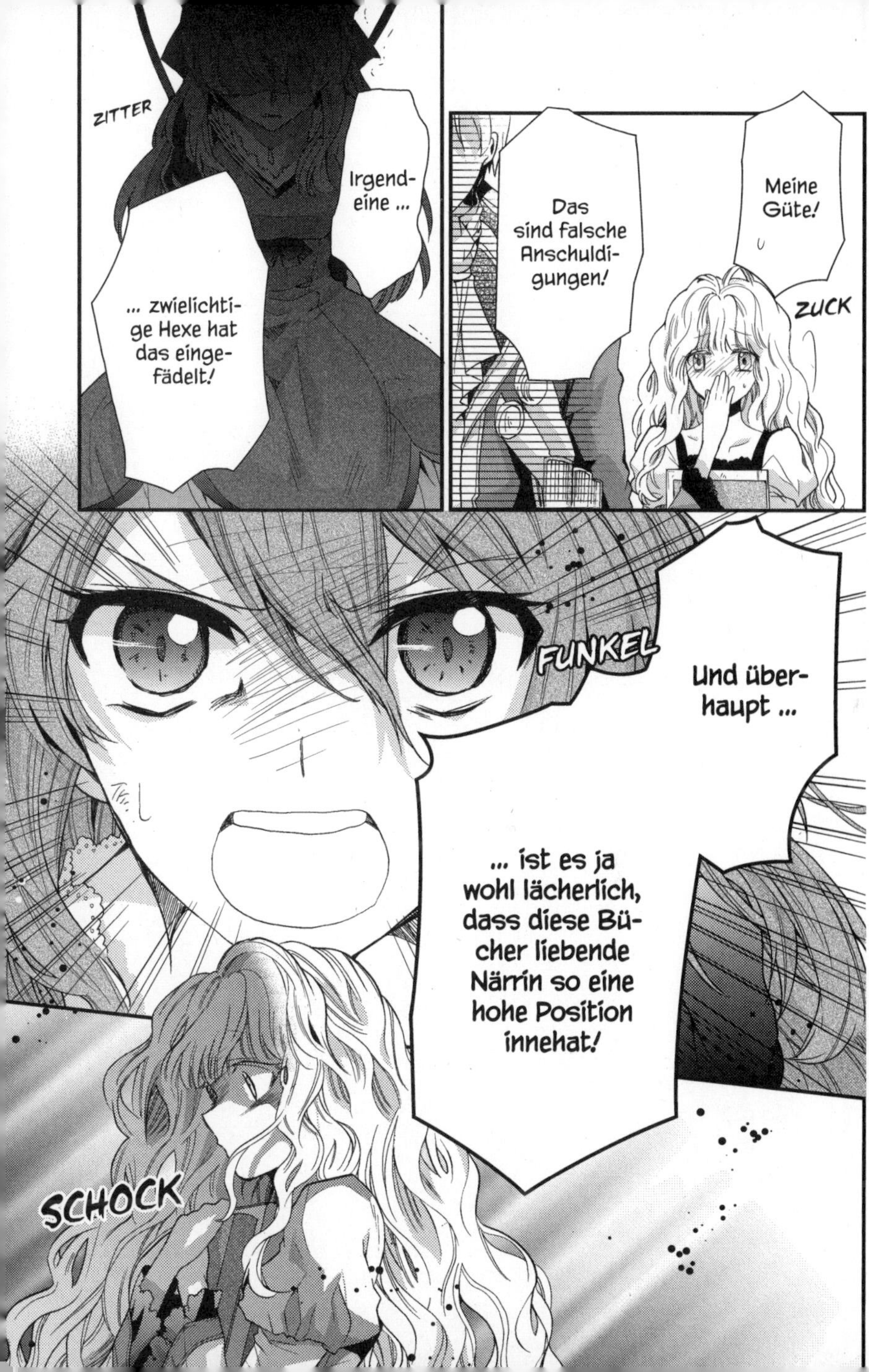
Meine Güte!
ZUCK
Das sind falsche Anschuldigungen!
Irgendeine ...
... zwielichtige Hexe hat das eingefädelt!
ZITTER
Und überhaupt ...
FUNKEL
... ist es ja wohl lächerlich, dass diese Bücher liebende Närrin so eine hohe Position innehat!
SCHOCK

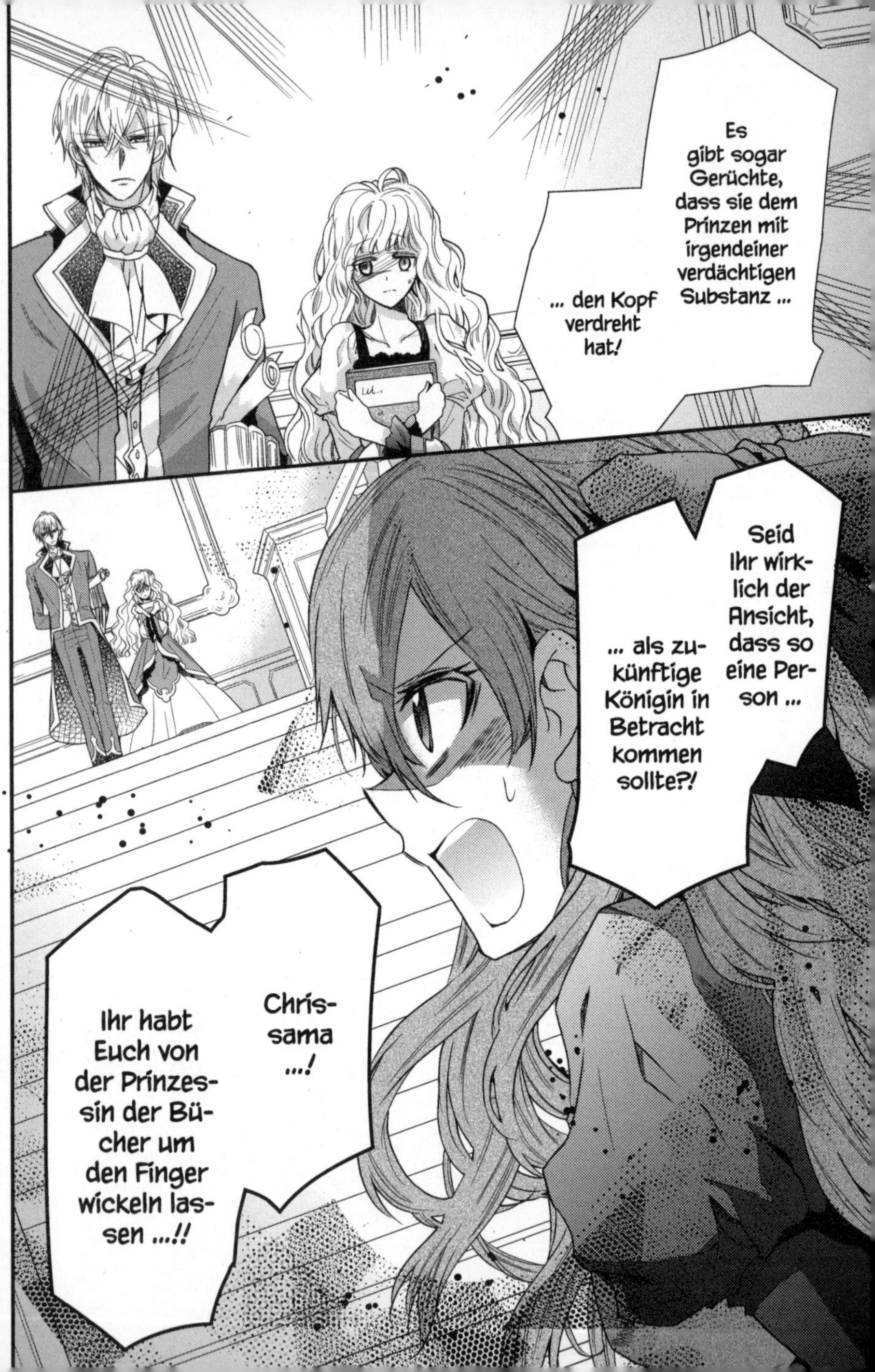
Es gibt sogar Gerüchte, dass sie dem Prinzen mit irgendeiner verdächtigen Substanz ...
... den Kopf verdreht hat!
Seid Ihr wirklich der Ansicht, dass so eine Person ...
... als zukünftige Königin in Betracht kommen sollte?!
Chris-sama ...!
Ihr habt Euch von der Prinzessin der Bücher um den Finger wickeln lassen ...!!

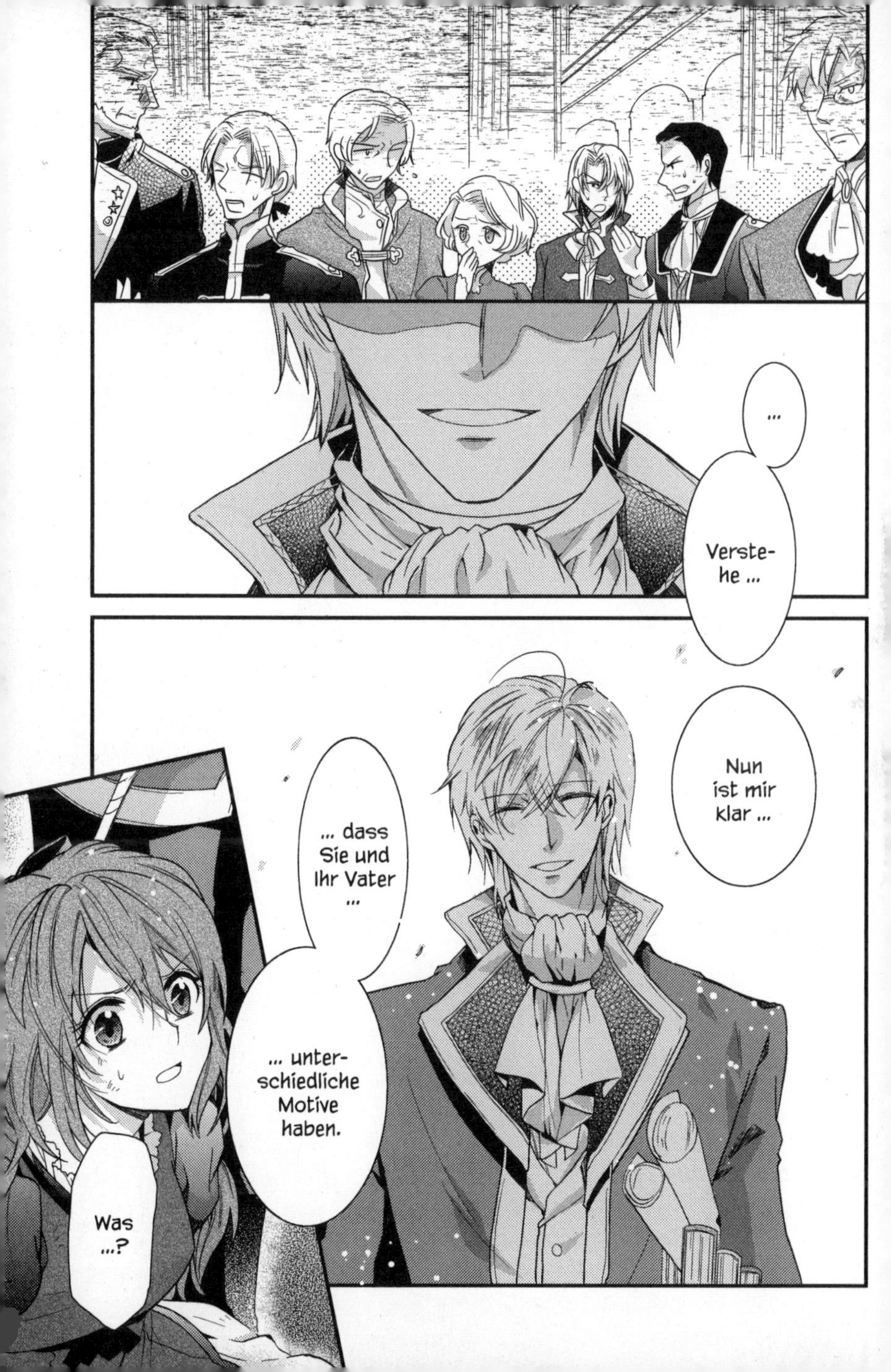

...
Verste-
he ...
Nun
ist mir
klar ...
... dass
Sie und
Ihr Vater
...
... unter-
schiedliche
Motive
haben.
Was
...?

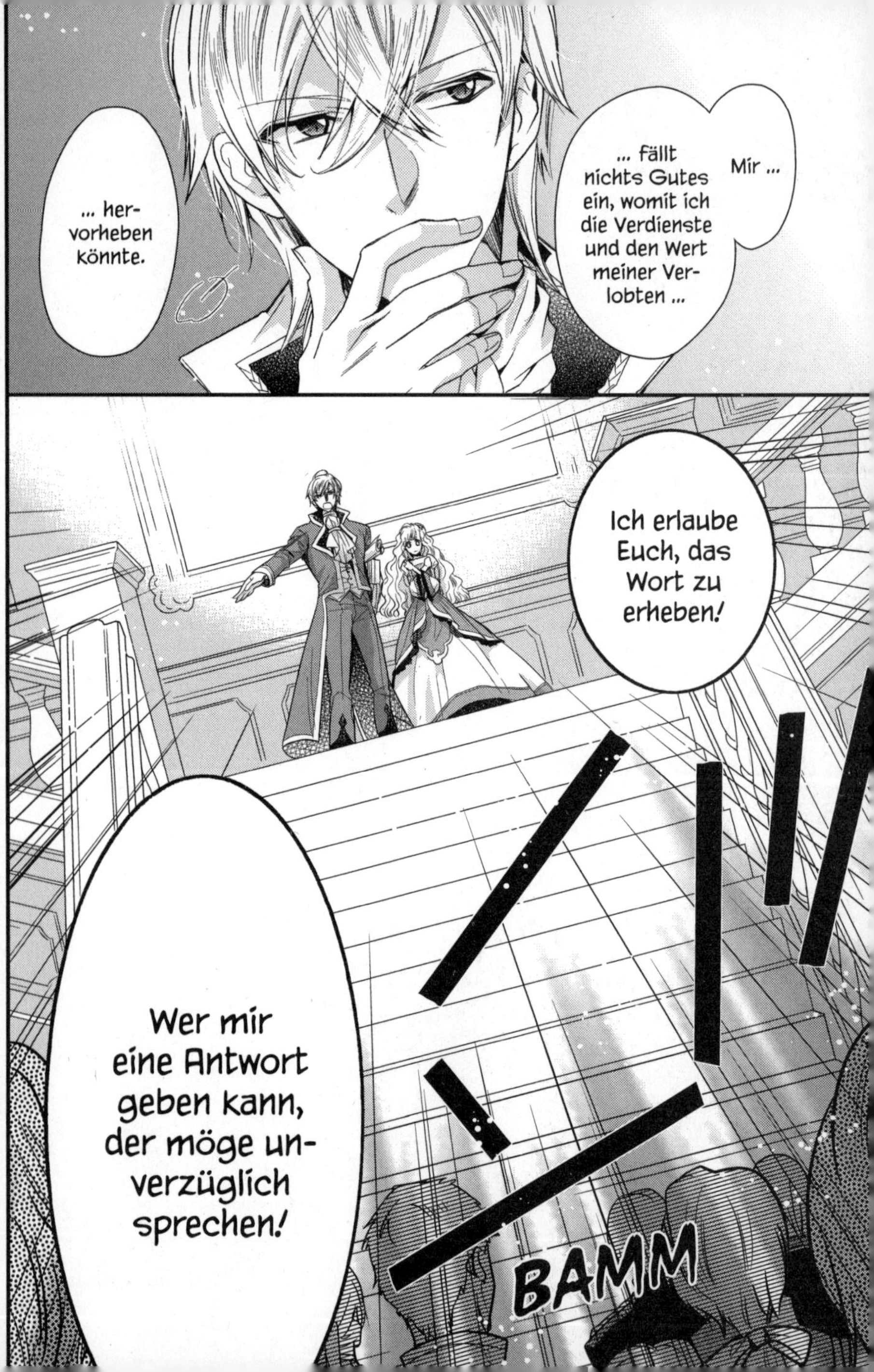
Mir ...
... fällt nichts Gutes ein, womit ich die Verdienste und den Wert meiner Verlobten ...
... hervorheben könnte.
Ich erlaube Euch, das Wort zu erheben!
Wer mir eine Antwort geben kann, der möge unverzüglich sprechen!
BAMM

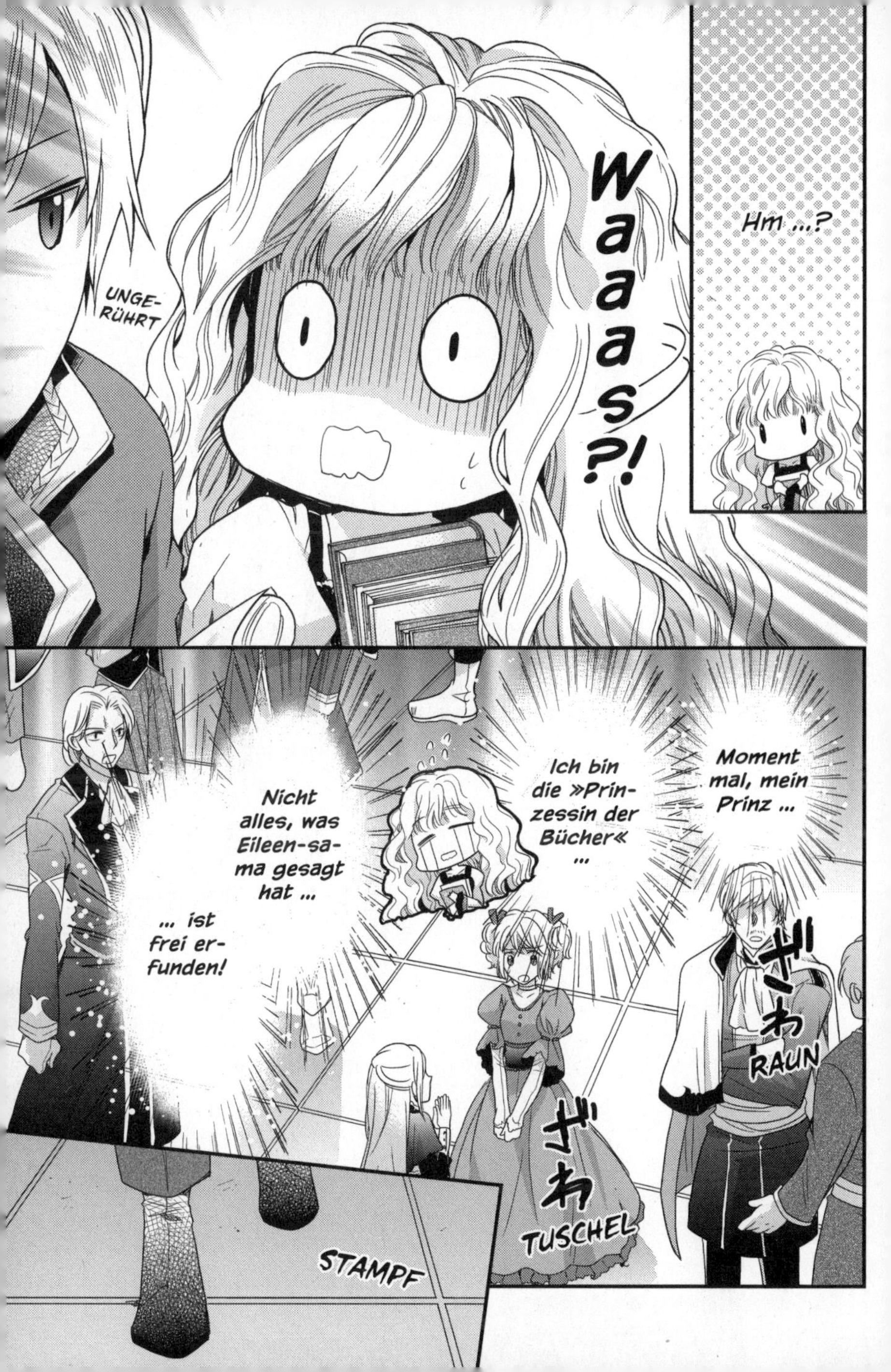
Hm ...?
Waaas?!
UNGE-
RÜHRT
Moment mal, mein Prinz ...
Ich bin die »Prinzessin der Bücher« ...
Nicht alles, was Eileen-sama gesagt hat ...
... ist frei erfunden!
ざわ
RAUN
ざわ
TUSCHEL
STAMPF

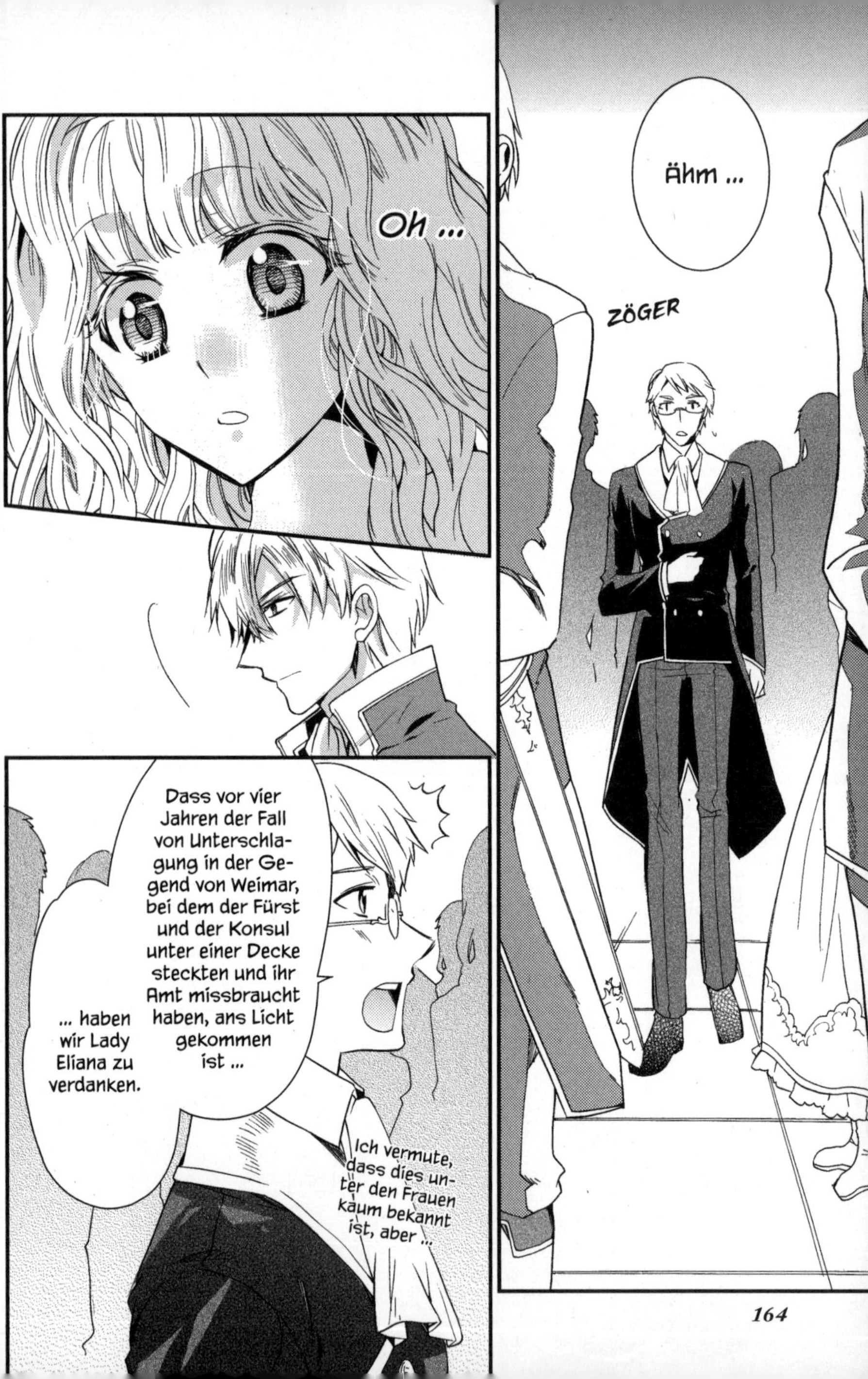
Ähm ...
ZÖGER
Oh ...
Ich vermute, dass dies unter den Frauen kaum bekannt ist, aber ...
Dass vor vier Jahren der Fall von Unterschlagung in der Gegend von Weimar, bei dem der Fürst und der Konsul unter einer Decke steckten und ihr Amt missbraucht haben, ans Licht gekommen ist ...
... haben wir Lady Eliana zu verdanken.

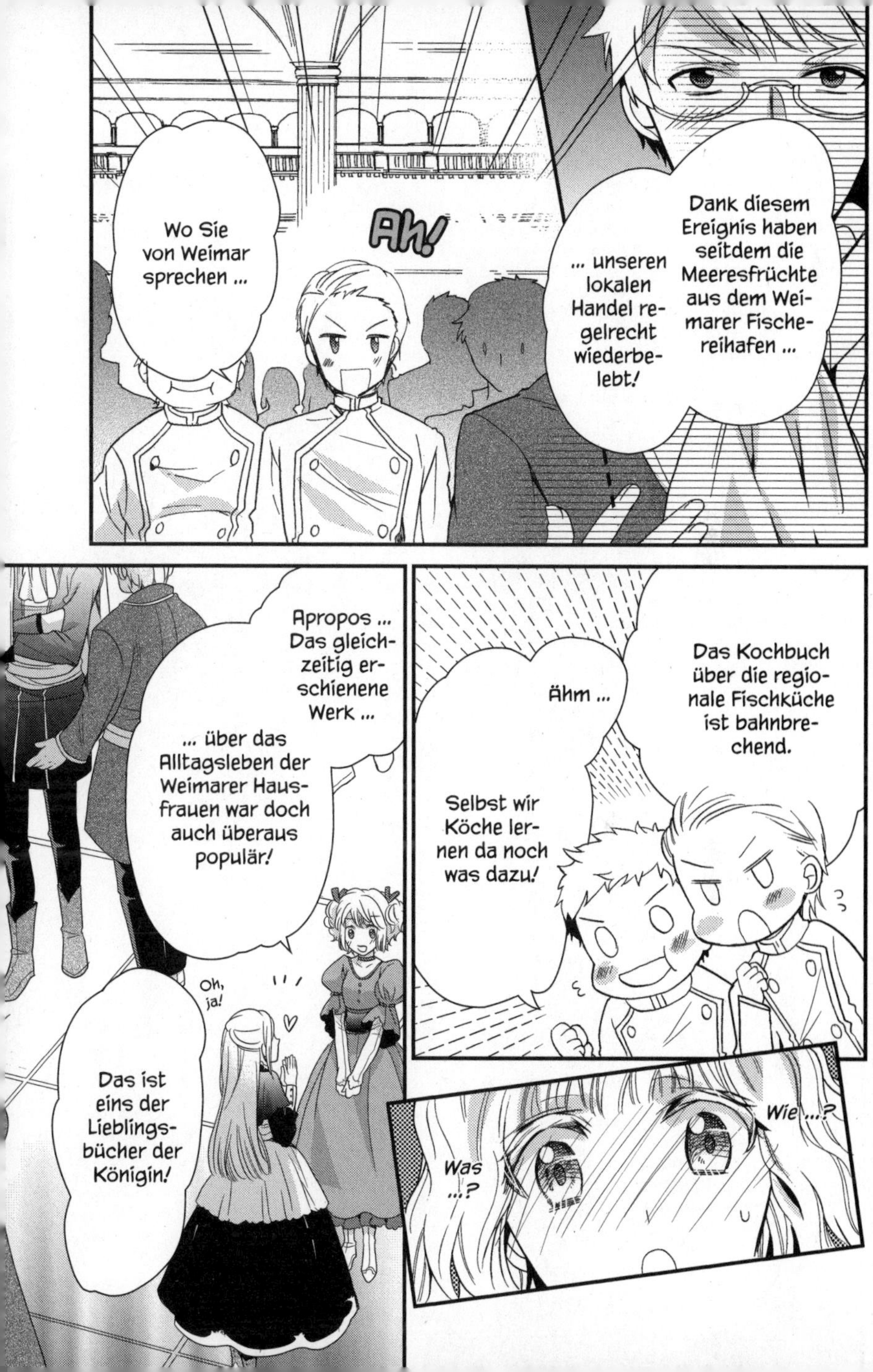
Dank diesem Ereignis haben seitdem die Meeresfrüchte aus dem Weimarer Fischereihafen ...
... unseren lokalen Handel regelrecht wiederbelebt!
Ah!
Wo Sie von Weimar sprechen ...
Das Kochbuch über die regionale Fischküche ist bahnbrechend.
Ähm ...
Selbst wir Köche lernen da noch was dazu!
Apropos ... Das gleichzeitig erschienene Werk ...
... über das Alltagsleben der Weimarer Hausfrauen war doch auch überaus populär!
Oh, ja!
Das ist eins der Lieblingsbücher der Königin!
Wie ...?
Was ...?

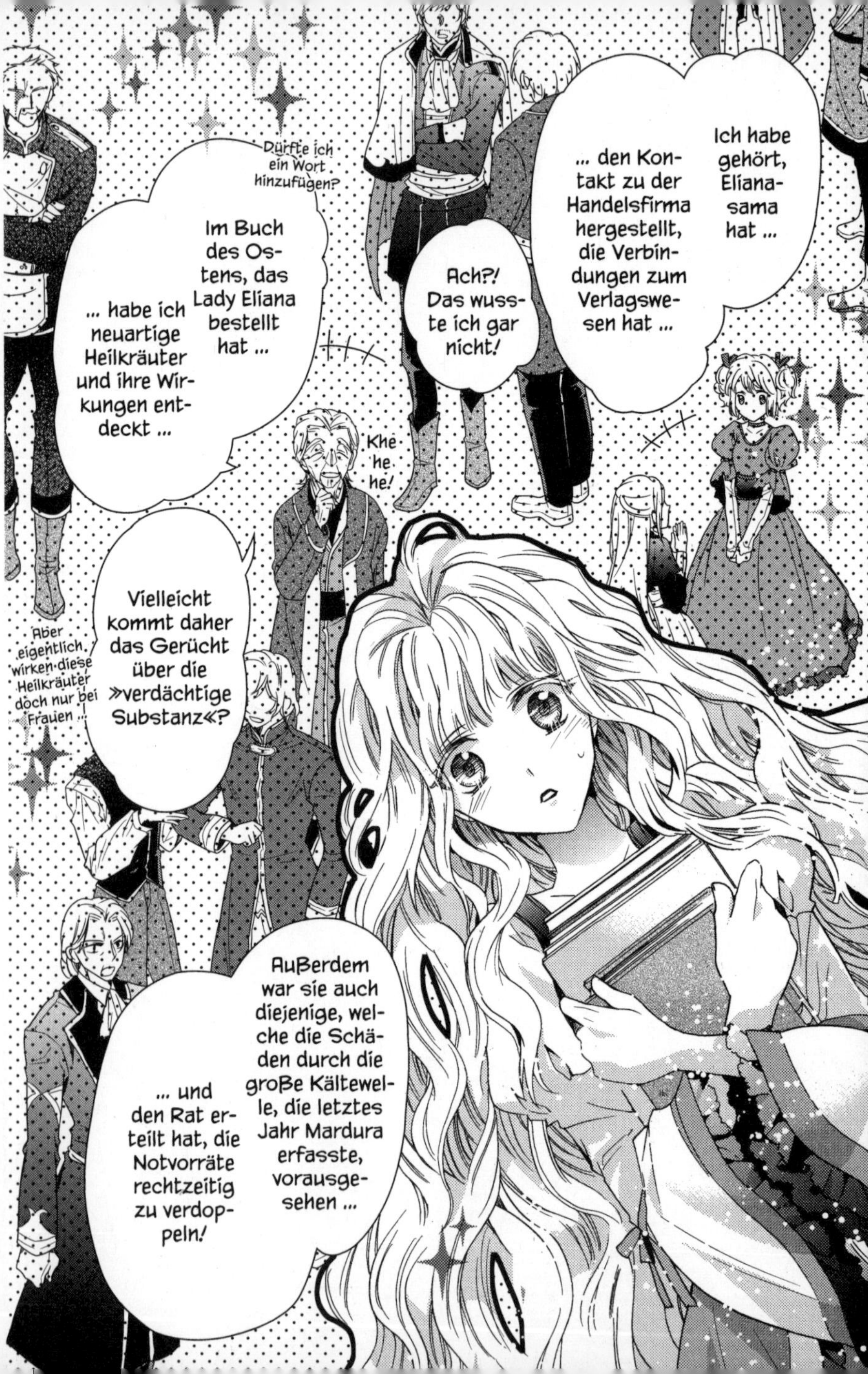

Ich habe gehört, Eliana-sama hat ...
... den Kontakt zu der Handelsfirma hergestellt, die Verbindungen zum Verlagswesen hat ...
Ach?! Das wusste ich gar nicht!
Dürfte ich ein Wort hinzufügen?
Im Buch des Ostens, das Lady Eliana bestellt hat ...
... habe ich neuartige Heilkräuter und ihre Wirkungen entdeckt ...
Khe he he!
Vielleicht kommt daher das Gerücht über die »verdächtige Substanz«?
Aber eigentlich wirken diese Heilkräuter doch nur bei Frauen ...
Außerdem war sie auch diejenige, welche die Schäden durch die große Kältewelle, die letztes Jahr Mardura erfasste, vorausgesehen ...
... und den Rat erteilt hat, die Notvorräte rechtzeitig zu verdoppeln!

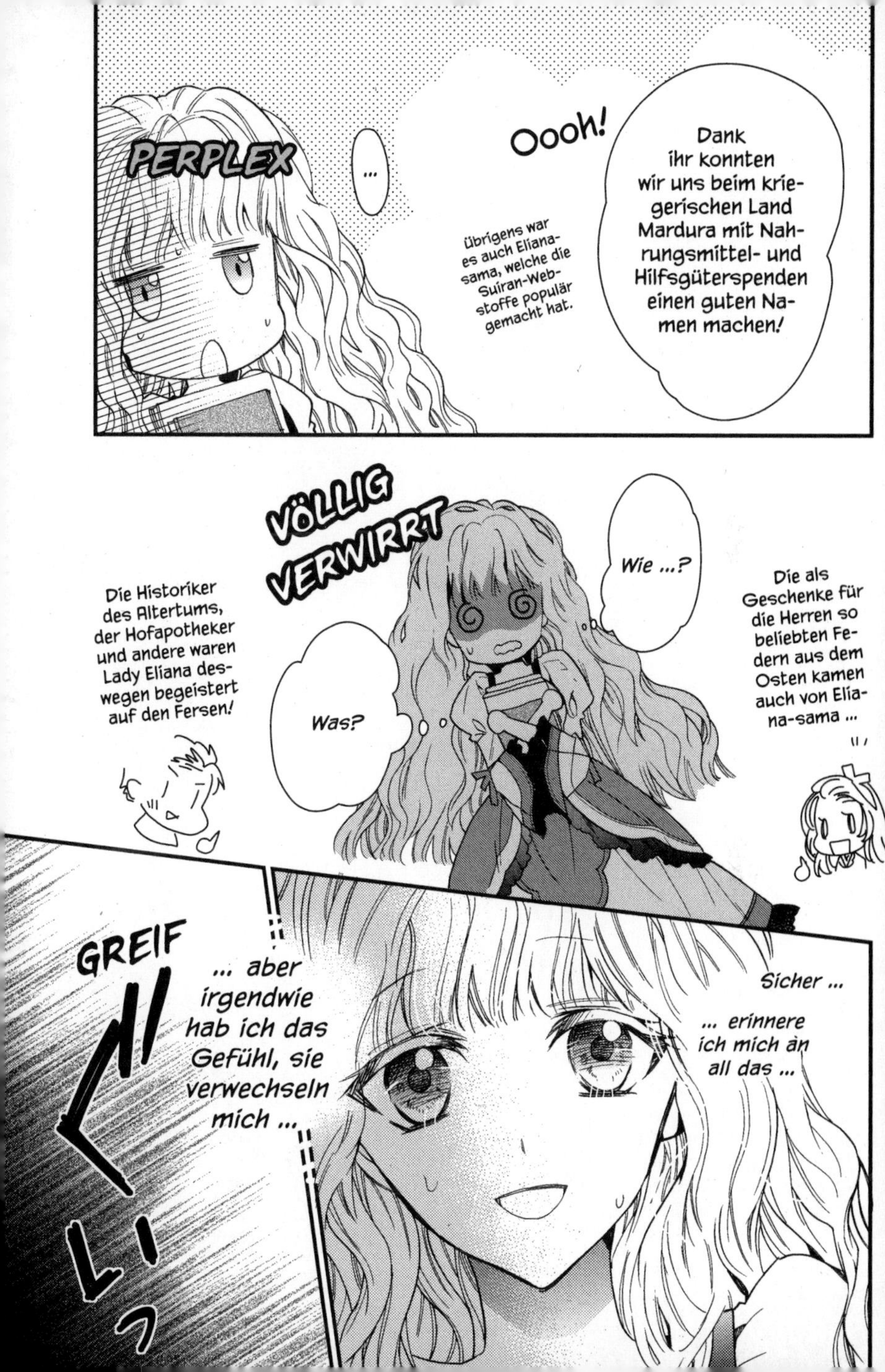
Dank ihr konnten wir uns beim kriegerischen Land Mardura mit Nahrungsmittel- und Hilfsgüterspenden einen guten Namen machen!
Oooh!
übrigens war es auch Eliana-sama, welche die Suiran-Webstoffe populär gemacht hat.
...
PERPLEX
Die als Geschenke für die Herren so beliebten Federn aus dem Osten kamen auch von Eliana-sama ...
Wie ...?
VÖLLIG VERWIRRT
Was?
Die Historiker des Altertums, der Hofapotheker und andere waren Lady Eliana deswegen begeistert auf den Fersen!
Sicher ...
... erinnere ich mich an all das ...
... aber irgendwie hab ich das Gefühl, sie verwechseln mich ...
GREIF

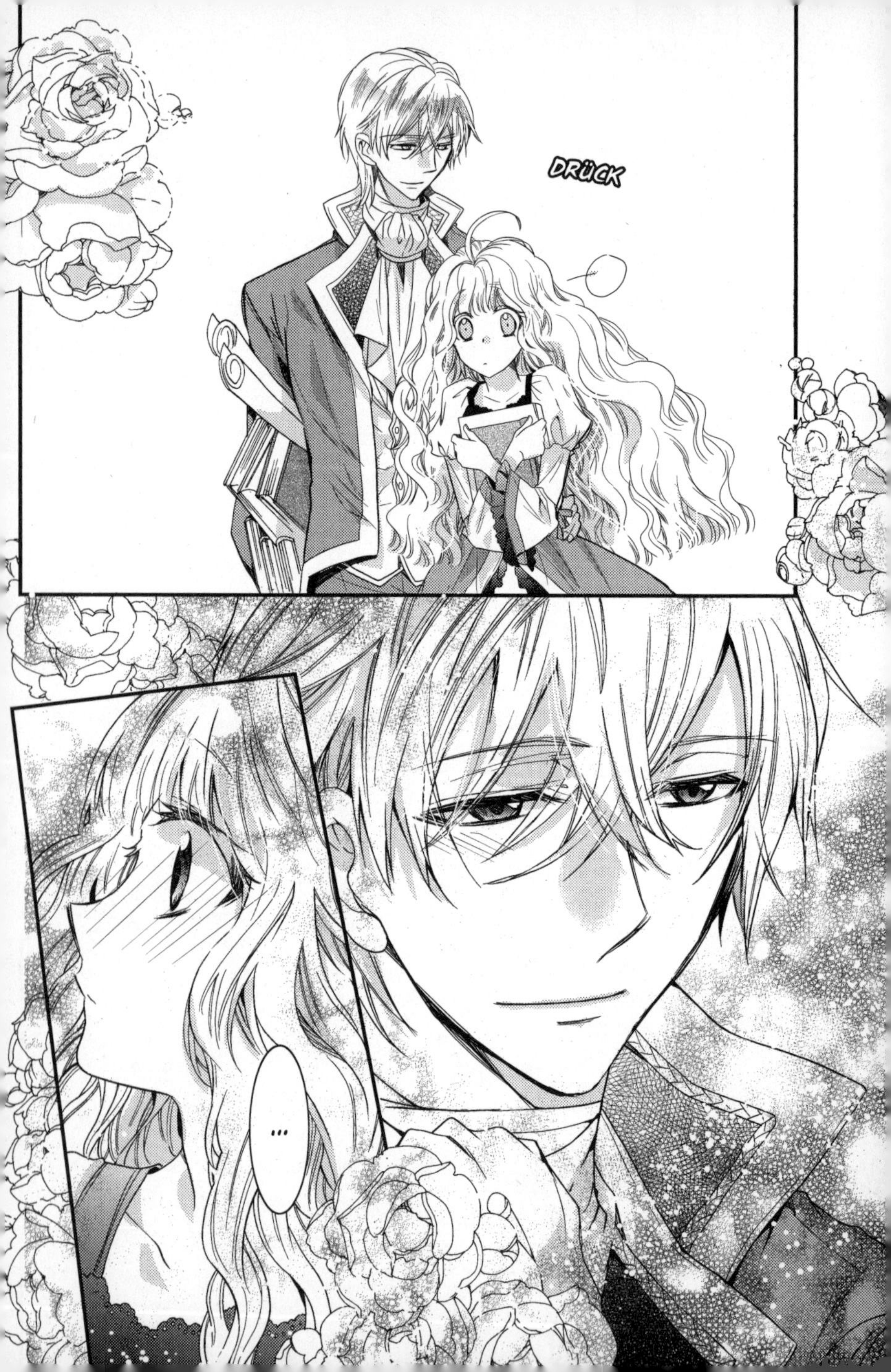
DRÜCK
...

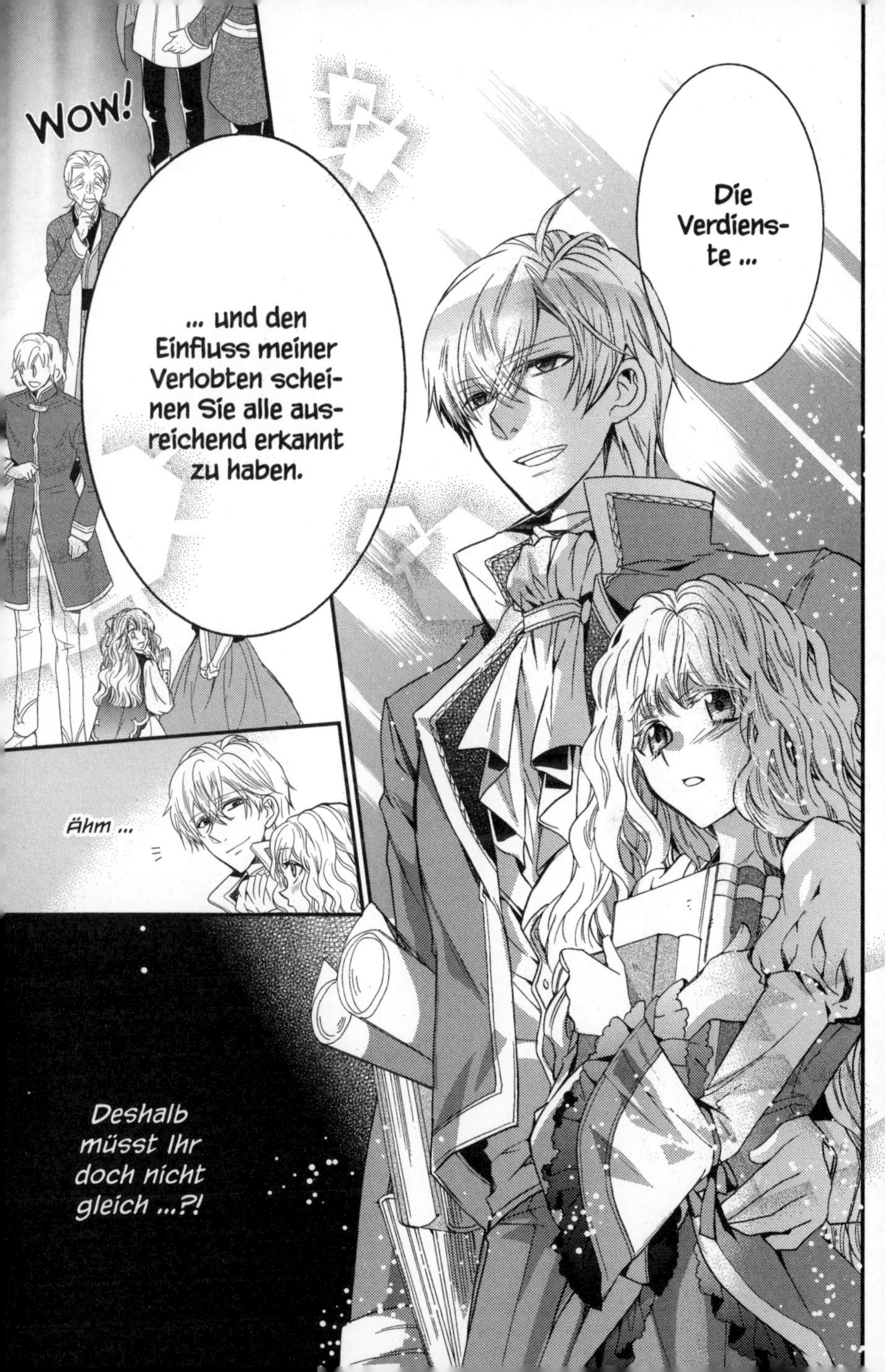
Die Verdienste ...
... und den Einfluss meiner Verlobten scheinen Sie alle ausreichend erkannt zu haben.
WOW!
Ähm ...
Deshalb müsst Ihr doch nicht gleich ...?!

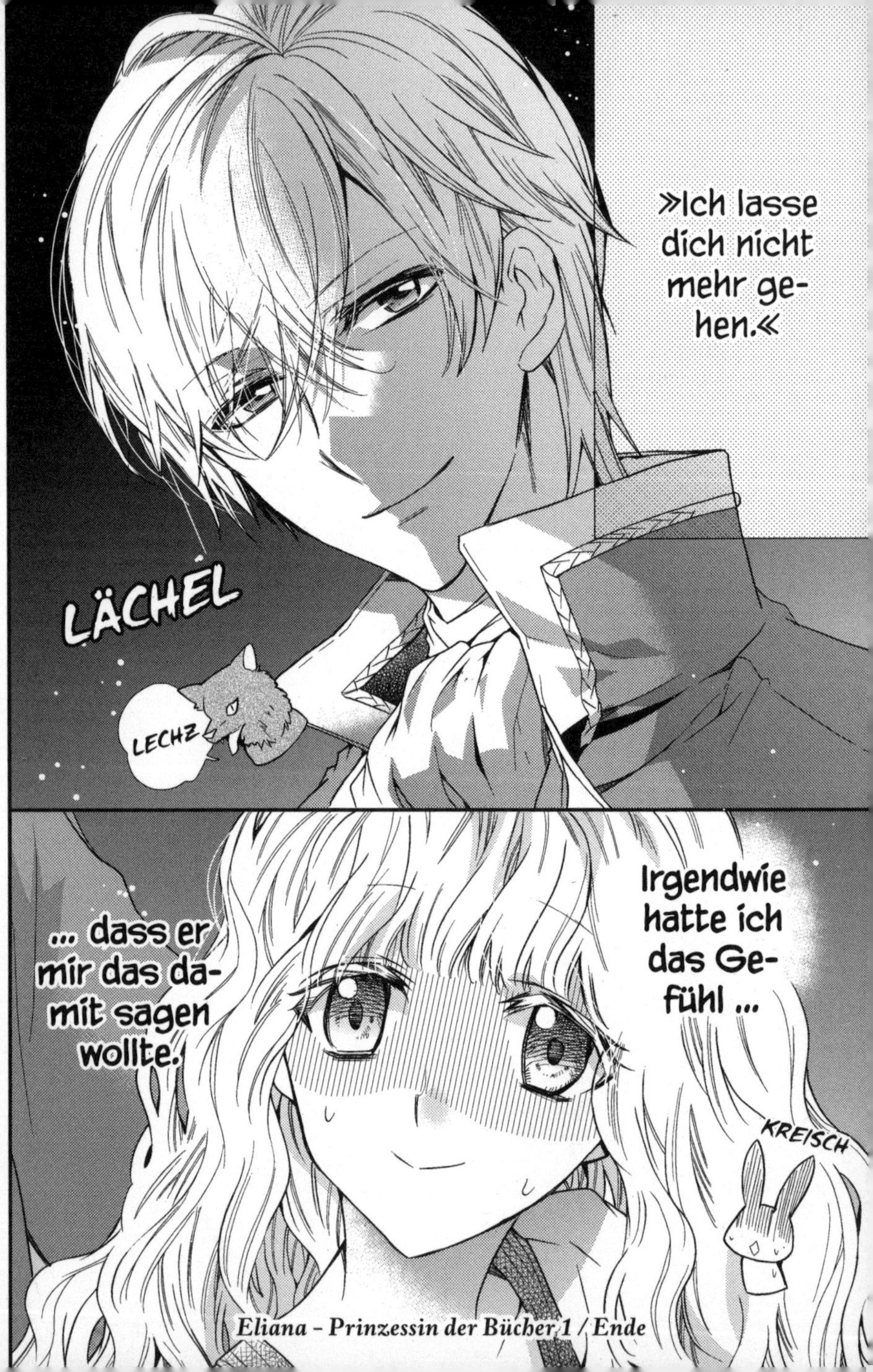

Eliana – Prinzessin der Bücher 1 / Ende

Eliana

Prinzessin der Bücher

Präsentiert von:
Yui Kikuta • Yui • Satsuki Sheena

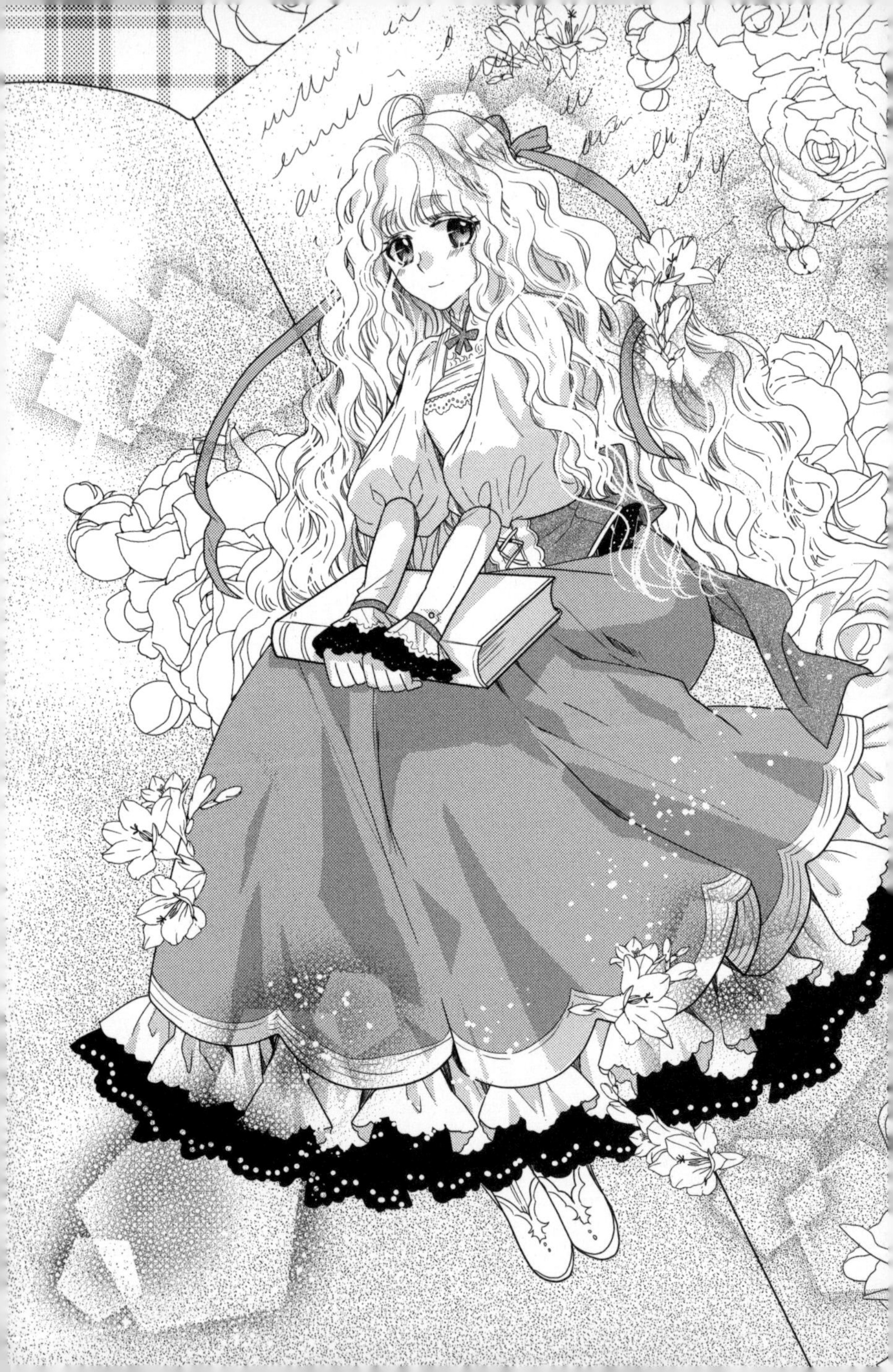

Eliana
Prinzessin der Bücher
Band 1!

Juchhuu!

Ich bin Yui Kikuta und für die Zeichnungen dieses Mangas verantwortlich!

Guten Tag! Freut mich, euch kennenzulernen! Hiermit bedanke ich mich ganz herzlich bei euch, dass ihr den ersten Band von *Eliana – Prinzessin der Bücher* gelesen habt! ♥ Als ich anlässlich der Manga-Umsetzung eine Charakterillustration beim Wettbewerb eingereicht habe, hatte ich Bammel, dass ich nicht genommen würde. Ha ha! Deswegen war ich totaaal überrascht, als ich dann doch ausgewählt wurde. Ich weiß noch, wie glücklich ich darüber war. Der Schreinbesuch hat bestimmt geholfen! Ha ha!

Die Götter haben mich erhört ...

Eliana – Prinzessin der Bücher ist eine total tolle Geschichte, die ich mir bestimmt nicht hätte ausdenken können. Ich habe mir den Kopf zerbrochen, wie ich sie am besten als Manga umsetzen könnte. Für das erste Kapitel habe ich die Handlung von der Light Novel abweichen lassen und muss mich an dieser Stelle aufrichtig bei Yui-sensei* bedanken, die hierzu ihr Einverständnis gegeben hat.

Eliana hat in der Light Novel einen noch friedlicheren Charakter, was ich auch total gerne mag, aber im Manga musste ich sie doch ihre Mimik mehr zum Ausdruck bringen lassen. (Liegt es an meinem fehlenden Können ...?) Denjenigen, die zuerst den Manga gelesen haben, möchte ich dringend ans Herz legen, auch die Light Novel zu lesen und die ursprüngliche (ha ha) Elly kennenzulernen! ♥ Es gibt so viele Episoden, die im Manga leider nicht vollständig berücksichtigt werden konnten!

Mein herzlichster Dank geht an Yui-sensei, die meine Vorzeichnungen immer so freundlich und großherzig akzeptiert, sowie an Satsuki Sheena, die das wundervolle Charakterdesign entworfen hat!! Ich liebe euch!! (Ich nutze mal das allgemeine Chaos für ein Liebesgeständnis. Ha ha!)

Yui Kikuta • (Zeichnungen)

*Anrede für Künstler*innen, Lehrkräfte und medizinisches Personal

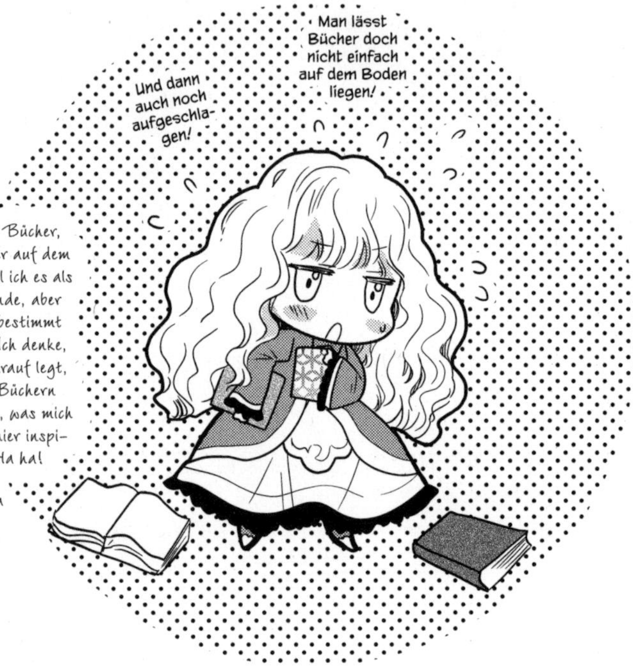

Ich zeichne gern Bücher, die kreuz und quer auf dem Boden liegen, weil ich es als Motiv schön finde, aber Elly würde das bestimmt nicht gefallen ... Ich denke, dass sie Wert darauf legt, dass man mit Büchern sorgfältig umgeht, was mich zu diesem Chibi hier inspiriert hat ... Ha ha!

Eure Yui Kikuta

Special Thanks

Ashiba-san

Danke, dass du all deine Aufgaben als Assistentin erfüllt hast. Dank dir hat das Manuskript Farbe (Rasterfolie, Kolorierung) bekommen!

Meinem lieben Redakteur

Vielen Dank für alles!

Kommentar

Guten Tag an alle, die mir heute zum ersten Mal begegnen, und hallo an alle, die mich schon kennen. Mein Name ist Yui, ich bin die Autorin des Ursprungswerks. Vielen herzlichen Dank, dass ihr *Eliana – Prinzessin der Bücher* in den Händen haltet! Diese Geschichte handelt von einem Mädchen, das sich, wie ein junger Mönch, ihr Wissen aus Büchern aneignet und den Prinzen, ohne sich dessen bewusst zu sein, um den kleinen Finger wickelt. Kikuta-senseis Zeichnungen haben die Figuren lebendig werden und sie diverse Gesichtsausdrücke zeigen lassen, daher war auch ich sofort ein begeisterter Fan. Ha ha! Zweifellos hat sie die Light Novel noch übertroffen und es ist eine noch wunderbarere Geschichte daraus entstanden! Ich wäre glücklich, wenn auch ihr alle eure Freude an *Eliana – Prinzessin der Bücher* aus Kikuta-senseis schönen Händen hättet.

Yui

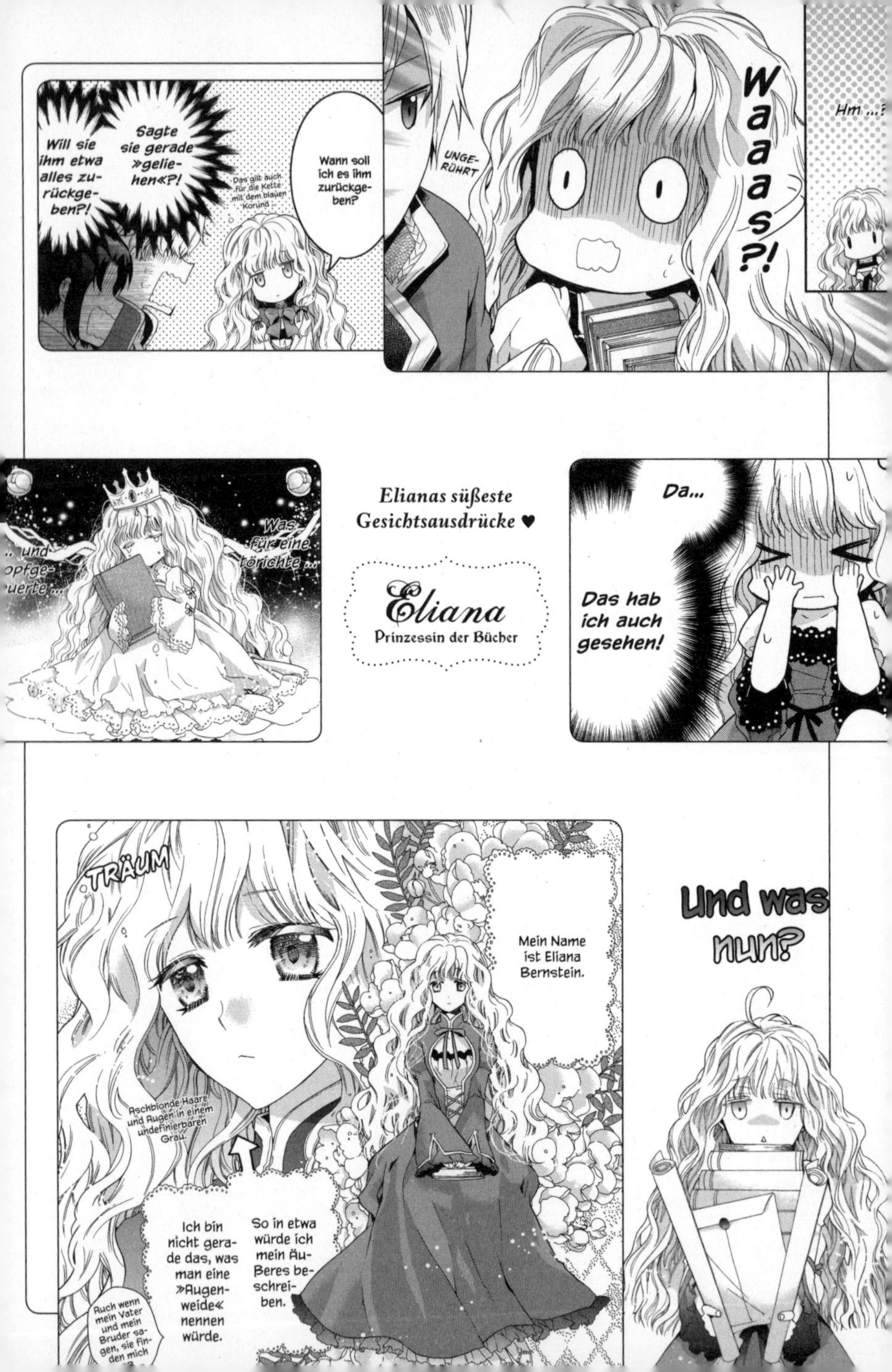
Will sie ihm etwa alles zurückgeben?!
Sagte sie gerade »geliehen«?!
Das gilt auch für die Kette mit dem blauen Korund ...
Wann soll ich es ihm zurückgeben?
UNGERÜHRT
Waaas?!
Hm ...?
Was für eine törichte ...
Elianas süßeste Gesichtsausdrücke ♥
Eliana
Prinzessin der Bücher
Da...
Das hab ich auch gesehen!
TRÄUM
Mein Name ist Eliana Bernstein.
Aschblonde Haare und Augen in einem undefinierbaren Grau.
So in etwa würde ich mein Äußeres beschreiben.
Ich bin nicht gerade das, was man eine »Augenweide« nennen würde.
Auch wenn mein Vater und mein Bruder sagen, sie finden mich
Und was nun?

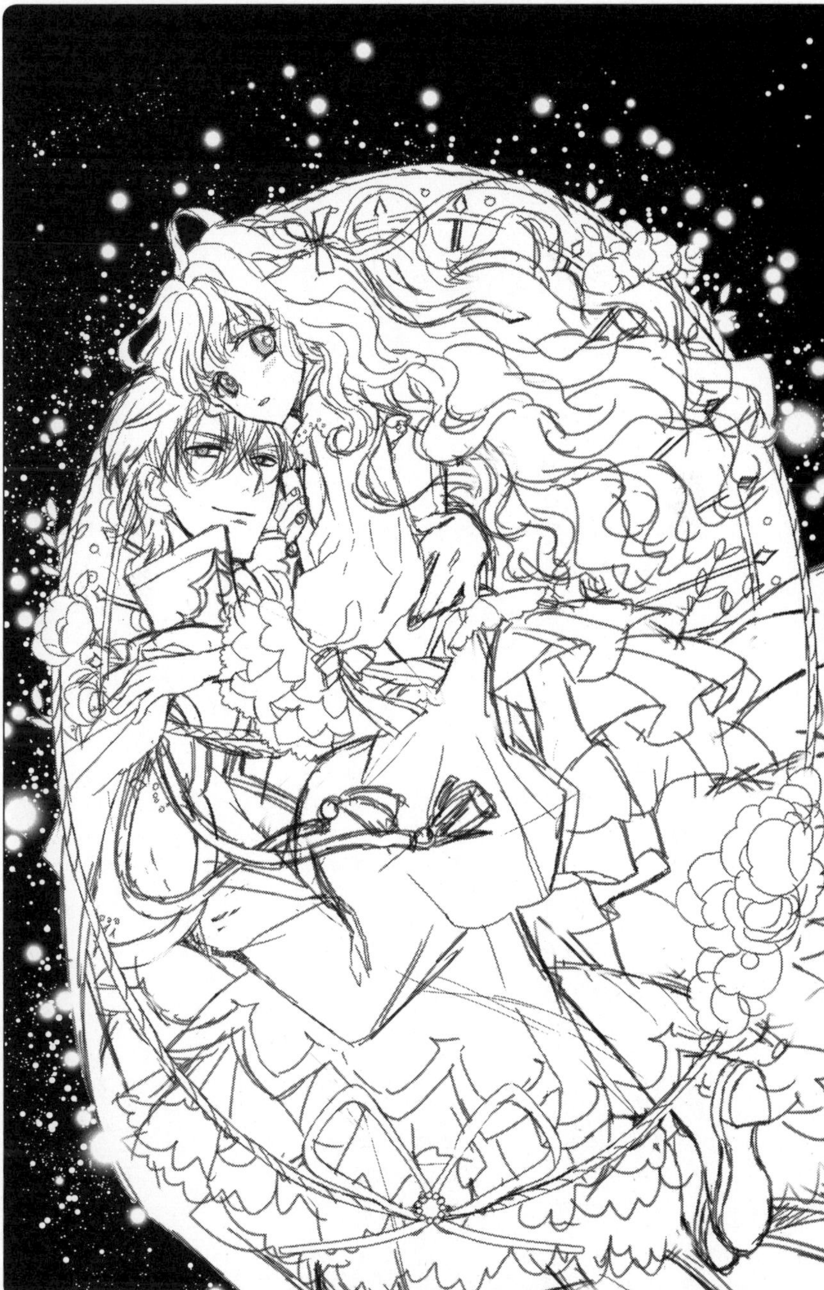

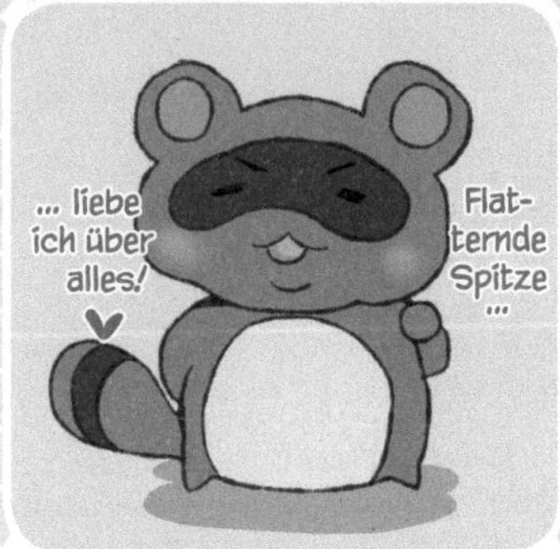

Yui Kikuta

Es macht mir echt Spaß, jede einzelne der Figuren zu zeichnen. Aber am liebsten ist mir natürlich Eliana! Beim Zeichnen muss ich ständig daran denken, wie unglaublich süß ich sie finde. Außerdem gefällt es mir total gut, dass der Prinz viel niederträchtiger ist, als ich zunächst dachte. Ha ha!

Eliana

Prinzessin der Bücher

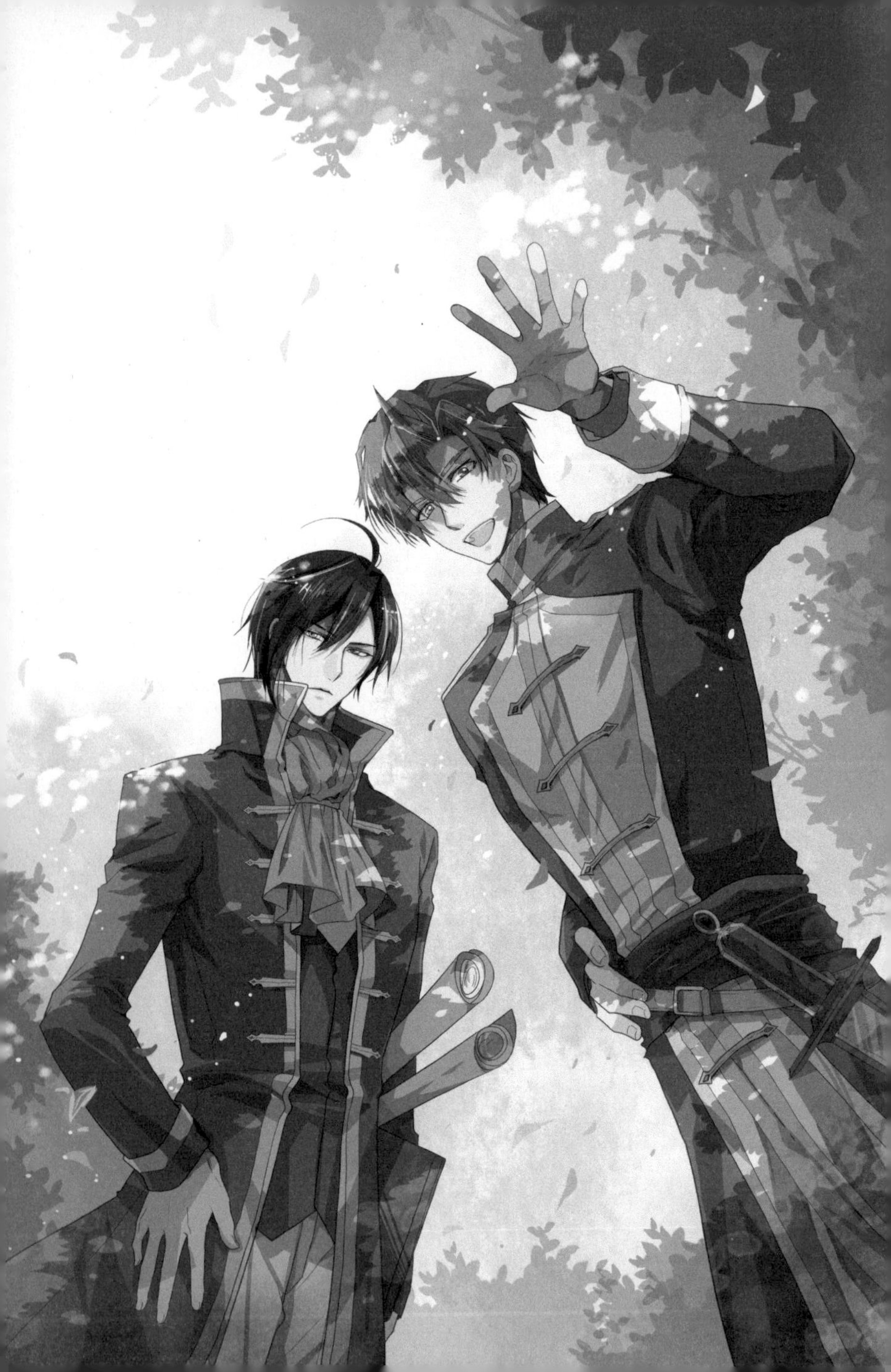

Eliana

Prinzessin der Bücher

Präsentiert von:

Yui Kikuta • Yui • Satsuki Sheena

Eliana

Prinzessin der Bücher

Zeichnungen: Yui Kikuta

Text: Yui

Character Design: Satsuki Sheena

TOKYOPOP®

TOKYOPOP GmbH
Hamburg

TOKYOPOP
3. Auflage, 2023
Deutsche Ausgabe/German Edition

Aus dem Japanischen von Constanze Thede

First published in Japan in 2019 by Ichijinsha Inc., Tokyo.
Publication rights for this German edition
arranged through Kodansha Ltd., Tokyo.

Redaktion: Benjamin Spinrath
Lettering: Vibrant Publishing Studio
Herstellung: Alina Kronenberg
Druck und buchbinderische Verarbeitung:
CPI – Clausen & Bosse GmbH, Leck
Printed in Germany

MIX Papier FSC® C083411

Wir achten auf die Umwelt.
Dieses Produkt besteht aus FSC®-zertifizierten und anderen kontrollierten Materialien.

ISBN 978-3-8420-7385-2

www.tokyopop.de

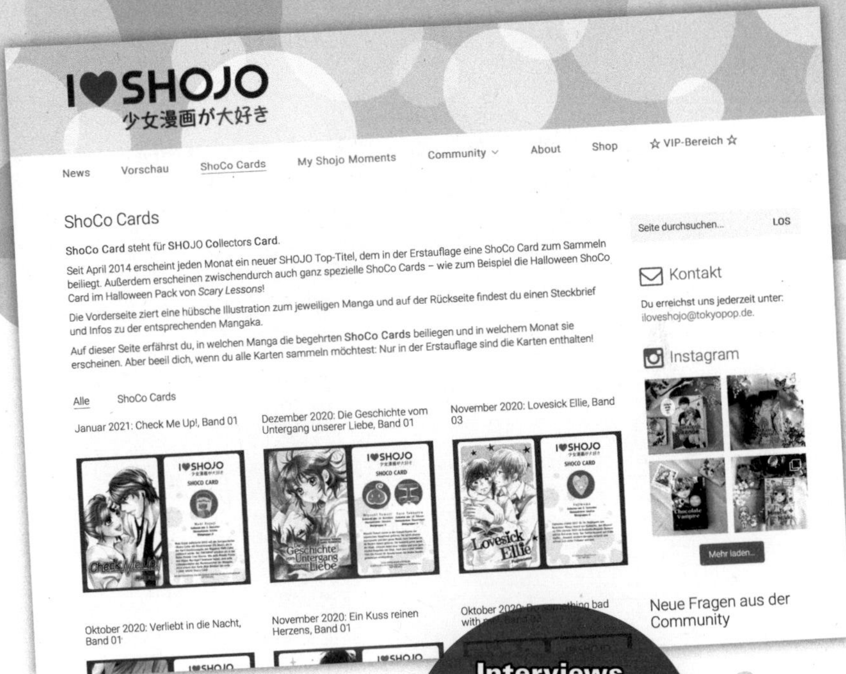
I ♥ SHOJO
少女漫画が大好き
News
Vorschau
ShoCo Cards
My Shojo Moments
Community
About
Shop
☆ VIP-Bereich ☆
ShoCo Cards
ShoCo Card steht für SHOJO Collectors Card.
Seit April 2014 erscheint jeden Monat ein neuer SHOJO Top-Titel, dem in der Erstauflage eine ShoCo Card zum Sammeln beiliegt. Außerdem erscheinen zwischendurch auch ganz spezielle ShoCo Cards – wie zum Beispiel die Halloween ShoCo Card im Halloween Pack von Scary Lessons!
Die Vorderseite ziert eine hübsche Illustration zum jeweiligen Manga und auf der Rückseite findest du einen Steckbrief und Infos zu der entsprechenden Mangaka.
Auf dieser Seite erfährst du, in welchen Manga die begehrten ShoCo Cards beiliegen und in welchem Monat sie erscheinen. Aber beeil dich, wenn du alle Karten sammeln möchtest: Nur in der Erstauflage sind die Karten enthalten!
Alle
ShoCo Cards
Januar 2021: Check Me Up!, Band 01
Dezember 2020: Die Geschichte vom Untergang unserer Liebe, Band 01
November 2020: Lovesick Ellie, Band 03
Oktober 2020: Verliebt in die Nacht, Band 01
November 2020: Ein Kuss reinen Herzens, Band 01
Seite durchsuchen...
LOS
Kontakt
Du erreichst uns jederzeit unter:
iloveshojo@tokyopop.de.
Instagram
Mehr laden...
Neue Fragen aus der Community

DIE ROTHAARIGE SCHNEEPRINZESSIN

Sorata Akizuki

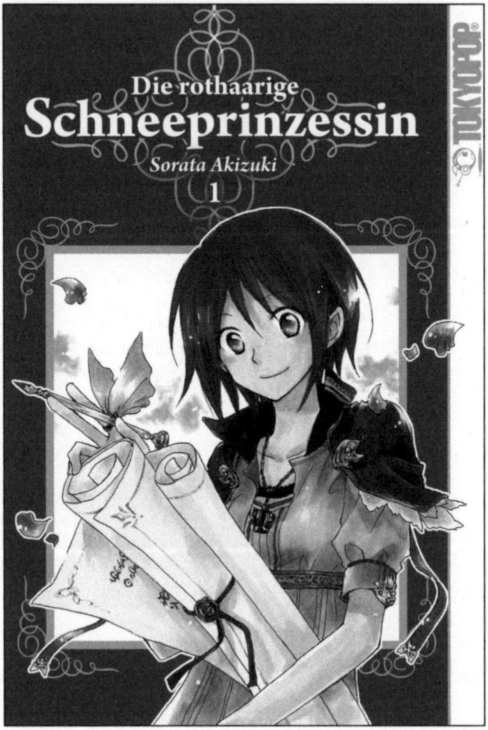

Die Geschichte vom Mädchen mit dem apfelroten Haar!

Shirayuki eilt der Ruf voraus, von seltener Schönheit zu sein. Kein Wunder, dass Prinz Raji ein Auge auf sie geworfen hat und sie zu seiner Konkubine machen will. Doch statt sich dem Befehl des Prinzen zu beugen, schneidet sich Shirayuki lieber ihre Haarpracht ab und flieht ins Nachbarland. Dort lernt sie den Jungen Zen kennen, der sich als der zweitgeborene Prinz des Königreichs Clarines entpuppt ...